TELEKOLLEG MULTIMEDIAL

Volkswirtschaftslehre

Thomas Bartscher

unter Mitarbeit von
Nicola Stettmaier

TELEKOLLEG MULTIMEDIAL

TELEKOLLEG MULTIMEDIAL wird veranstaltet von den Bildungs- bzw. Kultusministerien von Bayern, Brandenburg und Rheinland-Pfalz sowie vom Bayerischen Rundfunk (BR).

Dieser Band enthält das Arbeitsmaterial zu den vom Bayerischen Rundfunk im Jahr 2003 produzierten Sendungen.

Nähere Informationen zu TELEKOLLEG MULTIMEDIAL:
www.telekolleg.de
www.telekolleg-info.de

FP: Kapitel
1, 3, 4, 7, 9, 11, 12

Coverfoto © Stockphoto.com/gaffera

3., aktualisierte Auflage 2011

Umschlag (Konzeption): Daniela Eisenreich, München
Gesamtherstellung: Print Consult GmbH, München
ISBN 978-3-941282-36-0

Inhalt

Einführung

Aufgaben und Ziele der Volkswirtschaftslehre

Unser Leben wird von vielen wirtschaftlichen Ereignissen beeinflusst und gelenkt. Viele bedeutsame Themen unserer Zeit haben einen ökonomischen Hintergrund. Politik und Medien beschäftigen sich ausführlich mit Preissteigerungen, Arbeitslosenzahlen, Steuern, dem Euro und vielem mehr.

Warum muss man sich als Privatperson, Arbeitnehmer, Unternehmer etc. mit diesen volkswirtschaftlichen Themen auseinander setzen? Und weshalb haben diese Themen einen solch starken Einfluss auf uns alle?

In der Bundesrepublik Deutschland leben mittlerweile mehr als 80 Millionen Menschen. Sie alle möchten glücklich und zufrieden sein. Dazu benötigen sie zunächst einmal Essen, Trinken, Bekleidung und ein Dach über dem Kopf.

Wie lassen sich diese Bedürfnisse befriedigen?

Die Volkswirtschaft beantwortet diese Frage folgendermaßen: Die Menschen brauchen zur Befriedigung ihrer Grundbedürfnisse Güter, wie z.B. Nahrungsmittel, Getränke und Textilien.

Damit jedoch die Grundbedürfnisse aller Mitglieder unserer Volkswirtschaft befriedigt werden können, brauchen wir für jeden Einzelnen eine Vielzahl von Gütern. Wie aber werden diese Güter hergestellt? Und wie können die benötigten Güter für alle Menschen in ausreichender Menge vorhanden sein? Warum gibt es Preise, wie kommen sie zustande, und warum kosten manche Güter Geld und andere nicht?

Damit wir die Einflüsse, die die Wirtschaft auf unser Leben ausübt, verstehen und nachvollziehen können, gibt es die Volkswirtschaftslehre (VWL). Im Rahmen der VWL werden die wirtschaftlichen Zusammenhänge beobachtet und verständlich erklärt. Weiter wird versucht, diese Zusammenhänge für die Zukunft vorherzusagen und Prognosen zu erstellen. Dadurch lassen sich ökonomische und soziale Erscheinungen analysieren, strukturieren und bewerten.

Die Aufgabe von Modellen

Um die komplexen Abläufe und Gesetze einer Volkswirtschaft leichter verständlich darstellen zu können, arbeitet man mit Modellen. Modelle zeichnen ein stark vereinfachtes Bild der Realität. Das heißt, man beschränkt sich zunächst auf eine überschaubare Anzahl von bedeutsamen Zusammenhängen und spart Aspekte, die den Sachverhalt zu sehr komplizieren, aus. Im weiteren Verlauf der Modellbildung wird dann versucht, diese Modelle unter Berücksichtigung zusätzlicher Einflussgrößen stufenweise der Wirklichkeit anzunähern. Ein absolut wirklichkeitsgetreues Abbild kann ein Modell natürlich nie werden.

Inhalte in diesem Lehrbuch

Im Rahmen dieses Lehrbuchs beschäftigen wir uns zunächst mit den Grundzügen unserer Volkswirtschaft. Es wird u.a. behandelt, wie sich die Tauschwirtschaft entwickelte und aus welchen Gründen die Arbeitsteilung entstand. Es wird erklärt, warum im weiteren geschichtlichen Verlauf das Geld als Tauschmittel den Realtausch Gut gegen Gut ersetzte. In den späteren Lektionen werden Marktstrukturen dargestellt und die Entwicklungen, das Wachstum sowie die Schwankungen (Konjunkturzyklen) der Ökonomie aufgezeigt und erklärt. Im weiteren Verlauf werden die Themen Arbeitsmarkt-, Umwelt-, Konjunktur- und Wettbewerbspolitik sowie Geldwertstabilität und Außenwirtschaft behandelt.

Hinweise zum Kurs und zur Arbeit mit dem Buch

Der VWL-Kurs des Telekolleg MultiMedial ist ein Lernprogramm im Medienverbund. Dieser Verbund besteht aus den Fernsehsendungen, dem Lehrbuch und dem Unterricht an den Kollegtagen. Die einzelnen Elemente haben einen jeweils eigenen Stellenwert und ergänzen sich gegenseitig. So werden in den Sendungen die Themen vorgestellt, und es erfolgt ein erster Überblick. Aufgabe des Buches ist es, die Lerninhalte, die Sie auch für die Prüfung benötigen, systematisch aufzubereiten. Wir empfehlen Ihnen, sich zuerst die Sendungen anzusehen und im Anschluss daran den Lernstoff im Begleitmaterial sorgfältig durchzuarbeiten.

Und hier noch ein paar Anmerkungen zum Lehrbuch:

- Zu Beginn eines jeden Abschnitts finden Sie die **Schlüsselbegriffe**, die im Folgenden erläutert werden. Diese Begriffe ziehen sich wie ein Leitfaden durch die Darstellung. Sie werden im Text im Zusammenhang mit ihrer Definition nochmals optisch hervorgehoben, ebenso wie eine Reihe anderer zentraler Begriffe, die für den jeweiligen Sachverhalt große Bedeutung haben.
- Zur Vertiefung der Lerninhalte sind im Text Merksätze aufgeführt. Diese **Merksätze** heben die Kernaussagen des jeweiligen Abschnitts hervor und stellen somit die **Lernziele** dar.

  Zusammen mit den zentralen Begriffen bieten die Merksätze insbesondere bei der Wiederholung des Lernstoffes eine wichtige Orientierungshilfe. Entscheidend ist, dass Sie die Schlagwörter und Definitionen richtig verstehen und in die entsprechenden Zusammenhänge einordnen können.
- Am Ende jeder Lektion gibt es Lernzielkontrollen. Lösungsvorschläge dazu finden Sie auf den Seiten 162ff. Versuchen Sie nicht zu mogeln, indem Sie einfach aus dem Text der Lektion abschreiben oder gleich bei den Lösungen nachsehen. Probieren Sie, die Antworten mit Ihren eigenen Worten zu formulieren. Und wenn Ihnen das gelingt, dann haben auch wir unser Ziel erreicht.

Für die Erreichung Ihrer Lernziele wünschen wir bereits jetzt:
Viel Erfolg!

Thomas Bartscher
Nicola Stettmaier
und Gabriele Rieth-Winterherbst, die als Lektorin maßgeblich an diesem Buch mitwirkte.

1 Grundlagen des wirtschaftlichen Handelns

In der ersten Lektion dieses Lehrbuchs beschäftigen wir uns mit den Grundzügen unserer Volkswirtschaft. Dabei ist es wichtig zu verstehen, dass die Grundlage jeglichen wirtschaftlichen Handelns die Befriedigung der menschlichen **Bedürfnisse** ist.
Welche Bedürfnisse treiben uns Menschen an? Wie können wir sie befriedigen und auf welche Art und Weise stellen wir unsere tägliche Bedürfnisbefriedigung sicher? Auf all diese Fragen werden wir im Folgenden versuchen, Antworten zu finden.

1.1 Bedarf und Nachfrage

Begriffe **Bedürfnisse** ◉ **Bedarf** ◉ **Nachfrage**

In Deutschland leben mehr als 80 Millionen Menschen. Sie alle möchten glücklich und zufrieden sein. Dazu benötigen sie zunächst einmal etwas zu essen, etwas zu trinken, Bekleidung und ein Dach über dem Kopf. Jeder Mensch hat also **Bedürfnisse**, d.h. **Gefühle des Mangels**, und ist bestrebt, diesen Mangel zu beseitigen. Sehen wir uns an, welche verschiedenen Arten von Bedürfnissen es gibt.

Der amerikanische Psychologe Abraham H. Maslow unterscheidet **verschiedene Ebenen angeborener Bedürfnisse**. Vereinfacht lässt sich dies wie folgt darstellen:

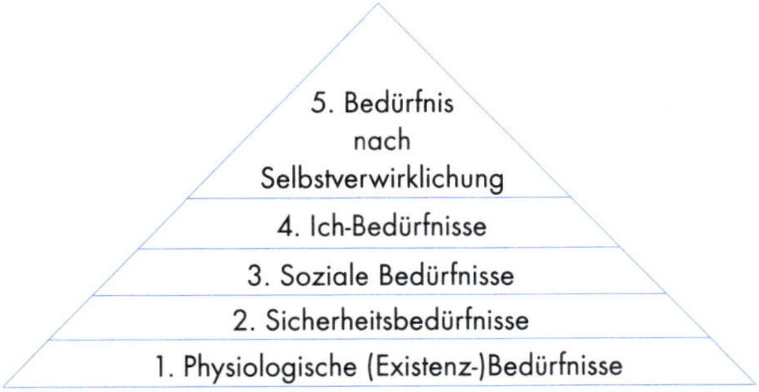

Abb. 1.1 Die Hierarchie der Bedürfnisse nach Abraham H. Maslow (1970)*
(vereinfachtes Schema)

❶ Die physiologischen, existenzsichernden Bedürfnisse bezeichnet man auch als **Grundbedürfnisse**. Dazu gehören z.B. Hunger, Durst, Unterkunft, Kleidung, Schlaf und Sexualität.

❷ **Sicherheitsbedürfnisse** zielen darauf ab, dass die Grundbedürfnisse auch in der Zukunft befriedigt werden können. Es geht also u.a. darum, die existenzielle Sicherheit durch ein regelmäßiges Einkommen bzw. einen sicheren Arbeitsplatz zu gewährleisten.

* Abraham H. Maslow, *Motivation and personality* (rev. ed.), New York 1970.

❸ **Soziale Bedürfnisse**, d.h. Bedürfnisse nach Kommunikation, Freundschaft, Zuneigung, Geborgenheit, Liebe etc., finden ihren Ausdruck in den sozialen Kontakten des Individuums und entsprechen dem Wunsch nach einem Leben in der Gemeinschaft. Der Mensch wünscht sich Geselligkeit, er will unterhalten werden, z.B. durch Spielabende mit Freunden, durch Theater- oder Kinobesuche etc.

❹ Die Ebene der **Ich-Bedürfnisse** umfasst das Streben nach sozialem Ansehen, nach Status, Prestige und Macht. Man wünscht sich Anerkennung und Bestätigung durch andere.

❺ Wenn der Mensch das **Bedürfnis nach Selbstverwirklichung** entwickelt, ist er auf der Suche nach höherer Entfaltung und möchte sich von dem Wunsch nach Bestätigung durch die Gesellschaft lösen.

Die verschiedenen Ebenen sind von unten nach oben aufeinander aufgebaut und bedingen einander. Man spricht daher auch von der **Hierarchie der Bedürfnisse**. Das heißt, erst wenn Grundbedürfnisse wie Hunger und Durst befriedigt sind, entwickelt der Mensch das Bedürfnis, Vorsorge für seine Zukunft zu treffen. Sind diese Bedürfnisse erfüllt, strebt er danach, einen festen Freundeskreis aufzubauen, in der Gemeinschaft Sport zu treiben usw. Wichtig ist dabei: Solange die Grundbedürfnisse nicht ausreichend befriedigt sind, bestimmen sie alle anderen menschlichen Bedürfnisse maßgeblich und überdecken die übrigen Ebenen.

Neben der Klassifizierung nach Hierarchien lassen sich menschliche Bedürfnisse auch nach Individual- und Kollektivbedürfnissen unterscheiden. Demzufolge richten sich **Individualbedürfnisse** im weitesten Sinne auf Güter, die der Einzelne für sich allein konsumieren kann (z.B. Getränke, Brot, ein Möbelstück), wohingegen **Kollektivbedürfnisse** mit Gütern befriedigt werden, die allen Mitgliedern einer Gesellschaft zur Verfügung stehen bzw. stehen sollten (z.B. Straßen, öffentliche Verkehrsmittel, Schulen, Krankenhäuser).

Im Rahmen der Volkswirtschaft beschäftigen wir uns jedoch primär mit der Einteilung in wirtschaftliche und nicht wirtschaftliche Bedürfnisse. Die **nicht wirtschaftlichen Bedürfnisse** richten sich auf **freie Güter**, d.h. auf solche, die man nicht erwerben kann, weil sie in ausreichender Menge zur Verfügung stehen (z.B. saubere Luft). **Wirtschaftliche Bedürfnisse** hingegen werden durch **knappe Güter** befriedigt, d.h. durch solche, die man erwerben kann (z.B. Nahrung). Dies gelingt jedoch nur, wenn man bereit ist, für diese Güter einen Preis zu zahlen. Man muss also **Kaufkraft** besitzen, d.h. Geld haben.

Die mit Kaufkraft ausgestatteten Bedürfnisse nennt man Bedarf.

Bedarf entsteht folglich, wenn zur Befriedigung eines wirtschaftlichen Bedürfnisses Geld vorhanden ist.

Nehmen wir an, es besteht z.B. bei einem Berufseinsteiger der Bedarf nach einem speziell ausgestatteten, sehr teuren Laptop. Sein Einkommen, d.h. seine Kaufkraft, reicht jedoch nur für einen normalen PC. Wenn sich der junge Mann nun zum Kauf des normalen Computers entschließt, wird sein Bedarf zur Nachfrage. Von **Nachfrage** spricht man demnach, wenn ein wirtschaftliches Bedürfnis durch ein am Markt angebotenes Gut befriedigt werden soll.

Der am Markt kaufwirksame Bedarf heißt Nachfrage.

Grundsätzlich wird der vernünftig (rational) denkende Mensch versuchen, die Bedürfnisse zu befriedigen, die ihm am dringlichsten erscheinen (s. Maslows Hierarchie der Bedürfnisse). Er wird also differenzieren, welches Bedürfnis jeweils stärker als ein anderes ist, und sich zunächst für die Befriedigung des stärkeren Bedürfnisses entscheiden. Es ist objektiv jedoch schwer feststellbar, wann und warum ein Bedürfnis dem einzelnen Individuum als dringlich erscheint.

1.2 Güter und Güterarten

Begriffe Güter ◉ Konsumgüter ◉ Produktionsgüter ◉ Naturgüter ◉ Industriegüter ◉ private und öffentliche Güter

Wie in Abschnitt 1.1 erläutert, haben die Menschen eine Fülle von Bedürfnissen. Wer Hunger hat, braucht Nahrung. Wer Durst hat, braucht etwas zu trinken. Wenn es jemanden friert, braucht er warme Kleidung, usw. Die Fülle von Bedürfnissen wird durch Güter befriedigt. Sehen wir uns an, welche unterschiedlichen Güterarten es gibt.

Zunächst lassen sich Güter unterteilen in

- **materielle Güter**, d.h. **Sachgüter** (Lebensmittel, Kleidung, Wohnungseinrichtung etc.) und
- **immaterielle Güter**, d.h. **Dienstleistungen** (ärztliche Behandlung, Beratung durch den Rechtsanwalt etc.) oder **Rechte** (z.B. Patente, Firmenwert).

Materielle und immaterielle Güter werden weiter jeweils in Konsumgüter und Produktionsgüter unterschieden. **Konsumgüter** dienen der unmittelbaren Bedürfnisbefriedigung, wohingegen **Produktionsgüter** zur Herstellung (Produktion) anderer Güter gebraucht werden. Zu den Produktionsgütern gehören auch sämtliche Roh-, Hilfs- und Betriebsstoffe sowie Maschinen.

Alle materiellen Güter, die wir ge- und verbrauchen, entstammen letztlich unserer natürlichen Umwelt, dem Produktionsfaktor Natur. Diejenigen Güter, die ge- oder verbrauchsfertig von der Natur geliefert werden, bezeichnet man auch als **Naturgüter**. Verändert man diese Güter in irgendeiner Weise (z.B. Meerwasser in Trinkwasser oder Getreide zu Mehl), werden sie zu **Industriegütern**. Dasselbe gilt für Naturgüter, die sich durch den Transport vom Fundort zum Verwendungsort wandeln. Nach dem Abroden wird z.B. das Naturgut Holz durch den Transport zum Schreiner zum Industriegut. Das gleiche Resultat ergibt sich durch Kauf bzw. Verkauf eines Naturgutes. Wenn also der Waldbesitzer das Holz an eine Möbelfabrik verkauft, wird damit aus dem Naturgut ein Industriegut.

Bei all diesen Gütern handelt es sich um **wirtschaftliche Güter**, auch **Wirtschaftsgüter** genannt. Sie müssen hergestellt werden. Wenn Menschen Güter produzieren und sie anderen Menschen anbieten, spricht man in der Volkswirtschaftslehre von **Unternehmen**.

Wie wir bereits wissen, gibt es neben den wirtschaftlichen Gütern auch die nicht wirtschaftlichen bzw. freien Güter. Diese müssen nicht hergestellt werden, da sie die Natur in ausreichender Menge bereitstellt.

Doch wer genau fragt nun die produzierten, wirtschaftlichen Güter nach bzw. wer benötigt sie?

Da sind zunächst die **privaten Haushalte**, von denen es in Deutschland rund 38 Millionen gibt. Sie alle stellen produktive Leistungen, z.B. in Form ihrer Arbeitskraft zur Verfügung. Dafür beziehen sie Einkommen, das sie für den Kauf von Konsumgütern (z.B. Nahrung, Kleidung, Möbel, Friseur) verwenden. Mit dem Konsum von Gütern befriedigen sie ihre Bedürfnisse.

Des Weiteren fragen der **Staat**, also Bund, Länder und Kommunen, sowie staatliche Institutionen (wie z.B. die Bundesanstalt für Arbeit) Wirtschaftsgüter nach. Und das Gleiche gilt natürlich für **Unternehmen**. Zu den nachgefragten Gütern gehören u.a. auch solche, die zur langfristigen Verwendung gedacht sind (z.B. Computertomografen, Fertigungsstraßen). Güter dieser Art bezeichnet man als **Investitionsgüter**.

Nachdem wir nun wissen, dass sowohl private Haushalte als auch Staat und Unternehmen Güter nachfragen, können wir uns noch eine letzte Kategorie von Wirtschaftsgütern ansehen: die privaten und die öffentlichen Güter.

Bei den **privaten Gütern** konkurrieren die privaten Haushalte um ein Gut (z.B. Nahrungsmittel, Kleidung, Möbel etc.). Wird das Gut durch ein Wirtschaftssubjekt verbraucht, steht es einem anderen nicht mehr zur Verfügung. Im Gegensatz dazu können **öffentliche Güter** (z.B. innere und äußere Sicherheit, Rechtspflege, Verwaltung, Straßen, Schulen, Krankenhäuser etc.) von mehreren Wirtschaftssubjekten, etwa von mehreren privaten Haushalten und natürlich auch von Unternehmen, gleichzeitig genutzt werden. Während private Güter von privaten Haushalten (z.B. Vermietung und Verpachtung) und Unternehmen erstellt werden, obliegt die Bereitstellung der öffentlichen Güter dem **Staat**. Dabei produziert der Staat diese Güter im Prinzip wie ein Unternehmen:

- Er setzt **Arbeitskraft** ein, indem er Arbeiter, Angestellte und Beamte beschäftigt.
- Er setzt **Kapitalgüter** ein. Ein Kapitalgut ist ein produziertes Gut, das zur Produktion anderer Güter, wie z.B. Gebäude, Straßen, Brücken, Wasserwege, benötigt wird.
- Er setzt **Grund** und **Boden** ein.

Abb. 1.2 zeigt noch einmal die wichtigsten Güterarten im Überblick.

Güter dienen der Befriedigung von Bedürfnissen.

Die Produktion und die Nachfrage wirtschaftlicher Güter erfolgen durch private Haushalte, Staat und Unternehmen.

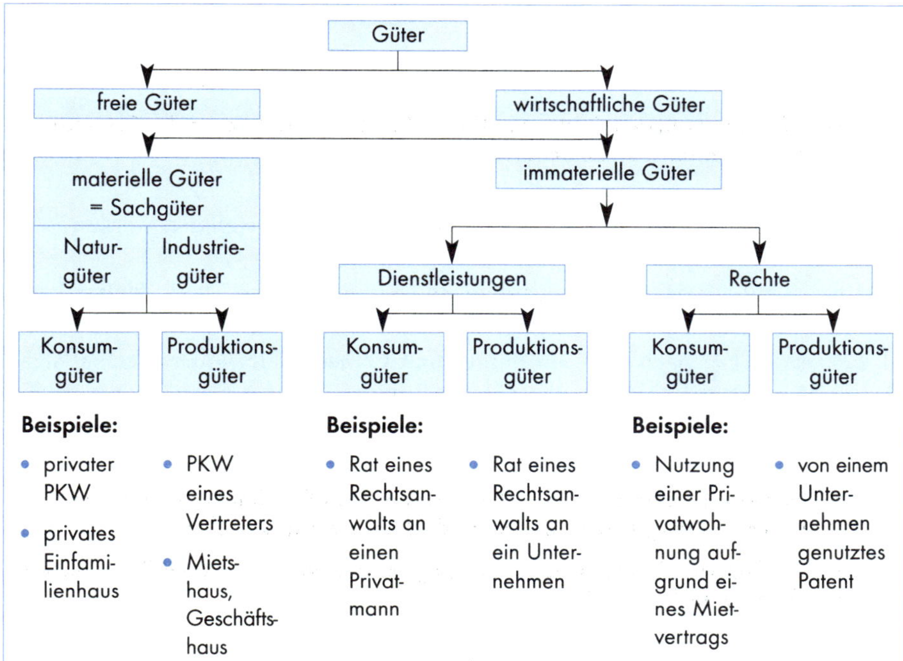

Abb. 1.2 Übersicht über die Güterarten
(Quelle: Gernot B. Hartmann, *Volks- und Weltwirtschaft*, Rinteln: Merkur Verlag, [18]1997, S. 17.)

1.3 Knappheit der Güter – „ökonomisches Prinzip“

Begriffe ***wirtschaftliche Güter*** ◉ ***knappe Güter*** ◉ ***freie Güter*** ◉ ***Wirtschaften*** ◉ ***ökonomisches Prinzip*** ◉ ***Nutzenmaximierung***

Wir haben zuvor von wirtschaftlichen und nicht wirtschaftlichen Bedürfnissen gesprochen, die jeweils durch wirtschaftliche oder nicht wirtschaftliche Güter befriedigt werden können.

Wenn wir von **wirtschaftlichen Gütern** sprechen, meinen wir **knappe Güter**. Sie müssen produziert werden, stehen daher nur begrenzt zur Verfügung und können nur durch Kaufkraft erworben werden. Andererseits haben die Mitglieder unserer Volkswirtschaft einen hohen Bedarf an diesen wirtschaftlichen Gütern. Da sie jedoch nur über begrenzte Geldmittel verfügen, müssen sie diese Mittel ihren persönlichen Präferenzen entsprechend einsetzen. Somit besteht ein ständiges Spannungsverhältnis zwischen „Wollen“ und „Haben können“. Dieses Spannungsverhältnis zwingt die Menschen zum **Wirtschaften**.

Die **freien Güter**, d.h. solche, die volkswirtschaftlich betrachtet in unbegrenztem Maße zur Verfügung stehen (Luft, Sand, Meerwasser), können von jedem Menschen nach Belieben in Anspruch genommen werden. Sie sind also nicht Gegenstand des Wirtschaftens. Allerdings darf man nicht vergessen, dass die freien Güter durch den Missbrauch der Natur als „Gratisquelle“ oder „Gratisdeponie“ (z.B. Verschmutzung der Binnengewässer, der Meere und der Luft) immer knapper werden. (Vgl. Lektion 9, „Ökonomie und Ökologie“.)

Den Einsatz knapper Mittel zur Befriedigung menschlicher Bedürfnisse bezeichnet man als Wirtschaften.

Nach welchem Grundsatz soll mit den knappen Mitteln nun gewirtschaftet werden?

Um eine möglichst hohe Befriedigung der Bedürfnisse zu erreichen, ist ein **zielgerichtetes wirtschaftliches Handeln**, also Wirtschaften, erforderlich. Versucht der Mensch, dieses Problem bewusst zu lösen, handelt er nach dem **ökonomischen Prinzip**. Die Volkswirtschaftslehre spricht dabei auch vom **Wirtschaftlichkeits-** oder **Vernunftprinzip**. Dieses Prinzip stellt die Richtschnur wirtschaftlichen Handelns dar. Es werden zwei Ausprägungen unterschieden:

Nach dem Minimalprinzip soll ein bestimmtes Ergebnis oder Ziel mit dem geringstmöglichen Einsatz an Mitteln erreicht werden.

Nach dem Maximalprinzip ist mit gegebenen Mitteln ein größtmöglicher Erfolg zu erzielen.

Der Grundgedanke des Wirtschaftlichkeitsprinzips lässt sich zusammengefasst im allgemeinen **Extremumprinzip** darstellen. Demnach gilt es generell als erstrebenswert, einen größtmöglichen Erfolg über den Einsatz an Mitteln zu erlangen. Dabei basiert das ökonomische Prinzip auf der Annahme rationaler (mit Verstand = rational) Verhaltensweisen des einzelnen Wirtschaftssubjekts. Man spricht in diesem Zusammenhang auch vom **„homo oeconomicus“**.

Ein Verbraucher handelt z.B. nach dem ökonomischen Prinzip, wenn er sein Nettoeinkommen (= gegebene Mittel) derart verwendet, dass er einen höchstmöglichen Nutzen erzielt **(Nutzenmaximierung)**. So wird er seinen monatlichen Großeinkauf nicht in verschiedenen kleinen Lebensmittelgeschäften tätigen, die in unmittelbarer Nähe seiner Wohnung liegen, sondern im zwei Kilometer entfernten Supermarkt. Dort zahlt er durchschnittlich bis zu 10% weniger für dieselben Nahrungsmittel und spart zusätzlich noch Zeit, da er alles, was er braucht, in einem Geschäft bekommt.

1.4 Volkswirtschaftliche Produktionsfaktoren

Begriffe ***originäre volkswirtschaftliche Produktionsfaktoren ◉ Natur/Boden ◉ Arbeit ◉ Kapital ◉ Bildung ◉ technisches Wissen ◉ derivative Produktionsfaktoren***

Wirtschaftliche Güter müssen hergestellt und zur Nachfrage bereitgestellt werden. Dies geschieht in und durch Unternehmen. Um im volkswirtschaftlichen Sinne produzieren zu können, d.h. Güter zu beschaffen, zu erzeugen und zu verteilen, benötigen die Unternehmen zunächst die Grundelemente **Natur** und **Arbeit**. Diese beiden Grundelemente werden als **ursprüngliche** bzw. **originäre volkswirtschaftliche Produktionsfaktoren** bezeichnet. Sie ermöglichen die Entstehung zweier weiterer Produktionsfaktoren: Kapital und Bildung. Da **Kapital** und **Bildung** sich von den originären volkswirtschaftlichen Produktionsfaktoren ableiten lassen, bezeichnet man sie auch als **abgeleitete** bzw. **derivative Produktionsfaktoren**.

Sehen wir uns die volkswirtschaftlichen Produktionsfaktoren im Detail an:

- **Produktionsfaktor Boden**

  Die **Natur** liefert Boden, Luft, Wasser und Sonnenenergie. **Boden** ist dabei der Oberbegriff für **alle natürlichen Ressourcen**, die von der Natur in den **Produktionsprozess** eingebracht werden.

  Hinsichtlich seiner praktischen Nutzung kommt dem Produktionsfaktor Boden in der Volkswirtschaft eine besondere Bedeutung zu:

  - Als **Anbaufaktor** in der landwirtschaftlichen Produktion von Nahrungsmitteln und Rohstoffen **(= produktive Nutzung)**.
  - Als **Abbaufaktor** für die Lieferung von Rohstoffen wie Holz, Kohle, Erze, Erdgas und Erdöl **(= konsumtive* Nutzung)**.
  - Als **Standortfaktor**, d.h. als „Lieferant“ von Flächen für die Erstellung von Fabriken, Geschäftshäusern, land- und forstwirtschaftlichen Betrieben etc. (hier ebenfalls **konsumtive Nutzung**).

  Die Natur galt bislang als freies Gut, da man sie als unversiegliche Quelle ansah. Wissenschaftliche Prognosen weisen jedoch verschärft auf die drohende Erschöpfung der natürlichen Ressourcen und auf die Grenzen der Belastbarkeit der Umwelt durch Schadstoffe (s. Lektion 9, „Ökologie und Ökonomie“) hin.

- **Produktionsfaktor Arbeit**

  Der Produktionsfaktor Arbeit umfasst das gesamte **Arbeitskräftepotenzial** einer Volkswirtschaft. Unter Arbeit versteht man dabei den Einsatz von **körperlicher**, **geistiger** und **seelischer** Energie.

  Der elementare Produktionsfaktor Arbeit lässt sich nach ausführenden, leitenden und schöpferischen Tätigkeiten differenzieren:

  - **Ausführende Tätigkeiten** werden von einer leitenden Stelle angeordnet und von Weisungsempfängern ausgeführt (Beispiel: Abteilungsleiter delegiert Arbeiten an seine Mitarbeiter). Im Falle **ungelernter Arbeit** erfolgt keine spezielle fachliche Ausbildung vor Aufnahme einer Tätigkeit. Bei **angelernter Arbeit** wurden im Vorfeld bestimmte, eng umrissene Fertigkeiten vermittelt, während der **gelernten Arbeit** eine geregelte Ausbildungszeit (z.B. Ausbildung zum Kaufmann) zugrunde liegt.
  - Die **leitende Tätigkeit** zeichnet sich dadurch aus, dass die Angestellten im Unternehmen einen gewissen Verantwortungsbereich innehaben. So ist z.B. ein Abteilungsleiter eines

---

* konsumtiv: für den Verbrauch bestimmt

Unternehmens für die reibungslosen Abläufe innerhalb seiner Abteilung zuständig. Er übernimmt also aufgrund seiner Ausbildung bzw. besonderen Qualifikation die Verantwortung für die ihm überantwortete Abteilung.

- Die so genannte **schöpferische Tätigkeit** meint selbstständiges wissenschaftliches oder künstlerisches Arbeiten auf den unterschiedlichsten Gebieten (z.B. in Forschung und Lehre).

Die **Produktivität** bzw. die Leistungsfähigkeit des Faktors Arbeit hängt somit u.a. von der **Qualifikation der Arbeitskräfte** ab (ungelernte, angelernte oder gelernte Arbeit). Zu den weiteren maßgeblichen Beeinflussungsfaktoren zählen die **Organisation der Arbeit** im Unternehmen sowie die Ausstattung der Arbeitsplätze mit **technischen Hilfsmitteln** (z.B. mit Computern).

◉ Produktionsfaktor Kapital

Zum volkswirtschaftlichen Produktionsfaktor Kapital (auch **Kapitalstock** genannt) gehören alle zur Herstellung eines Gutes eingesetzten Produktionsgüter bzw. -mittel wie z.B. Fertigungsmaschinen und Werkzeuge, Roh-, Hilfs- und Betriebsstoffe sowie Halb- und Fertigprodukte.
Der Produktionsfaktor Kapital umfasst aber auch Fahrzeuge, Straßen, Kanäle, Schiffe oder Flugzeuge.
Geld und Geldforderungen gelten in diesem Sinne nicht als Kapital. Sie werden benötigt, um die Investitionsgüter zur Erhöhung und Verbesserung des Kapitalstocks zu finanzieren.

Der Produktionsfaktor Kapital lässt sich in direkt produktives Kapital und in Infrastrukturkapital unterscheiden:

- Als **direkt produktives Kapital** gelten all jene Produktionsmittel, die in Unternehmen zur Herstellung von anderen Gütern verwendet werden. Sie können durch **Investitionen** direkt erhöht bzw. erhalten werden. Die bauliche Erweiterung einer Firmenniederlassung bedeutet z.B. eine **Kapitalerhöhung**, wohingegen der Ersatz eines alten Lkw durch ein neues Fahrzeug als **Erhaltung des vorhandenen Kapitals** bezeichnet wird.

- Das **Infrastrukturkapital** wird als Voraussetzung für die **private Produktionsfähigkeit** angesehen und stellt somit **„öffentliches Produktionspotenzial“** dar. Hierzu gehören beispielsweise alle Anlagen, Ausrüstungen und Betriebsmittel, die die Wasserversorgung und Verkehrsbedienung unterstützen.
  Dem Infrastrukturkapital kommt für das Wachstum einer jeden Volkswirtschaft eine hohe Bedeutung zu. Falsche oder gar fehlende infrastrukturelle Investitionsentscheidungen führen zu erheblichen Einbußen in der Leistungsfähigkeit einer Volkswirtschaft und verschlechtern somit die Qualität eines Wirtschaftsstandortes. Aus diesem Grund ist es vor allem in Regionen mit schlechteren ökonomischen und sozialen Bedingungen wichtig, die Infrastruktur zu verbessern.

◉ Produktionsfaktor Bildung

Ausbildung und Bildung des Menschen sind nicht grundsätzlich als gegeben anzusehen. Sie müssen meist mit einem erheblichen Aufwand an Zeit, Geld und Energie erworben werden und sind für jede Volkswirtschaft von unschätzbarem Wert. Aus diesem Grund sollte es unsere

Volkswirtschaft als vorrangige Aufgabe ansehen, jedem Mitglied der Gesellschaft die Chance zu bieten, sich aktiv mit dem Thema Bildung auseinander zu setzen.
In hoch entwickelten, rohstoffarmen Ländern wie Deutschland stellt die Bildung, das so genannte **human capital**, einen eigenständigen Produktionsfaktor dar. Hierbei hat vor allem das **technische Wissen** einen besonderen Stellenwert. Es umfasst die in einer Volkswirtschaft möglichen oder vorhandenen Produktionsverfahren, Produkte und Organisationsformen. In vielen Zusammenhängen spricht man daher statt von Bildung auch von technischem Wissen als eigenständigem Produktionsfaktor.

Grundsätzlich werden alle Grundelemente, die an der Produktion beteiligt sind, als Produktionsfaktoren bezeichnet. Dazu gehören in unserer Volkswirtschaft die Faktoren Boden, Arbeit, Kapital und Bildung (bzw. technisches Wissen).

Das Zusammenspiel der originären und derivativen volkswirtschaftlichen Produktionsfaktoren ist ausschlaggebend für die Leistungsfähigkeit einer Volkswirtschaft. In stark industrieorientierten Ländern wie Deutschland wird vor allem der Produktionsfaktor Bildung (bzw. technisches Wissen) als treibende Kraft für die Steigerung der volkswirtschaftlichen Produktion angesehen.

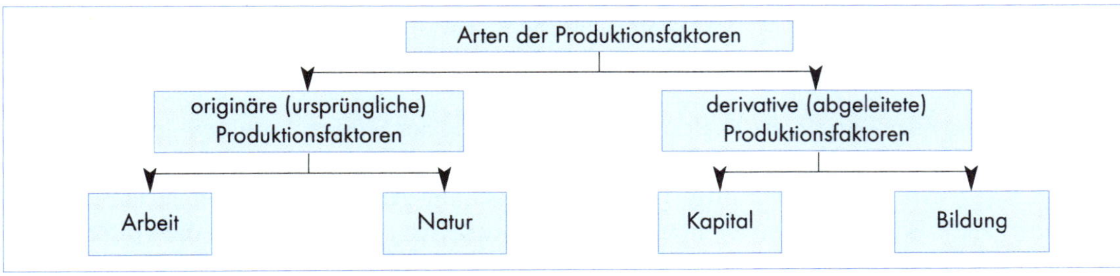

Abb. 1.3 Überblick über die volkswirtschaftlichen Produktionsfaktoren

1.5 Arbeitsteilung als Organisationsprinzip der Produktion

Begriffe ***Tauschwirtschaft*** ◉ ***Arbeitsteilung*** ◉ ***Berufsbildung*** ◉ ***Berufsspaltung***

Die Menschen haben bereits früh erkannt, dass das Arbeitsergebnis geringer ausfällt, wenn jeder Einzelne die erforderlichen Arbeiten für sich alleine erledigt. Schließlich verfügt jeder Mensch nur über ein beschränktes Maß an Fähigkeiten, Fertigkeiten und Ausbildung.

Der britische Wirtschaftswissenschaftler **Adam Smith** (1723–1790) zeigte die Vorteile der Arbeitsteilung anhand des so genannten Stecknadelbeispiels. Dabei ging er davon aus, dass ein ungelernter Arbeiter auch unter Zuhilfenahme von Maschinen höchstens eine, niemals aber 20 Stecknadeln pro Tag fertigen könnte. Die Arbeitsgänge wurden getrennt, und es folgte eine fachliche Spezialisierung auf einzelne Teilbereiche der Produktion. Das Ergebnis waren 18 verschiedene Arbeitsgänge.

Wenn nun 10 Arbeiter zur Verfügung standen, konnten diese bei entsprechendem Einsatz an die 48.000 Nadeln pro Tag produzieren, d.h. pro Arbeiter 4.800 Nadeln. Damit ließ sich durch Arbeitsteilung die Produktivität auf das 240 bis 480fache steigern.

Was genau versteht man nun aber unter **Arbeitsteilung**?

Arbeitsteilung ist die Strategie, komplexe Aufgaben in kleinere Teilaufgaben zu untergliedern, um als Ziel die Produktivität zu steigern.

Noch vor einigen Jahrhunderten waren die meisten Haushalte mit den Stätten der Produktion eng verbunden **(Selbstversorgung)**. Mit der Zeit entwickelte sich dann die **Tauschwirtschaft**. Dadurch wurde nicht mehr nur für den Eigenbedarf, sondern auch für einen „anonymen Markt" produziert. Das heißt, jeder tauschte bzw. kaufte solche Güter und Dienstleistungen, die ein anderer besser herstellen konnte.

Der so genannte **direkte Tausch** oder auch Realtausch „Gut gegen Gut" war früher weit verbreitet. Dabei mussten beide Partner bereit sein, jeweils ihr Gut gegen das des anderen einzutauschen. Ergebnis dieses Tauschaktes war, dass jeder mit seinem eingetauschten Gut den eigenen Bedarf decken konnte. So tauschte z.B. ein Bauer einen Sack Kartoffeln gegen einen Haarschnitt beim Barbier.

Die Entwicklung der Tauschwirtschaft und die Ausdehnung der Märkte waren mit der zunehmenden Arbeitsteilung zwischen den Menschen verknüpft. Die ersten Schritte der Arbeitsteilung bezeichnet man auch als **Berufsbildung**, weil dadurch bestimmte Berufe (z.B. Stellmacher, Barbier) entstanden sind. Infolge der weiteren technischen Entwicklung begannen sich die Grundberufe dann zu spalten. Das heißt, es kristallisierten sich innerhalb eines Berufes Spezialgebiete heraus. Aus dem Stellmacher, der früher Wagen baute, wurde der Kfz-Mechaniker; aus dem Barbier der Damen- und Herrenfriseur und der Zahnarzt.

Diese zunehmende Spezialisierung nennt man **Berufsspaltung**. Mit der Berufsbildung und der Berufsspaltung wurden die Stätten der Produktion immer mehr aus den Haushalten ausgegliedert. Innerhalb eines Aufgabengebietes kam es zu örtlichen Zusammenschlüssen (Werkstätten, Manufakturen, Fabriken) sowie zu Zusammenschlüssen der Angehörigen einer Berufsgruppe (Zünfte, Gilden).
Später entstanden daraus die **wirtschaftlichen Betriebe**. Es galt und gilt, die Ergiebigkeit der menschlichen Arbeitsleistung im wirtschaftlichen Betrieb zu steigern. Zur Bewältigung der anfallenden Arbeiten stellten die Eigentümer der Betriebe Arbeitskräfte an.

Aus der Arbeitsteilung heraus entwickelten sich die Berufsbildung sowie die Berufsspaltung, die später zur Gründung von wirtschaftlichen Betrieben führte.

Mit der Entstehung der wirtschaftlichen Betriebe ging die **innerbetriebliche Arbeitsteilung** Hand in Hand. Dabei wurde innerhalb des Betriebes der Produktionsprozess in einzelne Arbeitsschritte aufgeteilt oder die Mitarbeiter spezialisierten sich nach bestimmten betrieblichen Funktionen, um die Produktivität im Betrieb weiter steigern zu können (Beschaffung, Lagerung, Produktion, Verwaltung, Vertrieb). Weiterhin wurden ursprünglich zusammengehörige Tätigkeiten in einzelne Teilbereiche zerlegt. Diese „Arbeitszerlegung" erfolgte sowohl im Verwaltungs- als auch im Produktionsbereich. Aus dieser Arbeitszerlegung heraus entwickelte sich beispielsweise das Fließband, an dem der einzelne Arbeiter die sich stets wiederholenden, gleichen Handgriffe vorzunehmen hat. Daher rührt auch die Bezeichnung **technische Arbeitsteilung**.

Aus den westlichen Industrieländern ist die weit verzweigte Arbeitsteilung nicht mehr wegzudenken. Sie gilt sogar als Grundvoraussetzung für die Entstehung unserer Volkswirtschaft und unserer mittlerweile luxuriösen Versorgung mit Gütern. Arbeitsteilung ist somit eines der wesentlichsten Kennzeichen moderner Industriegesellschaften.

Aufgaben zur Lernkontrolle

1. *Definieren Sie den Begriff „Wirtschaften".*
2. *Definieren Sie mit Ihren eigenen Worten das ökonomische Prinzip.*
3. *Erläutern Sie den Unterschied zwischen freien Gütern und wirtschaftlichen Gütern. Bringen Sie selbst gewählte Beispiele.*
4. *Unterscheiden Sie die ursprünglichen und abgeleiteten volkswirtschaftlichen Produktionsfaktoren.*
5. *Zählen Sie auf, welche verschiedenen Nutzungsarten des Produktionsfaktors Boden Ihnen bekannt sind und nennen Sie konkrete Beispiele.*
6. *Warum führt Arbeitsteilung zu Produktivitätssteigerung?*
7. *Was versteht man unter innerbetrieblicher Arbeitsteilung?*
8. *Erläutern Sie zwei Vor- und zwei Nachteile der Arbeitsteilung.*

2 Markt und Preisbildung

2.1 Was ist ein Markt?

Begriffe ***Märkte ◉ Gütermärkte ◉ Faktormärkte ◉ Markt als Koordinationsmechanismus ◉ offene/geschlossene Märkte ◉ vollkommener Markt ◉ Institutionen ◉ Transaktionskosten***

Die Mitglieder einer Gesellschaft haben in einer arbeitsteiligen Volkswirtschaft unterschiedliche Funktionen zu erfüllen. Sie können – natürlich auch gleichzeitig – die Rolle des Konsumenten, des Produzenten oder des Eigentümers von Produktionsfaktoren einnehmen.

Immer dann, wenn nun Wirtschaftssubjekte mit anderen Wirtschaftssubjekten in Kontakt treten, wenn also **Anbieter (Verkäufer)** und **Nachfrager (Käufer)** zusammentreffen, um ihre Tauschpläne zu realisieren, d.h. um Güter zu verkaufen und zu kaufen, entsteht ein **Markt**.

Ein Markt ist der ökonomische Ort des Zusammentreffens von Angebot und Nachfrage.

Ein anschauliches Beispiel hierfür ist der so genannte Wochenmarkt, auf dem die Händler ihre Waren direkt den privaten Haushalten anbieten, die ihrerseits Lebensmittel und andere Gebrauchsgegenstände des täglichen Lebens nachfragen. Doch wesentlich häufiger als real existierende, an einen **bestimmten geografischen Ort** gebundene Märkte sind **gedanklich abstrahierte** oder **virtuelle Märkte** (Waren- und Wertpapierbörsen oder das Internet).

Dabei können auf einem Markt **unterschiedliche Waren** gehandelt werden, z.B.:

- Güter und Dienstleistungen
- Produktionsfaktoren (Boden, Arbeit, Kapital, technisches Wissen)
- In- und ausländische Währung
- Besitzanteile an Unternehmen
- Zertifikate, die zur Emission bestimmter Schadstoffmengen berechtigen.

Grundsätzlich unterscheidet man zwischen Gütermärkten und Faktormärkten. Zu den **Gütermärkten** gehören der Konsumgütermarkt, der Produktionsgütermarkt und der Investitionsgütermarkt. Auf den **Faktormärkten** werden hingegen die Produktionsfaktoren Boden, Arbeit, Kapital und Bildung gehandelt.

Der Markt ist also eine Institution, die die für einen geplanten Tausch notwendigen Informationen und Gelegenheiten bietet. Man spricht daher auch vom Markt als **Koordinationsmechanismus** für die wirtschaftlichen Aktivitäten der Wirtschaftssubjekte.

Soll der Markt diese Koordinierungsfunktion erfüllen, müssen alle Marktteilnehmer freien Zugang haben. Im Idealfall sind Märkte deshalb **offen**, d.h. alle potenziellen Anbieter und Nachfrager können den Markt ungehindert betreten. In diesem Fall spricht man von einem **vollkommenen Markt** oder von **vollständigem Wettbewerb** (bzw. **vollkommener Konkurrenz**; vgl. Abschnitt 2.2).

2

Der Zugang zu beschränkten Märkten ist hingegen nur unter bestimmten Voraussetzungen möglich, z.B. wenn ein Unternehmen eine hohe Kapitalausstattung nachweisen kann. Hier gibt es also **Markteintrittsbarrieren**, die den Wettbewerb behindern oder im Extremfall sogar gänzlich verhindern. Daher ist bei **geschlossenen** Märkten nur einem bestimmten Kreis eine Nachfrage oder ein Angebot möglich. So ist beispielsweise nur der Staat dazu berechtigt, Panzer oder Militärflugzeuge nachzufragen.

Damit Käufer und Verkäufer auf unterschiedlichen Märkten auch wirklich zusammengeführt werden können, benötigt man **Institutionen**. In einer Volkswirtschaft unterscheidet man in der Regel drei Arten von Institutionen:

- **Entscheidungsinstitutionen**
  wie z.B. Märkte, Demokratie* und Bürokratie**, Hierarchien (Zuständigkeiten, z.B. in Unternehmen oder Ämtern) und Verhandlungssysteme (z.B. die EU).

- **Normen, Traditionen und andere Verhaltensregeln**
  Diese Institutionen finden Ausdruck in Gesetzen, Verordnungen, religiösen und kulturellen Normen und Umgangsformen.

- **Organisationen**
  wie Staat, Unternehmen, Haushalte, Parteien, Vereine, Kirchen und christliche Organisationen.

Institutionen schaffen die Regeln für die Art und Weise der menschlichen Interaktion.

Sie zeigen, wie wir uns verhalten sollen, wenn es z.B. darum geht, ein Grundstück zu erwerben, ein Unternehmen zu gründen oder irgendeine andere wirtschaftliche Transaktion vorzunehmen.

Die in einer Volkswirtschaft eingesetzten Institutionen sind somit in ihrer Schutzfunktion für die Wirtschaftspartner von hoher Bedeutung. Jedoch muss beachtet werden, dass z.B. durch zu viel Bürokratie der Wirtschaftsprozess eines Landes behindert oder sogar lahm gelegt werden kann.

Die Schaffung, die Erhaltung und die Nutzung der einzelnen Institutionen verursacht Kosten. Man spricht dabei von „Transaktionskosten“.

---

* Demokratie („Volksherrschaft“) ist eine Staatsform, in der die Staatsgewalt vom Volk ausgeht und von gewählten Vertretern ausgeübt wird.

** Bürokratie ist eine Methode des Wirtschaftens, die in verschiedenen Bereichen menschlichen Handelns verwendet werden kann, z.B. in der Verwaltung oder im modernen Beamtentum.

Transaktionskosten entstehen beispielsweise

- bei der Beschaffung von Informationen über Marktverhältnisse sowie über potenzielle Vertragspartner und deren Konditionen **(Anbahnungskosten)**,
- beim Aushandeln und Abschließen von Verträgen **(Vereinbarungskosten)**,
- bei der Überwachung der Einhaltung entsprechender Vereinbarungen **(Kontroll- und Durchsetzungskosten)**,
- wenn Erlöse aufgrund teilweiser Nichteinhaltung von Verträgen niedriger ausfallen (**Nichteinhaltungskosten**, z.B. bei schlechterer Qualität oder verspäteter Lieferung),
- für nachträgliche Ergänzung und Anpassung von Verträgen **(Anpassungskosten)**,
- wenn trotz Verhandlungen eine optimale Anpassung an die neue Situation nicht möglich ist **(Fehlanpassungskosten)**.

Alle wirtschaftlichen Aktivitäten, die zwischen Wirtschaftspartnern einer Volkswirtschaft stattfinden, verursachen in der Regel einige der oben aufgeführten Kosten, ganz gleich, ob es sich z.B. um den Kauf eines Hauses oder um die Gründung eines Unternehmens handelt.
Beim Kauf eines Hauses müssen Vermittler- bzw. Maklerhonorare investiert werden. Für die Nachforschungen zu einem bebaubaren Grundstück gilt es Zeitkosten einzukalkulieren. Für die Eintragung ins Grundbuch müssen wiederum Behörden eingeschaltet werden. Weitere Aufwendungen entstehen bei der Bewilligung eines Baukredits durch ein Kreditinstitut usw. Das Beispiel zeigt, welches Ausmaß Transaktionskosten annehmen können, wenn es z.B. darum geht, die **Eigentums- und Verfügungsrechte** der Wirtschaftspartner präzise zu sichern.

Die durch die Nutzung von Institutionen entstehenden Kosten heißen Transaktionskosten.

2.2 Preisbildung bei vollständigem Wettbewerb

Begriffe ***Preis ◉ vollständiger Wettbewerb ◉ Angebotskurve ◉ Nachfragekurve ◉ Angebotsüberhang (Käufermarkt) ◉ Nachfrageüberhang (Verkäufermarkt) ◉ Gleichgewichtspreis ◉ Konsumentenrente ◉ Produzentenrente***

Da der Realtausch „Gut gegen Gut“ mittlerweile eher die Ausnahme ist, wird am Markt in der Regel Geld gegen Gut (= Ware) getauscht. Damit die Marktteilnehmer wissen, wie viel Geld für ein Gut zu bezahlen ist, benötigen sie Preise. Was versteht man unter dem Begriff **„Preis“**?

Der Preis ist der in Geld ausgedrückte Tauschwert einer Ware, zu welchem Käufer (Nachfrager) und Verkäufer (Anbieter) bereit sind, den Tausch zu vollziehen.

Der zu zahlende Preis kann aber nicht willkürlich vom nach Gewinn strebenden Verkäufer festgelegt werden, da andernfalls die Nachfrage nach diesem Gut ausbleiben würde. Sehen wir uns daher an, wie der Preis entsteht.

2

Das Modell des vollständigen Wettbewerbs

Volkswirtschaftlich betrachtet, erfolgt die **idealtypische Preisbildung** unter der Annahme des **vollständigen Wettbewerbs** bzw. der **vollkommenen Konkurrenz** auf vollkommenen Märkten. Diese theoretische Konstruktion ist zwar nur ein stark vereinfachtes Hilfsmittel, sie wird jedoch verwendet, um das reale Marktgeschehen untersuchen zu können.

Mit dem Modell des vollständigen Wettbewerbs auf vollkommenen Märkten kann das Verhalten von Anbietern und Nachfragern untersucht werden.

Vollständiger Wettbewerb ist, wie wir im vorangegangenen Abschnitt gesehen haben, nur auf **offenen Märkten** möglich. Zur Wiederholung: Von offenen Märkten spricht man, wenn alle potenziellen Anbieter und Nachfrager freien Zugang zum Markt haben.

Damit wir von **vollständigem Wettbewerb** sprechen können, müssen folgende Voraussetzungen erfüllt sein:

- Durch die **Vielzahl der Anbieter und Nachfrager** ist der Marktanteil des einzelnen Wirtschaftssubjekts sehr gering.
- Alle Nachfrager und Anbieter kennen alle Preise an jedem Ort (**vollständige Information** oder **vollkommene Transparenz**).
- Die Entscheidungen erfolgen unter rein sachlichen Gesichtspunkten (**keine persönlichen** oder **räumlichen Vorlieben**, d.h. **Präferenzen**).
- Anbieter und Nachfrager handeln um ein praktisch identisches Gut **(Bedingung der Homogenität der Güter)**.

Unter diesen Annahmen entwickeln Nachfrager und Anbieter die Mengenvorstellungen für ihre Käufe und Verkäufe in Abhängigkeit vom Preis. Nur wenn all diese Bedingungen erfüllt sind, spricht man von „vollkommener Konkurrenz“ bzw. „vollständigem Wettbewerb“.

Auf den Märkten treffen Angebot und Nachfrage zusammen und bilden die Preise.

Angebots- und Nachfragekurve

Damit die Entwicklung der Preise in Abhängigkeit von Angebot und Nachfrage deutlich wird, bedient sich die Volkswirtschaftslehre einer modellhaften Abbildungsweise. Der Verlauf von Angebot und Nachfrage wird mittels Kurven in Diagrammen dargestellt. Abb. 2.1 und Abb. 2.2 verdeutlichen diesen Zusammenhang.

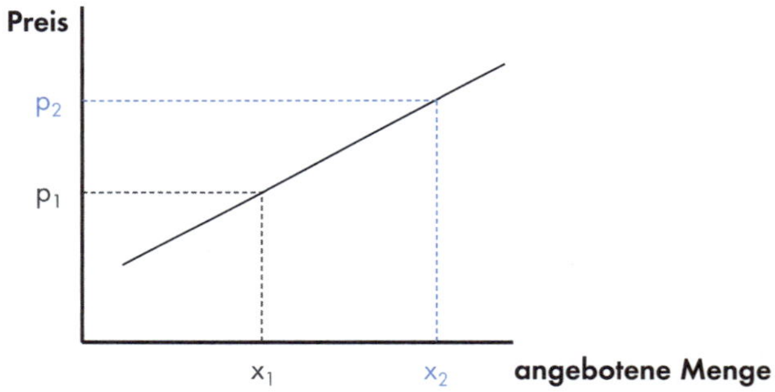

Abb. 2.1 Angebotskurve

Bei der **Angebotskurve** gilt folgende Regel: Je höher der erzielbare Preis für ein Produkt ist, desto mehr sind die Anbieter daran interessiert, dieses Produkt zu verkaufen. Vergleichen wir dazu Abb. 2.1. Bei einem bestimmten Marktpreis p_1 wird eine bestimmte Menge x_1 angeboten. Steigt der Marktpreis auf p_2, erhöht sich auch die angebotene Menge auf x_2.

Die Angebotskurve bildet den Zusammenhang zwischen Preis und angebotener Menge ab. Dabei gilt: Je höher der erzielbare Preis, desto höher die angebotene Menge.

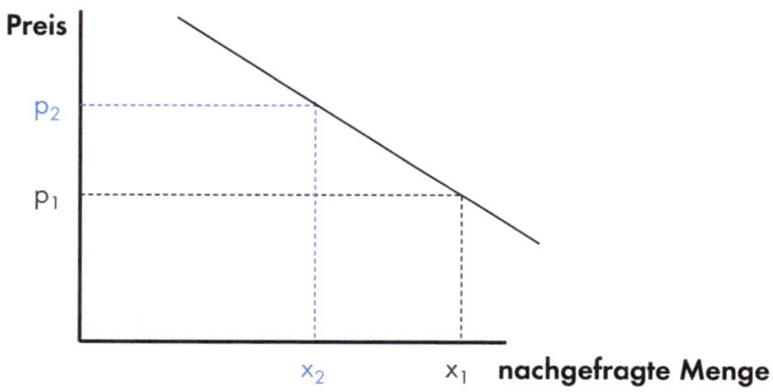

Abb. 2.2 Nachfragekurve

Bei der **Nachfragekurve** gilt: Je billiger ein Produkt angeboten wird, desto höher ist die nachgefragte Menge. Aus Abb. 2.2 geht hervor, dass bei einem Preis p_1 die Menge x_1 nachgefragt wird. Erhöht sich der Preis auf p_2, sinkt die nachgefragte Menge auf x_2.

Die Nachfragekurve bildet den Zusammenhang zwischen Preis und nachgefragter Menge ab. Dabei gilt: Je niedriger der von den Anbietern veranschlagte Preis, desto höher die nachgefragte Menge.

Jede Preisänderung führt somit zu einer Veränderung auf der Angebots- bzw. der Nachfragekurve (aus Vereinfachungsgründen verlaufen die abgebildeten Kurven nicht steiler oder flacher, sondern linear). Es können sich jedoch auch die Positionen der Kurven verändern:

- **Positionsänderung der Nachfragekurve**

  Eine Positions- bzw. Lageveränderung der Nachfragekurve kann sich durch eine **Einkommensänderung** ergeben. Reduziert sich z.B. das Einkommen der privaten Haushalte, müssen diese sparen und können somit weniger nachfragen bzw. konsumieren. Dadurch sinkt bei gleich bleibendem Preis die nachgefragte Menge und die Nachfragekurve verschiebt sich nach innen (vgl. dazu Abb. 2.3). Die Position der Nachfragekurve kann auch durch andere Faktoren beeinflusst werden, so z.B. durch Preisänderungen bei anderen Gütern oder Änderungen in der Bedürfnisstruktur.

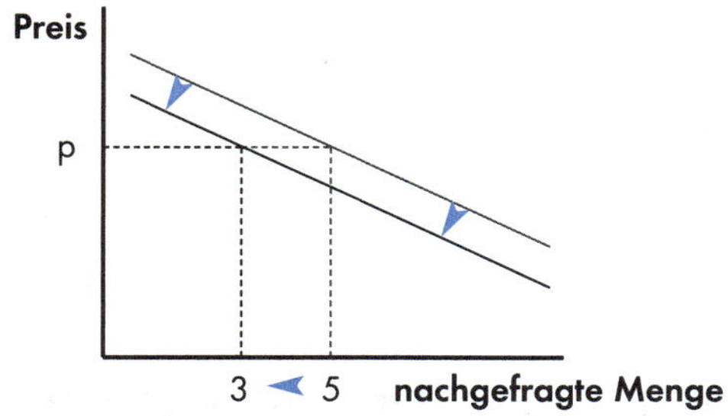

Abb. 2.3 Nachfragekurve – Beispiel einer Innenverschiebung

- **Positionsänderung der Angebotskurve**

  Hier kann eine Lageverschiebung beispielsweise durch den technischen Fortschritt verursacht werden. Die mit dem Fortschritt verbundene Steigerung der Produktivität macht es z.B. möglich, zusätzliches Güterangebot zu schaffen. Das heißt, bei gleich bleibendem Preis steigt die angebotene Menge x und die Kurve verschiebt sich nach außen.

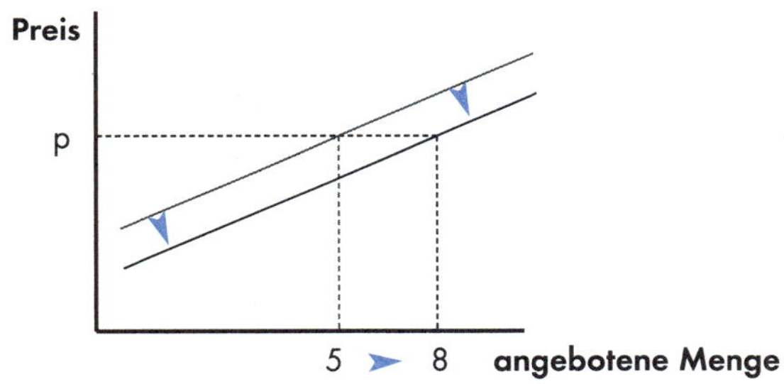

Abb. 2.4 Angebotskurve – Beispiel einer Außenverschiebung

Angebots- und Nachfrageüberhang

Nun ergibt sich folgende Problematik: Anbieter sind an besonders hohen Preisen, Nachfrager an niedrigen Preisen interessiert. Wie aber kommt nun bei gegebenen Angebots- und Nachfragebedingungen ein **einheitlicher Marktpreis** zustande? Verdeutlichen wir dies an einem Beispiel: Liegt der Kartoffelpreis auf dem Wochenmarkt bei 2,50 EUR/kg, werden die Anbieter viele Kartoffeln produzieren, die Nachfrager jedoch aufgrund des hohen Preises nur wenige Kartoffeln nachfragen.

Die Folge ist ein **Angebotsüberhang**, da schließlich nur die Menge verkauft werden kann, die auch nachgefragt wird. Um dennoch ihre Ware verkaufen zu können, werden die Anbieter niedrigere Preise bieten müssen und mit Preissenkungen um die Nachfrage konkurrieren, bis sich ein Ausgleich zwischen Angebot und Nachfrage einstellt. Man spricht dabei auch vom so genannten **Käufermarkt**.

> ***Wenn die Angebotsmenge die Nachfragemenge übersteigt, kommt es zum Angebotsüberhang (Käufermarkt).***

Würde der Preis für ein Kilo Kartoffeln nur 0,10 EUR betragen, würden es nur wenige Bauern als lohnend ansehen, Kartoffeln zu verkaufen bzw. sie in Massen zu produzieren. Die Nachfrager hingegen würden bei diesem Preis viele Kartoffeln kaufen wollen. In dieser Situation spricht man von einem **Nachfrageüberhang** bzw. einem **Verkäufermarkt**. Es ist mehr Nachfrage vorhanden, als der Bauer eventuell befriedigen kann. Durch die ungewöhnlich starke Nachfrage steigen die Kartoffelpreise nun in die Höhe.

Wenn die Nachfragemenge die Angebotsmenge übersteigt, kommt es zum Nachfrageüberhang (Verkäufermarkt).

Gleichgewichtspreis

Grundsätzlich verfolgen Anbieter und Nachfrager unterschiedliche Interessen. Während der Anbieter einen möglichst hohen Preis für sein Gut erzielen möchte, wünscht sich der Nachfrager, möglichst wenig dafür zu bezahlen. Beim Gleichgewichtspreis finden jedoch die unterschiedlichen Interessen der Anbieter und Nachfrager zueinander.

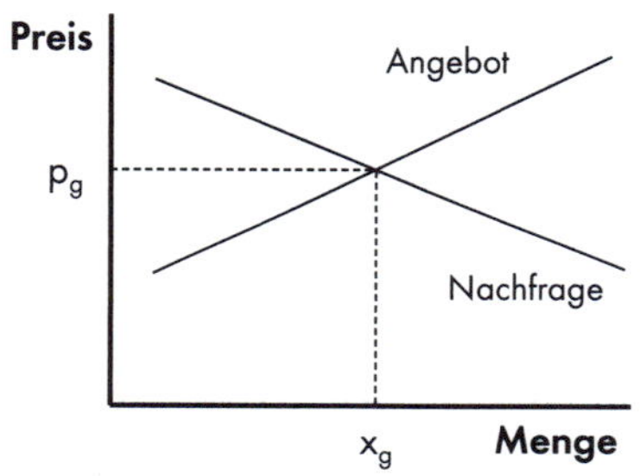

Wie aus Abb. 2.5 ersichtlich ist, erhält man im **Schnittpunkt** von **Angebots- und Nachfragekurve** den **Gleichgewichtspreis** p_g und die **Gleichgewichtsmenge** x_g. Vereinfacht ausgedrückt ist im Gleichgewichtspreis die angebotene Menge gleich der nachgefragten Menge, es herrscht **Marktgleichgewicht**.

Abb. 2.5 Angebots- und Nachfragefunktion bei vollständigem Wettbewerb

Man sagt, dass bei vollständigem Wettbewerb im Marktgleichgewicht (Gleichgewichtspreis) die größtmögliche Summe der Konsumenten- und der Produzentenrente erreicht wird.

Was versteht man unter der Konsumenten- bzw. der Produzentenrente?

Als **Konsumentenrente** bezeichnet man die Differenz zwischen dem Betrag, den ein Nachfrager für ein Gut zu zahlen bereit wäre, und dem Marktpreis, den er tatsächlich zahlen muss. Die Konsumentenrente errechnet sich also aus der Differenz zwischen der **Zahlungsbereitschaft** und der **tatsächlichen Kaufsumme**. Nehmen wir an, ein privater Haushalt hat vor, für den Kauf eines Neuwagens 15.000 EUR auszugeben. Tatsächlich stellt sich nun heraus, dass das gewünschte Fabrikat als Reimport für nur 13.000 EUR erworben werden kann. Nun beträgt die Konsumentenrente 2.000 EUR. Die Konsumentenrente stellt also für die Käufer einen Vorteil dar.

Die **Produzentenrente** lässt sich auf vergleichbare Weise ableiten. Sie ist definiert als die Differenz zwischen dem Marktpreis und dem Preis, den ein Anbieter mindestens für das von ihm angebotene Gut fordern muss, um keinen Verlust zu machen. Die Produzentenrente errechnet man somit aus dem **Erlös**, den die Unternehmung aus dem Verkauf ihrer Produkte erzielt, abzüglich der **Kosten**, die bei der Herstellung anfallen.

2.3 Marktformen

Begriffe Polypol ◉ Monopol ◉ Oligopol ◉ Preisstarrheit ◉ Preisführer

2

Die Angebots- und Nachfragestruktur eines Marktes hat großen Einfluss auf die Preisbildung. So wird die Preisbildung anders aussehen, je nachdem, ob es z.B. eine Vielzahl von Anbietern oder nur einen einzelnen Anbieter auf dem Markt gibt. Mit dieser Thematik befasst sich die **Marktformenlehre**.

Nachfrager / Anbieter	einer	wenige	viele
einer	Bilaterales Monopol	Nachfrage-oligopol mit monopolistischem Angebot	Angebots-monopol
wenige	Angebots-oligopol mit monopolistischer Nachfrage	Bilaterales Oligopol	Angebots-oligopol
viele	Nachfrage-monopol	Nachfrage-oligopol	Polypol

Abb. 2.6 Marktformen

Die aus Abb. 2.6 ersichtliche Klassifikation untergliedert die verschiedenen Marktformen nach **Größe und Anzahl der Teilnehmer** auf jeder Marktseite. Dabei gibt es drei grundlegende Formen:

◉ **Polypol**

Die bisher behandelte Marktform des vollständigen Wettbewerbs wird auch als **Polypol** bezeichnet. Bei dieser Marktform treffen viele Anbieter eines Gutes auf viele Nachfrager. Die Anbieter setzen den Preis ihres Produkts fest und die Käufer entscheiden, wie viel sie bei diesem Preis kaufen wollen. Der Marktanteil eines jeden Anbieters ist dabei so klein, dass er durch **Änderung** der von ihm **angebotenen Menge** den Preis des Gutes nicht beeinflussen kann und ihn deshalb als feststehend ansieht. Er verhält sich als **Mengenanpasser**. Das heißt, er versucht, bei gegebenem Preis seinen Gewinn über eine Erhöhung der Menge zu maximieren. Ein Angebot zu einem höheren Preis als dem Marktpreis ist jedoch nicht sinnvoll, weil der betreffende Anbieter dadurch alle Kunden verlieren würde.

◉ **Monopol**

Von einem **Monopol** spricht man, wenn auf jeder Marktseite nur ein Teilnehmer (also ein Käufer oder ein Verkäufer) vorhanden ist. Der Monopolist hat eine sehr starke Stellung am Markt, da es praktisch keine Konkurrenz gibt und die andere Seite von ihm abhängig ist.

Beim **Angebotsmonopol** trifft ein Anbieter eines Gutes auf eine Vielzahl von Nachfragern. Dabei wird der Preis vom Monopolisten autonom festgesetzt, d.h. der Absatz ist nur von seinem eigenen Preis abhängig. Es ist jedoch zu beachten, dass der Monopolist *nicht gleichzeitig* den Preis *und* die Menge, die er verkaufen will, bestimmen kann. Er muss das Verhalten der Nachfrager berücksichtigen und in Kauf nehmen, dass er um so weniger absetzt, je höher er den Preis für sein Produkt festsetzt. Je höher dieser Preis, desto größer die Wahrscheinlichkeit, dass das Produkt durch ein anderes ersetzt wird. Man spricht dann von **Substitutionswettbewerb**.

Beim **Nachfragemonopol** hat ein Nachfrager (z.B. die Bundeswehr) die Auswahl unter vielen Anbietern (z.B. Hersteller von Bundeswehrbekleidung).

◉ **Oligopol**

Befinden sich auf einem Markt nur einige wenige, relativ große Anbieter oder Nachfrager, handelt es sich um ein **Oligopol**. Beispiele für **Angebotsoligopole** sind der Automobilmarkt, der Benzinmarkt oder der Zigarettenmarkt. Auch hier bringt die Preisbildung einige Besonderheiten mit sich, denn der Oligopolist muss neben dem Nachfrageverhalten der Käufer auch das Verhalten bzw. den Preis seiner Mitbewerber beachten. Dabei ist die wechselseitige Abhängigkeit der Anbieter umso größer, je homogener die Produkte in den Augen des Konsumenten sind. Aufgrund dieser wechselseitigen Abhängigkeiten wird sich der Oligopolist jede Preisänderung sorgfältig überlegen. Preissenkungen führen zu Preiskämpfen zwischen den Anbietern, Preiserhöhungen hingegen zu Kundenverlusten, wenn die Mitbewerber der Maßnahme nicht folgen. Die Unsicherheit über die Reaktion der Konkurrenz ist eine Erklärung dafür, dass auf oligopolistischen Märkten häufig lange Perioden fester Preise zu beobachten sind. Man spricht dann von **Preisstarrheit**.

Auf oligopolistischen Märkten herrscht oft eine gewisse Gruppensolidarität. Keiner der Anbieter möchte das Risiko eingehen, alleine den Preis zu erhöhen, da er dann schnell einen großen Kundenstamm an seine Mitwettbewerber verlieren würde. Um also das Risiko von Einzelaktionen zu verringern, akzeptiert man einen **Preisführer**. Werden nun z.B. aufgrund gestiegener Rohstoffpreise Preiserhöhungen notwendig, erhöht zunächst der Preisführer seine Preise und gibt damit seinen Mitbewerbern das Signal zu Preiserhöhungen ihrerseits. **Direkte Preisabsprachen** über gemeinsame Preisänderungen sind allerdings **verboten** (vgl. Lektion 10 „Wettbewerb“).

(Zu weiteren Zwischenformen der drei Grundtypen vgl. Abb. 2.6.)

Die Marktformenlehre analysiert die Preisbildung unter verschiedenen Marktformen. Dabei werden ausgehend von der Anzahl der Marktteilnehmer drei grundlegende Formen unterschieden: Polypol, Monopol, Oligopol.

2.4 Öffentliche Güter und Marktversagen

Begriffe öffentliche Güter ◉ Rivalität im Konsum ◉ Ausschlussprinzip ◉ Marktversagen ◉ negative und positive externe Effekte

2

Öffentliche Güter

Bei der bisherigen Diskussion der Marktformen und des Preismechanismus ging es um **private Güter** (Nahrungsmittel, Kleidung, Möbel etc.). Hier ist zum einen eine gewisse **Rivalität im Konsum** zu beobachten: Diese liegt vor, wenn ein Gut einem Konsumenten nicht mehr angeboten werden kann, da es bereits von einem anderen Konsumenten gekauft wurde. Des Weiteren gilt für private Güter das **Ausschlussprinzip**:

> **Das Ausschlussprinzip besagt, dass ein Nachfrager von der Nutzung eines Gutes ausgeschlossen wird, wenn er nicht bereit oder in der Lage ist, den Marktpreis zu bezahlen.**

Die bereits in Lektion 1 angesprochenen **öffentlichen Güter**, wie etwa innere und äußere Sicherheit, Infrastruktur oder öffentliche Verkehrswege, sind durch Nicht-Rivalität und Nicht-Ausschließbarkeit gekennzeichnet:

- **Nicht-Rivalität**
  Viele Menschen können ein öffentliches Gut in Anspruch nehmen, unabhängig davon, wie viele andere dieses Gut nachfragen und konsumieren. Hier entsteht keine Rivalität im Konsum.

- **Nicht-Ausschließbarkeit**
  Die Nicht-Ausschließbarkeit beim Konsum öffentlicher Güter ist dadurch bedingt, dass der Ausschluss mit hohen Kosten verbunden und technisch nicht machbar wäre. So ist es z.B. nicht möglich, jemanden von der Nutzung öffentlicher Parkanlagen oder der Straßenreinigung auszuschließen.

Aufgrund der Nicht-Ausschließbarkeit öffentlicher Güter versuchen viele Konsumenten von diesen Gütern zu profitieren, ohne einen finanziellen Beitrag dafür zu leisten. Sie hoffen, dass genügend andere Konsumenten dafür bezahlen. Dieses Verhalten wird auch als **„Trittbrettfahrerverhalten"** bezeichnet.

> **Folgende Ausprägungen zeichnen öffentliche Güter in ihrer Reinform aus:**
> **1. Das Versagen des Marktausschlussprinzips (Merkmal der Angebotsseite).**
> **2. Die Nicht-Rivalität im Konsum (Merkmal der Nachfrageseite).**

Für am Markt agierende Unternehmen ist die Bereitstellung öffentlicher Güter, wie z.B. die Installation der Straßenbeleuchtung, uninteressant, da es keine zahlungsbereiten Nachfrager gibt. Aus diesem Grund versagt der Markt bei öffentlichen Gütern als **Regulationsmechanismus**. Damit diese Güter überhaupt angeboten werden können, übernimmt der Staat ihre Bereitstellung. Der Staat ist also gezwungen in den Markt einzugreifen, um einem **Marktversagen** entgegenzuwirken. Finanziert werden diese Güter über Zwangsabgaben wie Steuern oder Gebühren, die der Staat den Verbrauchern auferlegt.

Öffentliche Güter müssen vom Staat bereitgestellt werden.

Externe Effekte

Luft und Wasser gelten als so genannte freie Güter, d.h. sie sind niemandes Privateigentum. Jeder hat Zugriff auf diese Güter und nimmt sich, was er braucht. Was passiert aber, wenn nun z.B. ein Unternehmen seine Abwässer an die Umwelt abgibt und damit dieses freie Gut schädigt?

Hier treten **negative externe Effekte** auf, denn durch die Abwasserbelastung dieses Unternehmens entsteht für andere Wirtschaftssubjekte ein Nachteil. So muss beispielsweise im Wasserwerk der betroffenen Gemeinde das verschmutzte Wasser unter einem enormen Kostenaufwand gereinigt werden. Das verursachende Unternehmen hingegen kalkuliert die externen Effekte nicht in seine Wirtschaftlichkeitsrechnung mit ein und kann somit den Konsumenten einen billigeren Preis anbieten als die Konkurrenten, die für ihre Abwässer Entgelt bezahlen. Dadurch kommt es zu einer **Fehlallokation***. Die Güter des umweltschädigenden Unternehmens werden zu viel nachgefragt, während die Unternehmen, die sich umweltfreundlich verhalten, unter Umständen vom Markt verdrängt werden.

Von einem **positiven externen Effekt** spricht man hingegen immer dann, wenn dem Empfänger Vorteile zufließen, ohne dass er dafür selbst einen Beitrag leisten muss. Dies wäre z.B. der Fall, wenn die Ausbildung von Lehrlingen in einem Betrieb dazu führt, dass ein anderer Betrieb seine Produktion steigert, weil er sich dieser gut ausgebildeten Arbeitskräfte bedienen kann.

Unter externen Effekten versteht man die unmittelbaren Auswirkungen von ökonomischen Aktivitäten eines Wirtschaftssubjekts, wobei Verursacher und Betroffene nicht ein und dieselben Akteure sind.

Infolge positiver wie negativer externer Effekte wird nicht die volkswirtschaftlich optimale Menge eines Gutes hergestellt und nachgefragt. Hier müsste der Staat eingreifen. Eine marktwirtschaftlich sinnvolle Lösung wäre die **Internalisierung** der externen Kosten**, d.h. Unternehmen müssten Steuern oder Abgaben in Höhe der von ihnen verursachten finanziellen Aufwendungen bezahlen. Bei **externen Erlösen** wäre eine entsprechende Subventionierung (z.B. in Form einer Ausbildungsumlage) sinnvoll. Damit könnte man den Unternehmen, die anderen Unternehmen diese Erlöse ermöglichen, die entstandenen externen Kosten abgelten.

Leider lassen sich jedoch die externen Kosten in der Praxis nicht genau ermitteln bzw. den verschiedenen Verursachern zurechnen. Problematisch sind auch die Gestaltung des richtigen Steuersatzes zur Aufrechnung der negativen externen Effekte und die Ermittlung der Subventionshöhe zur Aufrechnung der positiven externen Effekte.

---

* Fehlallokation = eine Fehl-Verteilung von Kapital, Produktionsmitteln und Material

** internalisieren: sich zu eigen machen, verinnerlichen

Aufgaben zur Lernkontrolle

1. *Was versteht man unter dem Begriff „Markt“? Definieren Sie mit Ihren eigenen Worten.*

2. *Unter welchen Voraussetzungen spricht man von „vollständigem Wettbewerb“?*

3. *Was versteht man unter den so genannten Transaktionskosten?*

4. *Was versteht man unter Konsumenten- und Produzentenrente?*

5. *Unterscheiden Sie die drei grundlegenden Marktformen und gehen Sie dabei auf deren spezifische Merkmale ein.*

6. *Erklären Sie den Begriff „öffentliches Gut“ und bringen Sie Beispiele.*

7. *Unter welchen Gegebenheiten „versagt“ der Markt?*

8. *Wodurch sind externe Effekte gekennzeichnet und welche Auswirkungen hat dies auf die Marktergebnisse?*

3 Der Wirtschaftskreislauf

Die volkswirtschaftlichen Vorgänge in unserem Land sind sehr zahlreich und äußerst komplex. Güter und Dienstleistungen werden hergestellt, angeboten und verkauft, Banken gewähren Kredite und stellen dann Rückzahlungsforderungen, der Staat erhebt Steuern usw.
Alle diese Vorgänge zusammengenommen bilden den **Wirtschaftsprozess**. Um ihn in seiner Ganzheit verstehen zu können, haben die Wirtschaftswissenschaftler ein Modell entwickelt, das die Vielzahl der wirtschaftlichen Aktivitäten erfasst und vereinfacht abbildet – das Modell des Wirtschaftskreislaufs. In dieser Lektion werden der Vorgang der **Modellbildung** sowie die verschiedenen **ökonomischen Kreislaufbilder** besprochen.

3.1 Wirtschaftsprozesse als Tauschprozesse

Begriffe ***Tauschprozesse*** ⦿ ***Wirtschaftskreislauf***

In den beiden vorangegangenen Lektionen haben wir erfahren, dass das Wirtschaftsleben in früheren Zeiten wesentlich überschaubarer war. Die Menschen waren weitgehend „Selbstversorger", denn innerhalb der Familien wurden die benötigten Erzeugnisse selbst hergestellt. Wir hörten von der historischen Entwicklung der Berufsbildung und Berufsspaltung. Mit dem Prozess der beruflichen Spezialisierung ging auch die Entstehung der Arbeitsteilung einher. Wir wissen, dass die sich stets weiterentwickelnden Formen der Arbeitsteilung heute als ein Kennzeichen moderner Volkswirtschaften gelten. Wir haben in unserer arbeitsteiligen Volkswirtschaft die Möglichkeit, unsere Bedürfnisse durch Tauschprozesse (Waren gegen Geld) zu befriedigen. Dieser Tausch wird durch den Faktor Geld erheblich vereinfacht und gefördert.

Der nun – im Gegensatz zu früher – wesentlich großflächigere Austausch von Gütern führt dazu, dass sich in einer Volkswirtschaft ein verwirrendes Bild und eine Unmenge von Tauschvorgängen feststellen lassen. Wollte man nur für ein Jahr das Wirtschaftsgeschehen einer großen Industrienation zu Analysezwecken mitschreiben, würde man wohl angesichts der sich ergebenden Datenmenge verzweifeln.

In der Volkswirtschaftslehre beschäftigen wir uns deshalb mit vier grundlegenden Arten von wirtschaftlichen **Tauschprozessen**:

- **Produktion** von Gütern und Dienstleistungen
- **Verteilung** und **Verwendung** von **Einkommen**
- **Vermögensänderung*** (= Vermögen bilden, Vermögen verzehren)
- **Finanzierung** (= Kredite geben und aufnehmen)

---

* Vermögen = Zinsen, Einkommen aus immateriellen Werten (Gebühren für Patente, Lizenzen, Urheberrechte etc.), Dividenden und sonstige Ausschüttungen der Unternehmen mit eigener Rechtspersönlichkeit (z.B. AG, GmbH, KG).

Grundlage jeglichen volkswirtschaftlichen Handelns ist also der Tausch. Um eine Übersicht über die in unserer Wirtschaft stattfindenden Tauschprozesse zu erhalten, beschränken wir uns auf die wesentlichen Vorgänge und betrachten diese modellhaft. Das heißt, wir benötigen – wie in Lektion 2 „Markt und Preisbildung“ – ein Abbild der Realität, um die gesamtwirtschaftlichen Zusammenhänge erkennen und analysieren zu können. Die Wirtschaftswissenschaftler haben zu diesem Zweck das Modell des **Wirtschaftskreislaufs** entwickelt.

Der Wirtschaftskreislauf ist ein Modell, das die gesamtwirtschaftlichen Zusammenhänge einer Volkswirtschaft vereinfacht darstellt.

In diesem Modell werden nur die **Geld-** und die **Güterbewegungen** zwischen den einzelnen Wirtschaftssubjekten – d.h. den Unternehmen, den privaten Haushalten, dem Staat und dem Ausland – dargestellt.

3.2 Die Sektoren und Transaktionen einer Volkswirtschaft

Begriffe ***Sektoren ◉ Pole ◉ Transaktionen ◉ Unternehmen ◉ Staat ◉ private Haushalte ◉ Ausland***

Bei unserer Analyse des Wirtschaftskreislaufs gehen wir von folgenden Vereinfachungen aus:

- In einem ersten Schritt werden alle gleichartigen **Wirtschaftseinheiten** zu **Sektoren** bzw. **Polen** zusammengefügt. Dadurch ist es möglich, deren Beziehung zueinander besser und leichter verständlich darzustellen.
- In einem zweiten Schritt werden alle gleichartigen Beziehungen bzw. ökonomischen Aktivitäten zwischen den Sektoren, also den Wirtschaftseinheiten, unter dem Begriff **„Transaktionen“** zusammengefasst.

Sehen wir uns die einzelnen Sektoren unserer Volkswirtschaft näher an:

- Als **Unternehmen** bezeichnet man diejenigen Institutionen, die gegen Entgelt Güter und Dienstleistungen produzieren bzw. erbringen. Dabei lassen sich die Unternehmen nach ihrem wirtschaftlichen Schwerpunkt einem bestimmten Wirtschaftszweig (Landwirtschaft, Dienstleistungsgewerbe etc.) zuordnen. Zur Gruppe der Unternehmen zählen neben den Produktionsunternehmen auch die freien Berufe, sowie Unternehmen, die zum öffentlichen Eigentum zählen (Finanzämter, Bundesanstalt für Arbeit usw.). Auch private Haushalte, die Wohnraum vermieten und/oder dieses Eigentum selbst nutzen, zählen zur Gruppe der Unternehmen.
- Zum Sektor **Staat** gehören die Gebietskörperschaften, wie Bund, Länder und Gemeinden, die Sozialversicherungshaushalte (Renten-, Unfall-, Arbeitslosen-, Pflege- und Krankenversicherung), Universitäten, Schulen, Zweckverbände (z.B. für Abfallbeseitigung) etc. Dieser Sektor finanziert sich vorwiegend aus Zwangseinnahmen (Steuern, Beiträge) und erbringt vor allem Dienstleistungen für die Allgemeinheit.

- Der Sektor **private Haushalte** umfasst alle Ein- und Mehrpersonenhaushalte. Die privaten Haushalte sind in erster Linie als Anbieter von Arbeitskraft (Arbeitnehmer), als Käufer von Ver- und Gebrauchsgütern (Konsument) und als Anleger von Ersparnissen (Sparer) zu verstehen. Diesem Sektor werden auch solche Organisationen zugeordnet, die ohne Erwerbscharakter Geschäfte tätigen, wie z.B. Kirchen, Verbände, Hilfswerke. Aus Gründen der theoretischen Abgrenzung erfasst man jedoch z.B. die Vermietung von Wohnungen durch private Haushalte im Sektor Unternehmen. Auch der Kauf und Verkauf von Immobilien (Grundstücke, Gebäude, Wohnungen) werden dort aufgeführt. Somit kann ein und derselbe private Haushalt gleichzeitig Arbeitnehmer und Unternehmer sein.
- Unter dem Begriff **„Ausland“** vereinen sich alle Wirtschaftseinheiten, die sich außerhalb der Grenzen der Bundesrepublik Deutschland befinden und die mit Inländern eine wirtschaftliche Beziehung unterhalten.

Unternehmen, Staat, private Haushalte und Ausland stellen im Wirtschaftskreislauf Sektoren bzw. Pole dar.

Nun gibt es unterschiedliche Möglichkeiten dafür, wie sich die einzelnen Pole am Wirtschaftsgeschehen beteiligen können. Zu Beginn der Lektion haben wir vier Formen von wirtschaftlichen Tauschprozessen kennen gelernt. Aufbauend auf dem jetzigen Wissen betrachten wir diese wirtschaftlichen **Transaktionen** noch einmal:

- **Produktion** von Gütern und Dienstleistungen
  Durch die Kombination der Produktionsfaktoren, also von Arbeit, Boden, Kapital und Bildung, können in einer Volkswirtschaft Güter und Dienstleistungen erzeugt werden. Aus dieser Produktionstätigkeit entsteht die eigentliche **Wertschöpfung** einer Wirtschaft.
- **Verteilung und Verwendung von Einkommen**
  Die privaten Haushalte stellen ihre Leistungen der Produktion zur Verfügung. So verkauft oder vermietet z.B. ein privater Haushalt eigenes Land, ein Arbeitnehmer bietet einem Unternehmen seine Arbeitskraft oder sein Wissen an usw. Als Entgelt für ihre Leistungen erhalten die privaten Haushalte Einkommen. Mit diesem Einkommen werden Konsumgüter erworben, Steuern und Beiträge bezahlt oder Vermögen gebildet. Man spricht deshalb von der Verteilung und Verwendung von Einkommen.
- **Vermögensänderung**
  Die Vermögensänderung umfasst die Bildung oder den Verzehr von Vermögen. Vermögen wird gebildet, wenn z.B. ein Unternehmer einen Teil seiner eigenen Produktion investiert, anstatt sie zum Verkauf anzubieten. Nehmen wir an, ein Maschinenbauhersteller entschließt sich dazu, seinen Maschinenpark aufzurüsten, indem er ein Produkt seiner eigenen Herstellung in die betriebliche Nutzung aufnimmt. Dadurch erhöht sich sein Anlagevermögen auf der Aktivseite seiner Bilanz (= Bildung von Sachvermögen*). Durch die Bildung von Abschreibungen werden die Unternehmen hingegen dem Vermögensverzehr, der an Maschinen, Geräten etc. stattfindet, gerecht. Mit Abschreibungen finanzieren die Unternehmen wiederum die zukünftige Bildung von Sachvermögen.

---

* Man spricht dabei auch von Erhöhung des Kapitalstocks.

Wenn hingegen die **Verbraucher** einen Teil ihres Einkommens zur Vermögensbildung, d.h. als Geldanlage verwenden, spricht man von **Ersparnissen**. Wird das Ersparte für Konsumzwecke ausgegeben, handelt es sich um **Vermögensverzehr**.

- **Finanzierung**
  Zur Finanzierung ihrer wirtschaftlichen Aktivitäten gehen die Sektoren – wenn nötig – **Forderungen** bzw. **Verpflichtungen** ein. Dabei kann es sich z.B. um Kreditbeziehungen zwischen privaten Haushalten und Kreditinstituten (Banken) handeln. Private Haushalte können aber auch gegenüber Unternehmen Verpflichtungen eingehen. Dies ist beispielsweise dann der Fall, wenn der Kauf eines Autos über ein Finanzierungsangebot des Autohändlers (Ratenzahlung) erfolgt.

Die hier aufgeführten Transaktionen lassen sich im Allgemeinen sehr gut erfassen, da sie auf öffentlichen Märkten stattfinden. Nun gibt es aber Transaktionen, die keine Marktpreise haben. Hierzu gehören etwa die **öffentlichen Leistungen**, wie z.B. die Benutzung öffentlicher Verkehrswege. Diese stehen der Allgemeinheit **unentgeltlich** zur Verfügung.

Zu den nicht-erfassbaren Transaktionen gehört außerdem die so genannte Schwarzarbeit. Sie erscheint nirgendwo, ist schwer dokumentier- und kontrollierbar und geht somit an den analysierbaren Märkten vorbei.

> ***Die Sektoren/Pole unserer Volkswirtschaft führen wirtschaftliche Transaktionen aus. Diese wirtschaftlichen Beziehungen werden im Wirtschaftskreislauf analysiert.***

3.3 Kreislaufbilder der ökonomischen Aktivitäten

Um die Wirtschaftskreisläufe heutiger moderner Volkswirtschaften erklären zu können, stellt man die wirtschaftliche Realität zunächst sehr vereinfacht dar, um sich ihr dann langsam wieder anzunähern. Am Anfang steht der einfache Wirtschaftskreislauf, bei dem nur die beiden Sektoren Unternehmen und private Haushalte miteinander agieren. Nach und nach werden diesem Bild dann weitere Kriterien angepasst, bis sich schließlich das **Modell** eines **vollständigen Wirtschaftskreislaufs** ergibt, das der Realität nahezu entspricht.

3.3.1 Der einfache Wirtschaftskreislauf

Begriffe ***geschlossene Volkswirtschaft*** ◉ ***monetäre Ströme*** ◉ ***reale Ströme*** ◉ ***geschlossener, stationärer Wirtschaftskreislauf***

Bei diesem sehr stark vereinfachten Kreislaufbild geht man, wie gesagt, nur von Transaktionen zwischen den privaten Haushalten und den Unternehmen aus. Alle anderen Aktivitäten, also auch die des Staates, werden vernachlässigt. Man spricht daher bei diesem 2-Sektoren-Modell von einer **geschlossenen Volkswirtschaft** ohne staatliche Aktivität.

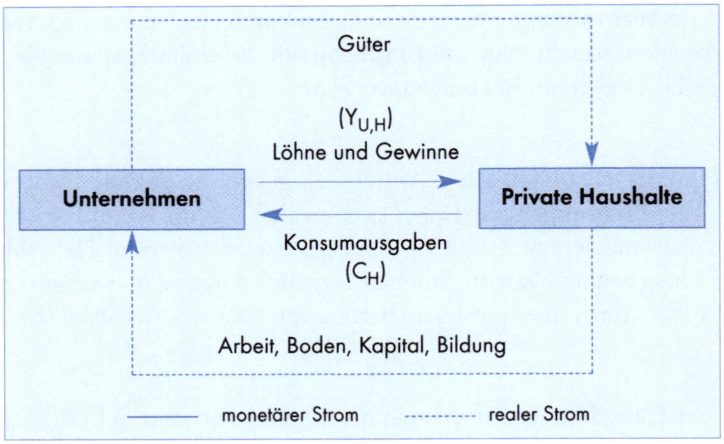

Abb. 3.1 Geschlossene Volkswirtschaft ohne staatliche Aktivität

Die Unternehmen setzen zur **Konsumgüterproduktion** die von den privaten Haushalten angebotenen Produktionsfaktoren (Arbeit, Boden, Kapital und Bildung) ein. Man spricht dabei auch von **Faktorleistungen**.

Als Gegenleistung beziehen die privaten Haushalte von den Unternehmen **Faktoreinkommen ($Y_{U,H}$)** in Form von **Löhnen** bzw. **Gehältern**, ausgeschütteten **Gewinnen**, **Mieten**, **Zinsen** etc. Das auf diese Weise erworbene Einkommen verwenden die Haushalte für **Konsumausgaben (C_H)**, indem sie die von den Unternehmen produzierten Güter erwerben.

Wie Abb. 3.1 zeigt, lassen sich somit zwei Arten von Strömen identifizieren, die zwischen den beiden Sektoren hin- und herfließen:

- **Monetäre Ströme (= Geldströme)** in Form von Ausgaben und Einnahmen
- **Reale Ströme (= Güterströme)** in Form von Konsumgütern und Faktorleistungen

Fassen wir zusammen:

Den privaten Haushalten fließt von den Unternehmen ein Einkommensstrom ($Y_{U,H}$) zu (= monetäre Ströme), im Austausch für einen entgegengesetzt, d.h. von den Haushalten zu den Unternehmen verlaufenden Strom von Faktorleistungen (= reale Ströme).

Gleichzeitig fließt von den Unternehmen zu den privaten Haushalten ein Güterstrom (= reale Ströme), während es umgekehrt, d.h. von den Haushalten zu den Unternehmen einen Strom von Konsumausgaben (C_H) (= monetäre Ströme) gibt.

Einen solchen Kreislauf bezeichnet man als **geschlossen**, da die Summe der Zuströme in einem Sektor auch der Summe der Abströme in diesem Sektor entspricht. Das heißt, die monetären Ströme entsprechen den jeweils entgegengesetzt verlaufenden realen Strömen, es gilt: $Y = C$. Aus diesem Grund wird in den nachfolgenden Abbildungen auf die Güterstrom-Darstellung verzichtet.

Und da man aus Gründen der Vereinfachung annimmt, dass die Haushalte ihre gesamten Einkünfte sofort wieder ausgeben, d.h. nichts sparen, nennt man einen solchen Wirtschaftskreislauf auch **stationär**.

In einem geschlossenen Wirtschaftskreislauf ohne staatliche Aktivität fließen zwischen den Sektoren private Haushalte und Unternehmen gleichgewichtige monetäre und reale Ströme hin und her.

3

3.3.2 Das Kreislaufbild einer evolutorischen Wirtschaft ohne staatliche Aktivität

Begriffe ***Anlageinvestitionen ◉ Ersatzinvestitionen ◉ Abschreibungen ◉ Erweiterungsinvestitionen ◉ Lagerinvestitionen (Vorratsinvestitionen) ◉ Bruttoinvestitionen ◉ Vermögensänderungskonto***

In einem erweiterten Bild, dem Kreislaufbild der evolutorischen* Wirtschaft, wird die Transaktionsform **„Vermögensänderung"** berücksichtigt. Im Gegensatz zum einfachen Wirtschaftskreislauf geben die privaten Haushalte hier nicht ihr gesamtes Einkommen für Konsumzwecke aus. Sie **sparen** einen Teil ihres Einkommens, d.h. sie bilden Vermögen. Aufgrund dieser Tatsache kann der Wirtschaftskreislauf nun nicht mehr als stationär angesehen werden.

Investitionen

Die privaten Haushalte sparen, die Unternehmen investieren. So müssen z.B. Maschinen von Zeit zu Zeit ersetzt werden. Zum einen, weil sie aus Verschleißgründen nicht mehr die geforderte Qualität und Leistung erbringen, zum anderen, weil neue Maschinen durch eine fortschreitende technologische Entwicklung erheblich leistungsfähiger sind und somit die Produktivität steigern. Um eine kontinuierliche Güterversorgung zu gewährleisten, müssen in der Gegenwart **Investitionen** für die Produktion von morgen getätigt werden.

Es gibt also neben den Konsumgüterherstellern (z.B. Herstellern von Kleidung) auch Anbieter von Investitionsgütern (z.B. Fertigungsmaschinen). Durch die Anschaffung von Investitionsgütern, d.h. hier verkauft ein Unternehmen an ein anderes Unternehmen, erhöhen die kaufenden Unternehmen ihren Kapitalstock. Dadurch bilden auch sie Vermögen.
Wird in die Anschaffung von Produktionsgütern wie Maschinen und Werkzeuge investiert, spricht man von **Anlageinvestitionen**. Diese lassen sich in Ersatzinvestitionen und Erweiterungsinvestitionen unterscheiden.
Als **Ersatzinvestition** (I_e) wird der Austausch von alten, verbrauchten und nicht mehr leistungsfähigen Maschinen und Werkzeugen durch neue, modernisierte bezeichnet. Da Ersatzinvestitionen nur einen Verschleiß ausgleichen, nennt man sie auch **Abschreibungen** (im Kreislaufbild mit **D** bezeichnet).

---

* Von lateinisch „evolutio" = Entwicklung, Entfaltung

<table>
<tr><th colspan="3">Investitionsarten</th></tr>
<tr><td colspan="3">Bruttoinvestitionen</td></tr>
<tr><td colspan="2">Anlageinvestitionen</td><td rowspan="2">Lagerinvestitionen (Veränderung des Lagerbestandes)</td></tr>
<tr><td>Ersatzinvestitionen</td><td>Erweiterungsinvestitionen</td></tr>
<tr><td></td><td colspan="2">Nettoinvestitionen</td></tr>
</table>

Abb. 3.2 Investitionsarten

Ziel der **Erweiterungsinvestitionen** ist hingegen, wie zuvor erläutert, die Steigerung bzw. Verbesserung der Güterproduktion.
Investitionen, die die Erhöhung der Bestände an Roh-, Hilfs- und Betriebsstoffen sowie an Halb- und Fertigerzeugnissen betreffen, stellen **Lager-** oder auch **Vorratsinvestitionen** dar.

Alle genannten Investitionsarten zusammengenommen ergeben die so genannten **Bruttoinvestitionen** (I_{br}). Zieht man die Abschreibungen (Ersatzinvestitionen) ab, erhält man die **Nettoinvestitionen** (I_n).

Fassen wir zusammen:

Die Haushalte sparen (S) und die Unternehmen investieren (I).

Vermögensänderungskonto

Was aber passiert nun durch das Sparen und das Investieren dieser beiden Pole?

Da die Haushalte nicht alle Einkünfte für Konsumgüter ausgeben, sondern einen Teil dieser Einkünfte sparen, ist die Summe der Zuströme zu den Haushalten, also das Einkommen Y, nicht gleich den Abströmen. Zum Ausgleich wird also ein dritter Pol benötigt, welcher diese Vermögensänderung festhält: das **Vermögensänderungskonto**. Wir sprechen nun nicht mehr von einem 2-Sektoren-Modell, sondern von einem 3-Sektoren-Modell.
Das Vermögensänderungskonto ist eine rein gedankliche Konstruktion zur Erfassung der Vermögensänderung. Man kann sich diesen Sektor auch als eine Art „Bank" im Wirtschaftskreislauf vorstellen.

Der Sektor Vermögensänderungskonto weist, wie Abb. 3.3 zeigt, die Vermögensbildung von Seiten der privaten Haushalte als (S) aus. Die von den Unternehmen getätigten Investitionen werden im Vermögensänderungskonto als zum Sektor Unternehmen abfließender Strom aufgezeigt. Sie sind sozusagen „kreditfinanziert" durch das Vermögensänderungskonto.

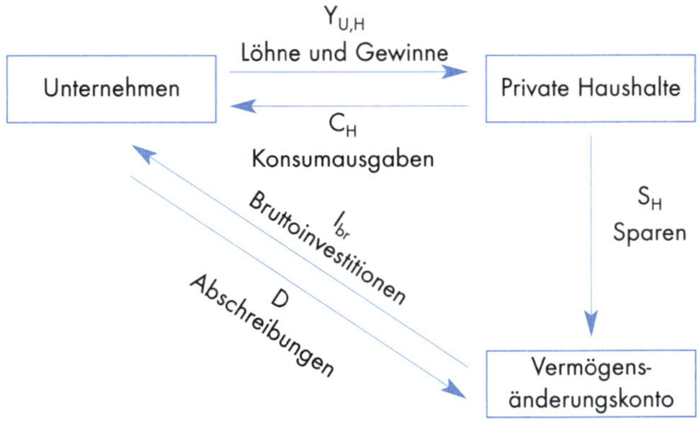

Abb. 3.3 Das Kreislaufbild einer evolutorischen Wirtschaft ohne staatliche Aktivität

Im evolutorischen Wirtschaftskreislauf ohne staatliche Aktivität sparen die privaten Haushalte und die Unternehmen investieren. Diese Vorgänge werden im Vermögensänderungskonto festgehalten.

3

3.3.3 Das Kreislaufbild einer geschlossenen evolutorischen Wirtschaft mit staatlicher Aktivität

Begriffe ***Einnahmeströme des Staates ◉ Steuern ◉ Ausgabeströme des Staates ◉ staatlicher Konsum ◉ Transferzahlungen ◉ Subventionen***

Die nächste Komponente in unserem Kreislaufbild einer evolutorischen Wirtschaft ist der Sektor Staat. Wie im Abschnitt 3.2 erwähnt, „entsteht" der Sektor Staat, indem man die Sozialversicherungshaushalte und die Gebietskörperschaften wie Bund, Länder und Gemeinden sowie deren Gemeinschaftseinrichtungen (z.B. Kindergärten, Krankenhäuser, Schulen) unter einem Begriff vereint.

Eine zentrale Aufgabe des Staates ist die gerechtere Verteilung der Einkommen und Güter innerhalb eines Landes. Zu diesem Zweck entzieht der Staat gemäß Grundgesetz Art. 14.2* der Wirtschaft und den privaten Haushalten Geldmittel (durch Steuern, Gebühren und Abgaben), um damit öffentliche Güter (Schulen, Ämter etc.) und Transferzahlungen zu finanzieren. Man bezeichnet dies auch als die staatliche **Umverteilungspolitik**. Aufgrund dieser Umverteilung ist der Sektor Staat mit den Polen private Haushalte, Unternehmen und Vermögensänderungskonto durch Einnahme- und Ausgabeströme verbunden (vgl. hierzu Abb. 3.4).

* „Eigentum verpflichtet. Sein Gebrauch soll zugleich dem Wohl der Allgemeinheit dienen."

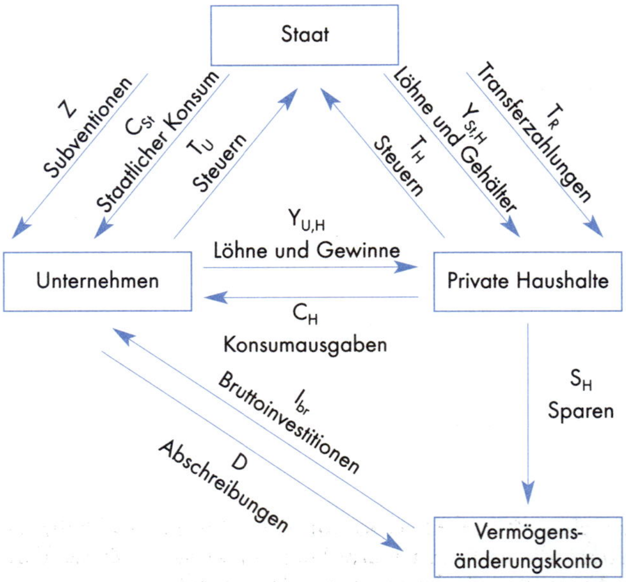

Abb. 3.4 Das Kreislaufbild einer geschlossenen evolutorischen Wirtschaft mit staatlicher Aktivität

Sehen wir uns zunächst die **Einnahmeströme** des Staates an:

- **Steuern der privaten Haushalte (T_H)**
  Hierzu zählen Einkommenssteuer, Kraftfahrzeugsteuer, Hundesteuer, Jagd- und Fischereisteuer sowie andere Steuern und Abgaben, die im Zusammenhang mit dem privaten Verbrauch zu leisten sind. Die zu zahlenden Sozialversicherungssteuern werden aus Vereinfachungsgründen ebenfalls hier hinzugezählt.

- **Steuern der Unternehmen (T_U)**
  Dazu gehören die Umsatzsteuer, die Grundsteuer für betriebliche Grundstücke, die Gewerbesteuer sowie die Kraftfahrzeugsteuer für betriebliche Fahrzeuge. Zu den Unternehmenssteuern zählen auch die Verbrauchersteuern, also die von den Unternehmen in die Produktpreise eingerechneten Steuern wie Tabak-, Kaffee- oder Teesteuer. Die Unternehmen zahlen diese Steuern an den Staat. Die eigentlichen Träger der Steuerlast sind jedoch die privaten Haushalte.

Zu den **Ausgabeströmen** des Staates zählen wir:

- den **staatlichen Konsum (C_{St})**
  Hier tritt der Staat als Käufer von Gütern und Dienstleistungen der Unternehmen auf. Er „konsumiert“, wenn er z.B. Gemeinschaftsgüter wie Schulen oder öffentliche Straßen errichten bzw. bauen will. Zu diesem Zweck beauftragt er dann Bauunternehmen und bezahlt diese für ihre Leistungen. Die Konsumausgaben des Staates fließen daher den Unternehmen als Einnahmestrom zu.

- **Transferzahlungen an die privaten Haushalte (T_R)**
  Die Renten, Pensionen und Sozialleistungen (Arbeitslosenunterstützung, Sozialhilfe, Kindergeld) werden als so genannte Transferzahlungen des Staates an die privaten Haushalte bezeichnet.

- **Subventionen an die Unternehmen (Z)**
  Subventionen sind Zuschüsse des Staates an einzelne Unternehmen oder bestimmte Wirtschaftszweige. So wird z.B. die Landwirtschaft mit Subventionen unterstützt, die den Bauern direkt zufließen. Ziel von Subventionen ist es, den betreffenden Wirtschaftszweig bzw. das betreffende Unternehmen wettbewerbsfähig zu halten und vor allem den Abbau von Arbeitsplätzen zu vermeiden.

- **Gehalts- und Lohnzahlungen des Staates ($Y_{St,H}$)**
  Der Staat zahlt seinen eigenen Angestellten und Arbeitern Einkommen aus unselbstständiger Arbeit (Beamte, Verwaltungsangestellte etc.).

In der geschlossenen evolutorischen Wirtschaft mit staatlicher Aktivität ist der staatliche Sektor durch Einnahme- und Ausgabeströme zu Unternehmen und privaten Haushalten gekennzeichnet.

Eine etwaige Differenz zwischen den Einnahmen und den Ausgaben des Staates wird im **Vermögensänderungskonto** festgehalten. So kann es z.B. zu einer Ersparnis des Staates kommen, wenn die Einnahmen die Ausgaben übersteigen. Im umgekehrten Falle muss der Staat seinen Fehlbetrag durch Kreditaufnahme ausgleichen.

3.3.4 Das Kreislaufmodell einer offenen Volkswirtschaft mit staatlicher Aktivität

Begriffe ***Ausland ◉ Export ◉ Import ◉ Außenbeitrag ◉ Forderungen ◉ Verbindlichkeiten***

Mit der Einführung des Sektors „Ausland“ vervollständigt sich unser Kreislaufbild so weit, dass wir jetzt von einem offenen Kreislauf**modell** sprechen können.

Unter dem Sammelbegriff „Ausland“ verbergen sich ausländische Unternehmen, ausländische Staaten und natürlich ausländische private Haushalte. Eine entsprechende Untergliederung nach verschiedenen Auslandssektoren erfolgt in diesem Kreislaufmodell jedoch nicht. Alle grenzüberschreitenden Transaktionen werden in einem Sammelkonto zusammengeführt und als Transaktionen mit dem Ausland dargestellt. Hier spielen vor allem die Begriffe „Exporte“ und „Importe“ von Gütern eine große Rolle. Die Größe **Exporte (X)** beinhaltet die Erlöse der Unternehmen, die sich aus der Ausfuhr inländisch produzierter wirtschaftlicher Güter ergeben. Die Zahlungen der Unternehmen für die aus dem Ausland eingeführten Güter nennt man **Importe (M)**.

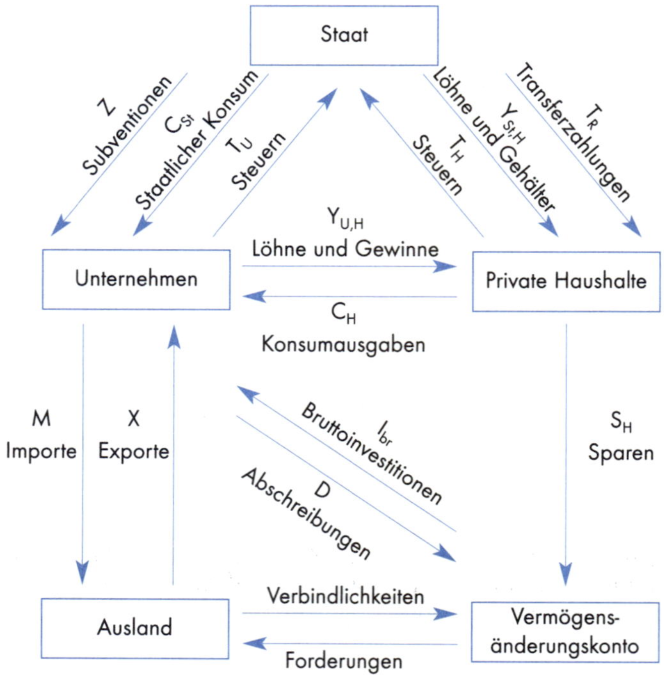

Abb. 3.5 Das Kreislaufmodell einer offenen Volkswirtschaft mit staatlicher Aktivität

Durch die Ermittlung der Differenz zwischen Export- und Importsummen erhält man den **Außenbeitrag (X-M)** einer Volkswirtschaft. Der Saldo von Ex- und Importen wird im Vermögensänderungskonto festgehalten.

Bei einem **positiven** Außenbeitrag, wenn also die Exporte höher sind als die Importe, entstehen der inländischen Volkswirtschaft **„Forderungen"** an das Ausland in Höhe des Unterschieds zwischen Export und Import. Der entsprechende Zahlungsstrom verläuft vom Vermögensänderungskonto zum Ausland.

Liegen die Exporte jedoch hinter den Importen zurück, so entsteht ein **negativer** Außenbeitrag. Man spricht von **„Verbindlichkeiten"** gegenüber dem Ausland. Der Zahlungsstrom verläuft in diesem Fall vom Sektor Ausland zum Vermögensänderungskonto.

Kennzeichnend für das Kreislaufmodell der offenen Volkswirtschaft mit staatlicher Aktivität sind wirtschaftliche Transaktionen mit dem Ausland.

Aufgaben zur Lernkontrolle

1. *Beschreiben Sie, welche Arten von Tauschaktivitäten wir in unserer Volkswirtschaft unterscheiden.*

2. *Was versteht man unter dem Begriff „Wirtschaftskreislauf"?*

3. *Welche Wirtschaftseinheiten „verbergen" sich hinter den Sektoren private Haushalte, Unternehmen, Staat und Ausland?*

4. *Auf welche Art und Weise „sparen" die Unternehmen unserer Volkswirtschaft?*

5. *Welche Arten von Investitionen kennen Sie? Fassen Sie kurz zusammen.*

6. *Welche Funktion erfüllt das Vermögensänderungskonto?*

7. *Unterscheiden Sie kurz zwischen Transferzahlungen und Subventionen.*

8. *In einer Volkswirtschaft mit staatlicher Aktivität und Auslandsbeziehungen haben die gesamtwirtschaftlichen Größen einer Periode folgende Werte in Geldeinheiten (GE). Stellen Sie die ökonomischen Aktivitäten grafisch dar und errechnen Sie die fehlenden Größen (Subventionen und Transferzahlungen an private Haushalte sollen dabei nicht berücksichtigt werden).*

a) $C_{St} = 210$	b) $T_U = 80$	c) $T_H = 320$
d) $Y_{U,H} = 1070$	e) $S_H = 230$	f) $I_{br} = 110$
g) $D = 20$	h) $F = 140$	i) $M = 130$

9. *Korrigieren Sie die folgende fehlerhafte Kreislaufdarstellung:*

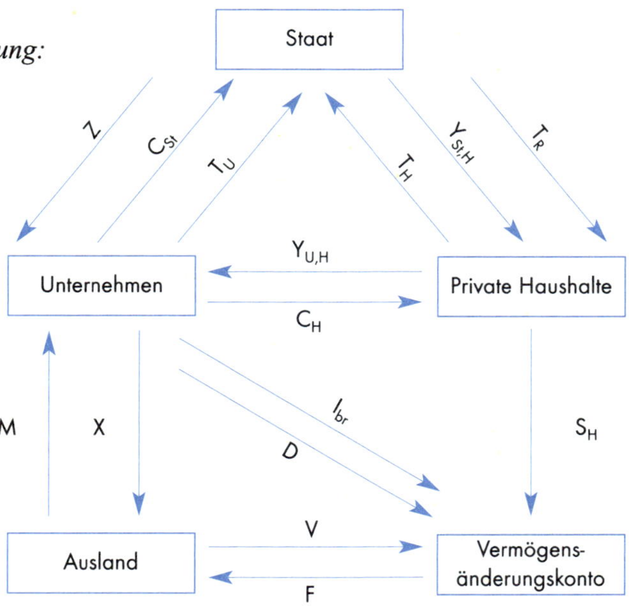

4 Die Volkswirtschaftliche Gesamtrechnung

Um die Vorgänge einer Volkswirtschaft erfassen zu können, braucht der Staat viele Informationen über gesamtwirtschaftliche Größen wie Einkommen, Investitionen oder Konsum. Diese Informationen liefert die **Volkswirtschaftliche Gesamtrechnung (VGR)**. Ihr Ziel ist es, ein möglichst umfassendes Gesamtbild des wirtschaftlichen Geschehens zu entwerfen. In dieser Lektion werden Aufbau und Aufgaben der VGR vorgestellt.

4.1 Aufgaben der Volkswirtschaftlichen Gesamtrechnung

Begriff ***Volkswirtschaftliche Gesamtrechnung***

Für die Erstellung der Volkswirtschaftlichen Gesamtrechnung existieren **verbindliche Regelungen**. Diese sind im Europäischen System Volkswirtschaftlicher Gesamtrechnungen (ESVG) von 1995 festgelegt. Die VGR für die Bundesrepublik Deutschland wird vom **Statistischen Bundesamt** erstellt und basiert auf statistisch ermittelten Kenngrößen wie dem **Bruttoinlandsprodukt (BIP)**, dem **Bruttonationaleinkommen (BNE)*** und dem **Volkseinkommen**.

Die Volkswirtschaftliche Gesamtrechnung dient der Erfassung der innerhalb einer bestimmten Periode erbrachten volkswirtschaftlichen Gesamtleistungen.

Die VGR erfüllt verschiedene **Aufgaben**, die sich wie folgt untergliedern lassen:

- **Kontrollsystem**

  In der VGR wird das Wirtschaftsgeschehen für einen bestimmten abgelaufenen Zeitraum (in der Regel ein Jahr) statistisch erfasst. Dabei ist das Volkseinkommen eine der zentralen Größen der VGR (neben Kenngrößen wie BIP und BNE), da es die auf die Sektoren entfallenden Erwerbs- und Vermögenseinkommen umfasst. In einer Art Gewinn- und Verlustrechnung werden die Verteilung und die Verwendung des Volkseinkommens für die betreffende Periode aufgezeigt. Da die Darstellung des Wirtschaftsgeschehens **ex-post** (= im Nachhinein) erfolgt, stellt die VGR ein Kontrollsystem für die Wirtschaftspolitik eines Landes dar.

- **Analyseinstrument**

  Die Daten der VGR stellen die Grundlage für gesamtwirtschaftliche Analysen und Wirtschaftsprognosen dar. Die Inlandsproduktberechnung umfasst z.B. den Teil der VGR, der für die kontinuierliche Beobachtung und Untersuchung der wirtschaftlichen Entwicklung verantwortlich ist. Mit Hilfe der Daten abgelaufener Perioden lassen sich somit Ursache-Wirkungs-Zusammenhänge erkennen. Dies erleichtert die Darstellung und damit das Verständnis wirtschaftlicher Vorgänge.

---

* Vor 1999 wurde hierfür die Bezeichnung Bruttosozialprodukt verwendet.

◉ **Informationsinstrument**

Die VGR liefert Informationen von amtlichen inländischen Institutionen an internationale Organisationen, wie z.B. die Europäische Union (EU).

Die Volkswirtschaftliche Gesamtrechnung ist ein Kontroll-, Analyse- und Informationsinstrument und dient gesamtwirtschaftlichen Untersuchungen.

4.2 Berechnungsarten der Volkswirtschaftlichen Gesamtrechnung

4

Die wirtschaftlichen Aktivitäten einer Volkswirtschaft lassen sich unter drei Gesichtspunkten ermitteln: nach der Entstehung, nach der Verwendung und nach der Verteilung des Inlandsprodukts. Das Inlandsprodukt spiegelt den Wert der wirtschaftlichen Leistung wider, der aus der Produktionstätigkeit im Inland resultiert. Die Entstehungs-, die Verwendungs- und die Verteilungsrechnung bilden dabei den Kern der Berechnungen.

4.2.1 Die Entstehungsrechnung

Begriffe ***Entstehungsrechnung ◉ Bruttowertschöpfung ◉ Produktionswert ◉ Vorleistungen ◉ Bruttoinlandsprodukt (Inlandsprinzip) ◉ Bruttonationaleinkommen (Inländerprinzip) ◉ Nettonationaleinkommen***

Im Rahmen der **Entstehungsrechnung** wird die wirtschaftliche Leistung einer Volkswirtschaft aus dem Blickwinkel der **Produzenten** (d.h. aller mit der Erstellung von Gütern und Dienstleistungen befassten Wirtschaftssubjekte) ermittelt. Eine zentrale Größe der Entstehungsrechnung stellt dabei die **Bruttowertschöpfung** dar.

Sehen wir uns zunächst an, wie sich diese Größe errechnet:

	Produktionswert
–	Vorleistungen
=	Bruttowertschöpfung

Unter dem **Produktionswert** versteht man die Gesamtsumme (ausgedrückt in Geldeinheiten) der in einer Volkswirtschaft erstellten Güter und Dienstleistungen. Ausgehend von den Produktionswerten der Wirtschaftseinheiten Staat, Unternehmen, private Haushalte und Ausland wird dann nach Abzug der Vorleistungen die Bruttowertschöpfung errechnet. Dabei stellen die **Vorleistungen** diejenigen Güter und Dienstleistungen dar, die die inländischen Produzenten im Zuge ihrer eigenen Produktion von anderen in- oder ausländischen Produzenten bezogen und verbraucht haben. Der Abzug der Vorleistungen vom Produktionswert ist nötig, um Güter nicht doppelt in die Bruttowertschöpfung einzurechnen.

	Produktionswert
–	Vorleistungen
=	Bruttowertschöpfung
+	Gütersteuern
–	Gütersubventionen
=	**Bruttoinlandsprodukt**

Werden zur Bruttowertschöpfung die von den Produzenten bereits abgeführten **Gütersteuern** (z.B. Tabak- oder Biersteuer) hinzugezählt und die erhaltenen **Gütersubventionen** (z.B. Zahlungen zur Förderung des Einsatzes von Steinkohle in der Elektrizitätswirtschaft) abgezogen, so erhält man das **Bruttoinlandsprodukt (BIP)**.

Das Bruttoinlandsprodukt gibt die tatsächlich erbrachte Produktionsleistung eines Landes wieder.

Dabei erfolgt die Berechnung des Bruttoinlandsprodukts nach dem **Inlandsprinzip**. Es werden also nur die wirtschaftlichen Leistungen berücksichtigt, die innerhalb der Landesgrenzen von In- und Ausländern erbracht werden. Ausschlaggebend ist, dass sich die Produktionsstätten oder Verwaltungseinrichtungen der Unternehmen im Inland befinden.

Abb. 4.1 zeigt die Anteile der einzelnen Wirtschaftszweige am BIP der Bundesrepublik Deutschland für das Jahr 2004.

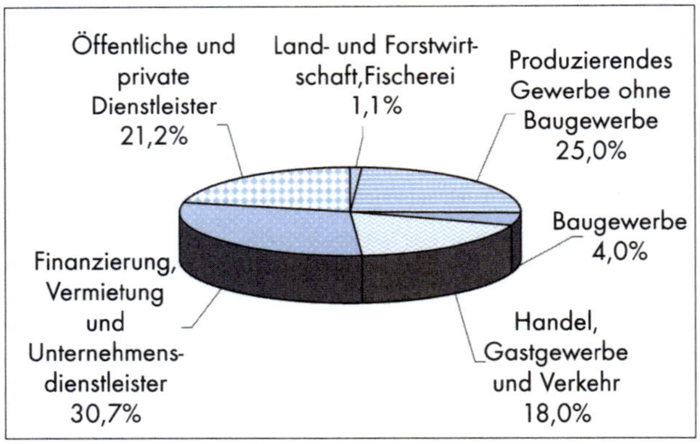

Abb. 4.1 Die Entstehung des BIP 2004
(Quelle: Statistisches Bundesamt)

Neben dem BIP ist das **Bruttonationaleinkommen (BNE)** die wohl populärste der in der VGR genutzten Kenngrößen. Während das BIP nach dem Inlandsprinzip ermittelt wird, errechnet sich das BNE nach dem **Inländerprinzip**. Das heißt, es spielt keine Rolle, wo die Leistungen erwirtschaftet werden, im Inland oder im Ausland, ausschlaggebend ist nur, dass es sich um einen deutschen Bürger (deutsche Staatsangehörigkeit) handelt. Wenn z.B. ein deutscher Bürger, der in Frankreich lebt, mit Aktien Gewinne erwirtschaftet, so erhöht dies das deutsche Bruttonationaleinkommen, nicht aber das Bruttoinlandsprodukt. Aus diesem Grund ist das **BIP** besser für die Abbildung der **inländischen Wirtschaftsleistungen** geeignet als das BNE.

Das Bruttonationaleinkommen errechnet sich, indem man zum Bruttoinlandsprodukt die vom Ausland empfangenen Einkommen, wie etwa Arbeitnehmerentgelte oder Aktiengewinne, hinzuzählt und die an die übrige Welt, also das Ausland geleisteten Einkommen abzieht.

	Bruttoinlandsprodukt
+	Saldo der Primäreinkommen aus der übrigen Welt
=	**Bruttonationaleinkommen**

Die sich ergebende Differenz zwischen BIP und BNE wird gemäß Statistischem Bundesamt als „Saldo der Primäreinkommen zwischen Inländern und der übrigen Welt" bezeichnet.

Das Inlandsprodukt kann auch **„netto"** nachgewiesen werden. Im BNE ist die infolge von Verschleiß und wirtschaftlichem Veralten eingetretene Wertminderung der Produktionsanlagen in Form von **Abschreibungen** enthalten. Durch Abschreibungen werden jedoch keine zusätzlichen Werte geschaffen, sondern lediglich verbrauchte Vermögensgegenstände ersetzt, d.h. es wird kein Vermögen vermehrt. Aus diesem Grunde müssen die Abschreibungen vom Bruttonationaleinkommen abgezogen werden. Daraus ergibt sich dann das **Nettonationaleinkommen (NNE)**.

Zur Übersicht nun noch einmal zusammengefasst die Berechnung des NNE:

	Produktionswert
–	Vorleistungen
=	Bruttowertschöpfung
+	Gütersteuern
–	Gütersubventionen
=	**Bruttoinlandsprodukt**
+	Saldo der Primäreinkommen aus der übrigen Welt
=	**Bruttonationaleinkommen**
–	Abschreibungen
=	**Nettonationaleinkommen**

4.2.2 Die Verwendungsrechnung

Begriffe *Verwendungsrechnung* ◉ *Außenbeitrag* ◉ *Bruttoinvestitionen*

Während die Entstehungsrechnung die Leistung einer Volkswirtschaft aus Sicht der Produzenten ermittelt, stellt die Verwendungsrechnung die Leistung der Volkswirtschaft aus Sicht der **Konsumenten** dar. Sowohl die Entstehungs- als auch die Verwendungsrechnung weisen als Ergebnis das **Bruttoinlandsprodukt*** aus.

Einer Volkswirtschaft stehen die innerhalb des Landes produzierten und die aus dem Ausland importierten Güter und Dienstleistungen zur Verfügung. Die **Verwendungsrechnung** ordnet diese Gütermenge drei möglichen Verwendungszwecken zu:

* Das Statistische Bundesamt berechnet das Bruttoinlandsprodukt sowohl nach der Entstehungs- als auch nach der Verwendungsrechnung. Es handelt sich dabei stets um einen identischen Betrag.

- Güter für den **Konsum** der privaten Haushalte, für den Konsum der privaten Organisationen ohne Erwerbszweck und für den Konsum des Staates.

- Güter für den Erhalt und die Erweiterung des Kapitalbestands der Unternehmen und des Staates, also für die so genannten **Bruttoinvestitionen**. Die Bruttoinvestitionen umfassen dabei auf Unternehmensseite die Käufe neuer Anlagen und Maschinen und die Käufe von Gebäuden und Grundstücken. Zu den Bruttoinvestitionen des Staates zählen hingegen Gebäude, Straßen, Flughäfen und Ähnliches.

- Güter für die **Ausfuhr**. Aus der Differenz dieser exportierten Güter und der importierten Güter ergibt sich der so genannte **Außenbeitrag**.

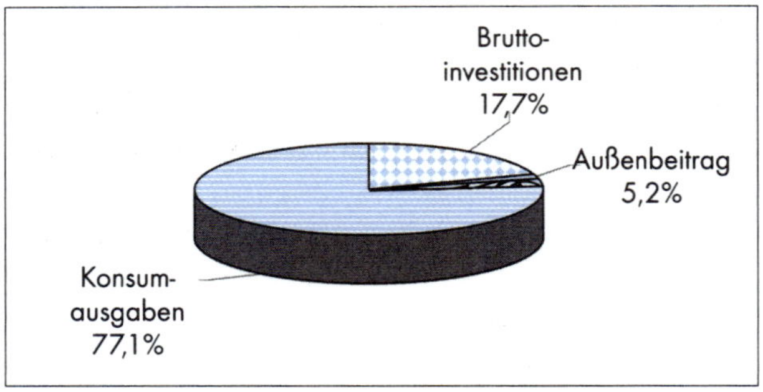

Abb. 4.2 Verwendung des Bruttoinlandsprodukts 2004
(Quelle: Statistisches Bundesamt)

Auf der Verwendungsseite des Bruttoinlandsprodukts werden die Konsumausgaben, die Bruttoinvestitionen und der Außenbeitrag unterschieden.

Nachfolgend noch einmal im Überblick die Ermittlung des Bruttoinlandsprodukts nach der Verwendungsrechnung.

	Private Konsumausgaben
+	Konsumausgaben des Staates
+	Bruttoinvestitionen der Unternehmen und des Staates
+	Exporte
–	Importe
=	**Bruttoinlandsprodukt**

Die hier aufgeführte Berechnung gibt neben der Entstehungsrechnung eine zweite gebräuchliche Definition des Bruttoinlandsprodukts wieder.

4.2.3 Die Verteilungsrechnung

Begriffe **Verteilungsrechnung ◉ Volkseinkommen ◉ Löhne (L) ◉ Gewinne (G) ◉ Lohnquote ◉ Gewinnquote**

Eine weitere Möglichkeit, die wirtschaftliche Leistung eines Landes rechnerisch darzustellen, bietet die **Verteilungsrechnung**. Während es bei der Entstehungs- und der Verwendungsrechnung um die Berechnung des Bruttoinlandsprodukts geht, ermittelt die Verteilungsrechnung das im Produktionsprozess entstandene Einkommen, das so genannte **Volkseinkommen**.

4

Das Volkseinkommen setzt sich aus zwei Einkommensarten zusammen:

- **Löhne und Gehälter (L)**, also Einkommen aus **unselbstständiger Arbeit**.
- **Gewinne (G)**, also Einkommen aus **Unternehmertätigkeit**, Einkommen aus **Kapital** (z.B. Dividendenzahlungen) und aus **Vermögen** (z.B. Zinsen).

Volkseinkommen = Löhne und Gehälter + Gewinne

Das Volkseinkommen ist somit als die Summe aller **Erwerbs-** und **Vermögenseinkommen** zu verstehen, die **Inländern** in einer bestimmten Periode zugeflossen sind.

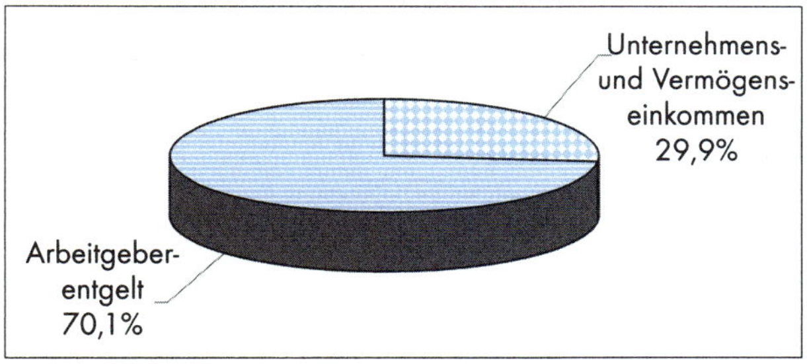

Abb. 4.3 Verteilung des Volkseinkommens 2004
(Quelle: Statistisches Bundesamt)

$$\frac{\text{Löhne + Gehälter}}{\text{Volkseinkommen}} \times 100 = \text{Lohnquote [\%]}$$

Setzt man nun sämtliche Einkommen aus unselbstständiger Arbeit (Löhne und Gehälter) und das Volkseinkommen zueinander in Beziehung, so erhält man die **Lohnquote**. Diese volkswirtschaftliche Kennziffer verdeutlicht den Anteil des Einkommens aus unselbstständiger Arbeit am gesamten Volkseinkommen.

Die so genannte **Gewinnquote** setzt das Unternehmens- und Vermögenseinkommen in Beziehung zum Volkseinkommen.

$$\frac{\text{Einkommen aus Unternehmertätigkeit und Vermögen}}{\text{Volkseinkommen}} \times 100 = \text{Gewinnquote [\%]}$$

Im Allgemeinen wird das Volkseinkommen auch als **Nettonationaleinkommen zu Faktorkosten** bezeichnet. Mit diesem Begriff wird zum Ausdruck gebracht, dass die Produktionsfaktoren einen Beitrag zur gesamtwirtschaftlichen Leistungsfähigkeit einer Volkswirtschaft leisten. Die Faktoren Arbeit, Boden, Kapital und Bildung sind schließlich die Triebfedern jeglicher Produktion. Die in einer Volkswirtschaft eingenommenen **indirekten Steuern** (z.B. die Tabaksteuer) und die an die Unternehmen geleisteten **Subventionen** verfälschen jedoch die tatsächlichen Leistungen der Produktionsfaktoren. Aus diesem Grund errechnet man zunächst das **Nettonationaleinkommen zu Marktpreisen***. Das Nettonationaleinkommen zu Faktorkosten ergibt sich dann nach Abzug der indirekten Steuern und Addition der Subventionen:

	Nettonationaleinkommen zu Marktpreisen
–	indirekte Steuern
+	Subventionen
=	**Nettonationaleinkommen zu Faktorkosten (Volkseinkommen)**

Mit der Kennzahl des Volkseinkommens schließt sich nun der Kreis der Berechnungsarten der Volkswirtschaftlichen Gesamtrechnung.

Abb. 4.4 zeigt noch einmal im Überblick die VGR im Zusammenspiel von Entstehungs-, Verwendungs- und Verteilungsrechnung.

I. Entstehungsrechnung	**II. Verwendungsrechnung**
Produktionswert	Private Konsumausgaben
– Vorleistungen	+ Konsumausgaben des Staates
= Bruttowertschöpfung	+ Bruttoinvestitionen der Unternehmen und des Staates
+ Gütersteuern	+ Exporte
– Gütersubventionen	– Importe
	= **Bruttoinlandsprodukt**
	+ Saldo der Primäreinkommen aus der übrigen Welt
	= **Bruttonationaleinkommen**
	– Abschreibungen
III. Verteilungsrechnung	= **Nettonationaleinkommen zu Marktpreisen**
	– indirekte Steuern
	+ Subventionen
	= **Nettonationaleinkommen zu Faktorkosten (Volkseinkommen)**

Abb. 4.4 Die Volkswirtschaftliche Gesamtrechnung
(Quelle: Statistisches Bundesamt)

* D.h. mit Preisen, die sich auf dem Markt durch Angebot und Nachfrage bilden.

4.2.4 Nominale und reale Entwicklung

Begriffe *nominale Entwicklung* ◉ *reale Entwicklung*

Wie wir bereits wissen, ist das Bruttoinlandsprodukt eine zentrale Größe der VGR. Damit diese Kenngröße als Maßstab für die wirtschaftliche Leistungsfähigkeit herangezogen werden kann, wird das BIP mit den Marktpreisen des betreffenden Jahres ermittelt*. Damit stellt es eine **nominale Größe** dar, d.h. es wird der in einer Volkswirtschaft von Jahr zu Jahr stattfindende Preisanstieg berücksichtigt. Will man nun die **nominale Entwicklung** beobachten, muss man die jährlichen Wachstumsraten der Kenngröße miteinander vergleichen. Zu diesem Zweck bildet man Zeitreihen (z.B. 1997 bis 2002) und misst die sich jeweils ergebende Veränderung von Jahr zu Jahr.

4

Bei der nominalen Entwicklung des Bruttoinlandsprodukts wird der Preisanstieg berücksichtigt.

Um jedoch auch die mengenmäßige, also die in Stückzahlen ausgedrückte Entwicklung verfolgen zu können, darf der in der Kenngröße enthaltene Preisanstieg nicht berücksichtigt werden. Dies erreicht man, indem man das Bruttoinlandsprodukt zu Preisen eines **Basisjahres**, also zu konstanten Preisen, bewertet. Die Gütermengen der Jahre 1997 bis 2002 werden also jeweils mit den Preisen dieses Basisjahres gewichtet. Dadurch ermittelt man die **reale Entwicklung** der volkswirtschaftlichen Kennziffer.

Bei der realen Entwicklung des BIP legt man ein Basisjahr zugrunde, um den Wert ohne Berücksichtigung der laufenden Preisentwicklung zu erhalten.

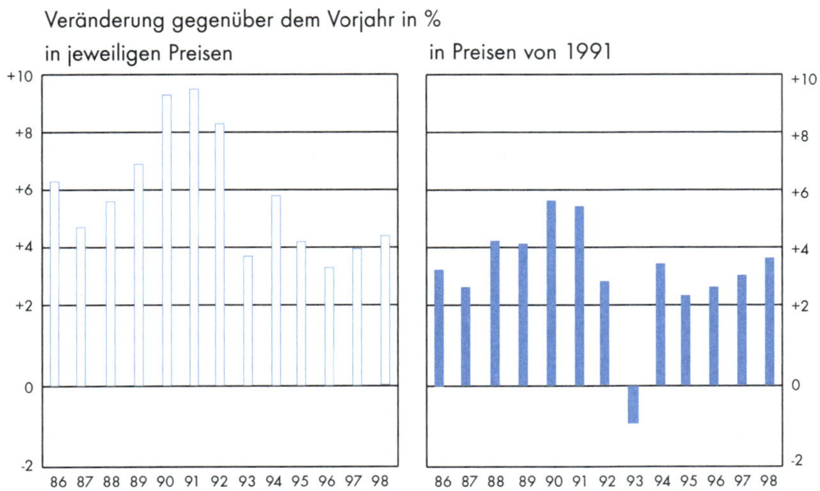

Abb. 4.5 Reales und nominales BIP in der BRD
(Quelle: Statistisches Jahrbuch, verschiedene Jahrgänge)

---

* Neben dem BIP wird auch das BNE häufig für die Beobachtung der realen und nominalen Entwicklung herangezogen.

4.3 Die Wohlstandsindikatoren einer Volkswirtschaft

Begriffe **Wohlstandsindikatoren ◉ Soziale Indikatoren ◉ OECD**

Das Bruttoinlandsprodukt und das Bruttonationaleinkommen gelten als Kennziffern der Leistungsfähigkeit einer Volkswirtschaft und somit als **Wohlstandsindikatoren**. Aus diesem Grunde setzt man das wirtschaftliche Wachstum oft mit dem Wohlstand eines Landes gleich. Dies hat seine Ursache darin, dass mit den zusätzlich produzierten Gütern in der Regel auch zusätzliche Bedürfnisse der Konsumenten (Beispiel: Handykonsum, Internet) befriedigt werden können. Es ist somit richtig, aus der Höhe dieser Kennziffern den Wohlstand der Bevölkerung abzuleiten.

Die Wachstumsraten der beiden Größen BIP und BNE stellen Messgrößen für den Wohlstand eines Landes dar. Man spricht in diesem Zusammenhang von Wohlstandsindikatoren.

Mit dieser Sichtweise sind jedoch auch einige Kritikpunkte verbunden:

- **Die Produktion wird nicht vollständig erfasst**
  Diese Aussage gründet auf der Tatsache, dass der gesamte Bereich der **nicht-markt-gerichteten Produktion** (z.B. Hausfrauentätigkeit oder die Erziehungsarbeit von Eltern) im Bruttonationaleinkommen und im Bruttoinlandsprodukt nicht erfasst wird, obgleich diese Tätigkeiten einen beträchtlichen Beitrag zum Wohlstand eines Landes leisten.

- **Umweltschäden werden nicht berücksichtigt**
  Die „Abnutzung“ unserer Umwelt durch das Produktions- und Konsumverhalten der Unternehmen und der Bevölkerung wird ebenfalls nicht in Zahlen erfasst. Obwohl sich die Luft durch Abgase und andere Faktoren verschlechtert, Flüsse und Seen durch Abwasser verunreinigt werden und der saure Regen die Bodenqualität in Mitleidenschaft zieht, werden die Umweltschäden im Inlandsprodukt nicht als Kosten aufgeführt.

- **Nicht alle wohlstandswirksamen Faktoren können mit dem gleichen Maßstab gemessen werden**
  Der Wohlstand einer Gesellschaft wird durch viele Faktoren bestimmt. Aus zum Teil auch statistischen Gründen können jedoch nicht alle dieser Faktoren mit dem gleichen Maßstab gemessen werden. So hängt z.B. der Wohlstand des einzelnen Bürgers nicht nur von der Menge der produzierten Güter ab. Eine wesentliche Rolle spielen auch die Verteilung des Einkommens, die Arbeitsbedingungen und die zur Verfügung stehende Freizeit.

Fassen wir nun die wichtigsten Aspekte zusammen:

Bruttoinlandsprodukt und Bruttonationaleinkommen geben Auskunft über den allgemeinen Wohlstand und die wirtschaftliche Entwicklung eines Landes. Der einzelne Bürger kann jedoch nicht aus der Höhe von Kennzahlen Rückschlüsse auf seinen persönlichen Wohlstand ziehen. Dies liegt vor allem daran, dass zum Teil aus statistischen Gründen die für den Wohlstand ebenso wichtigen sozialen, umwelt- und gesellschaftspolitischen Faktoren nicht in die Berechnungen miteinbezogen werden können.

Will man zusätzliche Informationen über die individuelle Wohlstandsentwicklung eines Landes erhalten, muss man so genannte **Soziale Indikatoren** heranziehen. Sie sollen den Zustand und die Veränderung bestimmter sozialer Bereiche einer Volkswirtschaft anzeigen. Dabei sind die Sozialen Indikatoren statistisch erfassbare Größen, mit deren Hilfe es möglich ist, wichtige ökonomisch-gesellschaftliche Veränderungen in Zahlenwerten auszudrücken. Zu solch wichtigen Veränderungen zählen die Geburtenrate, die Zahl der Eheschließungen, die Anzahl der Lehrer und Ärzte etc.

Es gibt unterschiedliche Meinungen, was die Aussagefähigkeit und die Auswahl der Sozialen Indikatoren betrifft. Die „Organisation für wirtschaftliche Zusammenarbeit und Entwicklung" **(Organization for Economic Cooperation and Development,** kurz **OECD)** schlägt acht Bereiche vor, die für den individuellen Wohlstand als bedeutsam angesehen werden können:

4

- Ausbildung
- Gesundheit
- Arbeit und Qualität des Arbeitslebens
- Freizeit
- Kaufkraft
- Physische Umwelt (Verbesserung der Wohnqualität, Eindämmung der Umweltverschmutzung)
- Sicherheit
- Soziale Beteiligungschancen (Qualität des Lebens in der Gemeinde)

Um eine klare Aussage über die Entwicklung des Wohlstandes in einem Land zu erhalten, müssen neben dem Bruttoinlandsprodukt und dem Bruttonationaleinkommen auch die Sozialen Indikatoren berücksichtigt werden.

Aufgaben zur Lernkontrolle

1. *Welche Aufgaben hat die Volkswirtschaftliche Gesamtrechnung zu erfüllen?*

2. *Welche Berechnungsarten der VGR sind Ihnen bekannt?*

3. *Das Statistische Bundesamt hat für das Jahr 2001 folgende Zahlen in Mrd. EUR veröffentlicht: Arbeitnehmerentgelt aus unselbstständiger Tätigkeit 1.120,35; Einkommen aus unternehmerischer Tätigkeit 410,88; Private Konsumausgaben 1.232,15; Konsumausgaben des Staates 393,52; Bruttoinvestitionen der Unternehmen und des Staates 406,94; Exporte 726,90; Importe 688,31; Abschreibungen 312,07; Subventionen 33,84; Saldo der Primäreinkommen aus der übrigen Welt –15,41; indirekte Steuern 246,33.*
   - *a) Berechnen Sie das Volkseinkommen nach der Verteilungsrechnung.*
   - *b) Berechnen Sie das Bruttoinlandsprodukt nach der Verwendungsrechnung.*
   - *c) Berechnen Sie auf Basis von b) das Volkseinkommen nach der Verwendungsrechnung.*

4. *Unterscheiden und erklären Sie die Begriffe „Inlandsprinzip" und „Inländerprinzip".*

5. *Wie berechnet man in der Entstehungsrechnung das NNE?*

6. *Welche Verwendungszwecke der volkswirtschaftlichen Güter und Dienstleistungen kennen Sie?*

7. *Woraus setzt sich das Volkseinkommen zusammen? Erklären Sie kurz.*

8. *Wie ermittelt man die Lohnquote, und was sagt diese Größe aus?*

9. *Erläutern Sie kurz die nominale und reale Entwicklung der volkswirtschaftlichen Kennziffer BIP.*

10. *Was versteht man unter „Sozialen Indikatoren"? Nennen Sie Beispiele.*

5 Der Staat

Der Staat hat den Wohlstand der eigenen Bevölkerung als eines seiner obersten Ziele definiert. Aus diesem Grunde kommt den staatlichen Aktivitäten eine wichtige Bedeutung zu.
Im Rahmen dieser allgemeinen Zielsetzungen ergeben sich für den Staat in **allen Politikbereichen** – angefangen von der Finanz- und Wirtschaftspolitik über die Konjunktur-, die Struktur-, die Sozial- und die Wettbewerbspolitik bis hin zur Umweltpolitik – die unterschiedlichsten Aufgabenfelder. Zur Erfüllung seiner Aufgaben, d.h. zur **Finanzierung seiner Ausgaben**, benötigt der Staat **Einnahmen**. Stellt man die öffentlichen Einnahmen den öffentlichen Ausgaben gegenüber, gelangt man zum **Staatshaushalt**. Man spricht in diesem Zusammenhang auch von der Einnahmen- und Ausgabenpolitik oder kurz der **Finanzpolitik** des Staates.

5.1 Die Einnahmen des Staates

5

Begriffe ***Abgaben ◉ Steuern (direkt und indirekt) ◉ Steuerprogression ◉ Überwälzbarkeit ◉ Steuergegenstand ◉ Gebühren und Beiträge ◉ öffentliche Erwerbseinkünfte ◉ öffentliche Kreditaufnahme***

Die **Staatseinnahmen** lassen sich im Wesentlichen unterteilen in Abgaben, öffentliche Erwerbseinkünfte und öffentliche Kredite.

Abgaben

Zu den Abgaben gehören Steuern, Gebühren, Beiträge und sonstige Einnahmen (u.a. Strafgelder, z.B. für das Überschreiten der erlaubten Geschwindigkeit).

Die wichtigste Position der Abgaben sind jedoch die **Steuern**, denn sie stellen die größte Einnahmequelle unseres Staates dar.

Steuern sind hoheitlich* festgelegte finanzielle Zwangsabgaben, die vom öffentlich-rechtlichen Gemeinwesen ohne direkte Gegenleistung vereinnahmt werden.

In Deutschland gibt es eine Vielzahl von Steuern. Um einen Überblick über die verschiedenen Steuerarten zu erhalten, teilen wir diese zunächst in direkte und indirekte Steuern ein:

◉ **Direkte Steuern**

Zu den direkten Steuern zählen alle Steuern auf **Einkommen**, **Vermögen** und **Kapitalerträge**. Diese Steuern werden direkt beim Steuerpflichtigen erhoben. Bemessungsgrundlage hierfür ist

* hoheitlich festgelegt = vom Staat festgelegt

das individuelle Einkommen und Vermögen. Ein typisches Merkmal dieser Steuern ist die **Steuerprogression**: das heißt, dass bei zunehmendem Einkommen die Steuersätze ansteigen und damit der geschuldete Steuerbetrag überproportional* anwächst. Mit der Steuerprogression will der Staat eine gerechtere Verteilung der Steuerlast erreichen (Entlastung der wirtschaftlich Schwächeren).

- **Indirekte Steuern**
  - Die wichtigste Einnahmequelle des Bundes ist hier die **Mehrwertsteuer** (MwSt., eigentlich Umsatzsteuer)**. Der allgemeine Satz dieser Steuer beträgt seit 1998 16%; ermäßigte Steuersätze gelten insbesondere für Lebensmittel, Bücher und Zeitschriften.

  Weitere indirekte Steuern sind z.B.

  - die **Tabaksteuer**
  - die **Mineralölsteuer**
  - die **Verrechnungssteuer** (wird auf den Ertrag beweglichen Kapitalvermögens, auf Lotteriegewinne und Versicherungsleistungen erhoben)
  - die **Stempelsteuer** (die ursprünglich mit Stempeln und Stempelmarken erhobene Steuer wird auf Aktien und Obligationen erhoben)
  - sowie die **Zölle**.

  Im Gegensatz zu den direkten Steuern wird bei den indirekten Steuern die **wirtschaftliche Leistungsfähigkeit** des einzelnen Steuerpflichtigen **nicht berücksichtigt**. Die indirekten Steuern werden aufgrund bestimmter Vorgänge oder einzelner Handlungen des Steuerpflichtigen erhoben, z.B. beim Kauf eines Konsumguts.

Als Unterscheidungskriterium zwischen direkter und indirekter Steuer wird die so genannte **Überwälzbarkeit** angesehen. Indirekte Steuern sind überwälzbar, d.h. der Steuerzahler überwälzt die Steuer auf Dritte. Dies wird am Beispiel der MwSt. deutlich: Der Unternehmer wälzt die Steuer über die Preise der Güter auf den Konsumenten ab. Dennoch ist der Unternehmer auch Steuerzahler, da auch er seinen Nettoumsatz besteuern und dann den von ihm dem Produkt hinzugefügten Mehrwert an das Finanzamt abführen muss. Die direkten Steuern, wie z.B. die Einkommenssteuer, gelten hingegen als nicht-überwälzbar. Hier trägt der Steuerzahler zugleich die Steuerlast.

---

* Gegensatz: Proportionaler Steuersatz, d.h. fester Steuersatz, unabhängig von der Größe des Steuerobjekts.

** Bei jedem Unternehmer wird der Nettoumsatz, also der Unterschied zwischen seinem Umsatz und den von anderen Unternehmern an ihn bewirkten und bereits versteuerten Vorlieferungen und Vorleistungen, besteuert. Der von jedem Unternehmer hinzugefügte Mehrwert unterliegt der Steuer, daher auch der Begriff „Mehrwertsteuer“.

Neben der Einteilung nach direkten und indirekten Merkmalen lassen sich Steuern auch nach dem **Steuergegenstand** untergliedern:

- **Besitzsteuern**
  können auf das Vermögen, den Ertrag oder das Einkommen abzielen und beziehen sich immer auf die persönliche Leistungsfähigkeit des Steuerschuldners (Einkommenssteuer, Gewerbesteuer etc.).

- **Verkehrssteuern**
  betreffen die Vermögensverwendung, den Konsum, den Verbrauch von und den Aufwand mit Sachen. Allgemeine Verkehrssteuer ist die Umsatzsteuer. Weiterhin gibt es noch spezielle Verkehrssteuern, z.B. die Grunderwerbssteuer und die Kfz-Steuer.

- **Verbrauchssteuern**
  knüpfen an den Übergang einer Sache aus dem Bereich der Produktion in den Bereich des Konsums an, z.B. Tabaksteuer und Branntweinsteuer.

Zu den Abgaben gehören jedoch nicht nur die Steuern. Auch Gebühren und Beiträge stellen Staatseinnahmen dar. **Gebühren** fallen für folgende Leistungen an:

- **Verwaltungsgebühren** für eine besondere Amtshandlung der Verwaltung (z.B. Beglaubigungen oder Beurkundungen).
- **Benutzungsgebühren** für die Inanspruchnahme öffentlicher Einrichtungen oder Anlagen (z.B. Eintrittsgelder für städtisches Hallenbad).

Gebühren werden als Gegenleistung für bestimmte, tatsächlich in Anspruch genommene Leistungen der öffentlichen Verwaltung erhoben.

Eng verwandt mit den Gebühren sind die so genannten **Beiträge**. Sie werden folgendermaßen definiert:

Beiträge sind die Gegenleistung für eine angebotene staatliche Leistung, unabhängig davon, ob diese in Anspruch genommen wurde oder werden wird.

Beispiele hierfür sind die Beiträge zur gesetzlichen Kranken-, Renten-, Pflege- und Arbeitslosenversicherung.

Öffentliche Erwerbseinkünfte

Die öffentlichen Erwerbseinkünfte stellen neben den Abgaben eine weitere wichtige Einnahmequelle des Staates dar. Von Erwerbseinkünften spricht man in diesem Zusammenhang, wenn sich der Staat unternehmerisch betätigt und daraus Einnahmen erzielt (z.B. durch die so genannte Münzprägung, s. Lektion 12, „Das Geldwesen“). Der Bund kann auch Miteigentümer von Wirtschaftsbetrieben sein, wie dies beim Automobilkonzern Volkswagen oder der Deutschen Telekom der Fall ist.

Öffentliche Kreditaufnahme

Unter dem Begriff „öffentlicher Kredit“ versteht man alle Kredite, die von der Deutschen Bundesbank an öffentlich-rechtliche Körperschaften (Bund, Länder und Gemeinden) gewährt werden. Bei den öffentlichen Krediten handelt es sich jedoch um eine außerordentliche Einnahmequelle. Näheres dazu im Abschnitt 5.3 „Der Staatshaushalt“.

Abgaben, öffentliche Erwerbseinkünfte und öffentliche Kredite sind Einnahmequellen des Staates. Diese Einnahmen dienen der Finanzierung der Staatsausgaben.

5.2 Die Ausgaben des Staates

Begriffe **Aufgabenbereiche des Staates ◉ volkswirtschaftliche Wirkungsmerkmale ◉ Verwaltungsleistungen ◉ Geldleistungen ◉ Transferzahlungen ◉ volkswirtschaftliche Produktivität ◉ Staatsverbrauch**

Wie zu Beginn dieser Lektion bereits erwähnt, versucht der Staat mit seinen Einnahmen seine Ausgaben zu finanzieren. Staatsausgaben lassen sich unter verschiedenen Aspekten systematisieren: nach Aufgabenbereichen, nach volkswirtschaftlichen Wirkungsmerkmalen, nach volkswirtschaftlicher Produktivität.

◉ **Aufgabenbereiche des Staates**

Unterscheidet man die Staatsausgaben nach Aufgabenbereichen, ergibt sich eine Vielzahl von Betätigungsfeldern: das Sozialwesen, die öffentliche Sicherheit, das Wohnungswesen, Bildung und Forschung u.v.m. Abb. 5.1 zeigt eine Aufschlüsselung aller Staatsausgaben in die wichtigsten Aufgabenbereiche.

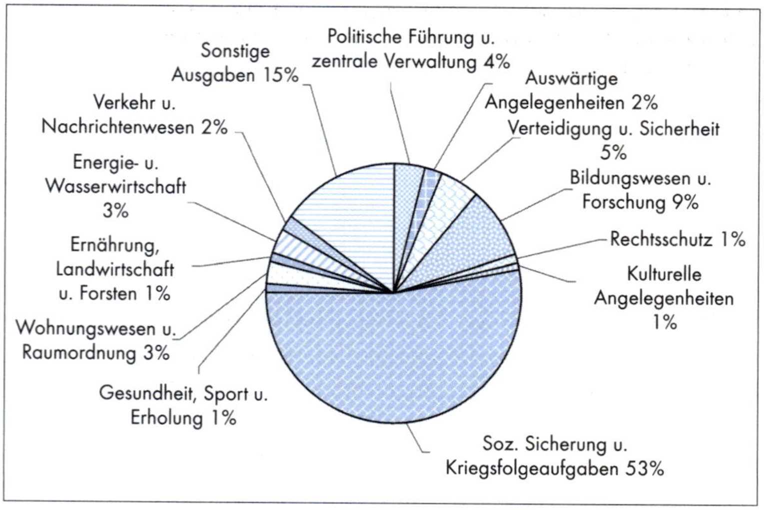

Abb. 5.1
Struktur der Staatsausgaben 1999

(Quelle: Statistisches Jahrbuch 2002 für die BRD)

Volkswirtschaftliche Wirkungsmerkmale

Bei der Orientierung an volkswirtschaftlichen Wirkungsmerkmalen wird zwischen Ausgaben für Verwaltungsleistungen und Ausgaben für Geldleistungen differenziert.

Bei den **Verwaltungsleistungen**, auch **Staatsverbrauch** genannt, handelt es sich um Entgelte für die **Inanspruchnahme von Leistungen** (z.B. Leistungen für die innere Sicherheit, Unterrichtsleistungen, Gesundheitsbetreuung, allgemeine Verwaltungsleistungen). Zu diesen Entgelten zählen z.B. die Gehälter von Beamten, von Angestellten und Arbeitern des öffentlichen Dienstes, von Soldaten und Wehrpflichtigen, aber auch alle Sachausgaben, wie z.B. Ausgaben für den Bürobedarf.

Bei den **Geldleistungen** ist im Gegensatz zu den Verwaltungsleistungen **keine direkte Gegenleistung** in Form von Arbeit oder Gütern erkennbar. Hier handelt es sich um **Transferzahlungen** des Staates im Rahmen seiner **Umverteilungspolitik***. Sind **Unternehmen** Empfänger von Transferleistungen, handelt es sich um **Subventionen**. Ein wesentlicher Bereich der Transferzahlungen bezieht sich jedoch auf die **privaten Haushalte** und zwar auf die **Sozialleistungen**, d.h. alle Geld- und auch Sachleistungen, die der Staat privaten Haushalten zur Befriedigung der Grundbedürfnisse (Wohnung, Nahrung, Kleidung) gewährt. Dieses System der **sozialen Sicherung** soll dafür sorgen, dass die Mitglieder einer Volkswirtschaft durch bestimmte Risiken existentiell nicht gefährdet werden. Die finanziellen Auswirkungen von Lebensrisiken, wie z.B. Krankheit oder Arbeitslosigkeit, sollen durch die **Sozialversicherung** abgefangen und gemildert werden. Das **soziale Netz** wird ergänzt durch die Sozialhilfe. Sie dient dem Schutz in Not geratener Menschen, unabhängig von der Ursache einer Notlage. Auch Kindergeld, Ausbildungshilfen oder Hilfen zur Eingliederung Behinderter sind Teil unseres sozialen Netzes.
Die Aufgaben der sozialen Sicherung sind auf zahlreiche Behörden, Körperschaften und Anstalten des Bundes, der Länder und der Gemeinden als **Sozialleistungsträger** verteilt.

Volkswirtschaftliche Produktivität

Wie bei den volkswirtschaftlichen Wirkungsmerkmalen geht es auch hier um Ausgaben für Dienstleistungen und Güter und um Transferzahlungen. Diese werden jedoch unter dem Blickwinkel der volkswirtschaftlichen Produktivität, d.h. der **Bewahrung** und der **Förderung der Leistungsfähigkeit** der einzelnen **Wirtschaftssektoren** bzw. **Wirtschaftssubjekte** betrachtet. Beispiele hierfür sind z.B. staatliche Investitionen in die Infrastruktur und in den Bildungsbereich. Die zuvor erwähnten Subventionen an den Unternehmenssektor zielen darauf ab, die Wettbewerbsfähigkeit zu erhalten und Arbeitsplätze zu sichern. Mit den Transferausgaben an die privaten Haushalte soll die produktive Arbeitskraft des Einzelnen gesichert und gefördert werden. Und die Verwaltungsleistungen, d.h. der Staatsverbrauch, sorgen dafür, dass die staatlichen Behörden und Institutionen reibungslos funktionieren und den ihnen gestellten Aufgaben gerecht werden.

Die Staatsausgaben lassen sich entweder nach Aufgabenfeldern des Staates oder nach volkswirtschaftlichen Wirkungsmerkmalen oder nach der volkswirtschaftlichen Produktivität untergliedern.

---

* Umverteilungspolitik = Der Staat besteuert das Einkommen privater Haushalte und Unternehmen und verteilt diese Einnahmen wieder in Form von Transferzahlungen.

5.3 Der Staatshaushalt

Begriffe ***Staatshaushalt*** ◉ ***Haushaltsplan*** ◉ ***Zunahme der Staatsausgaben*** ◉ ***außerordentliche öffentliche Einnahmen*** ◉ ***Nettokreditaufnahme***

So wie ein Unternehmen muss auch der Staat haushalten. Man spricht dabei vom so genannten **Staatshaushalt**. Im Detail bedeutet dies, dass der Staat seine Einnahmen seinen Ausgaben gegenüberstellen muss. Zu diesem Zweck plant er im Rahmen des **Haushaltsplans** (auch **Budget** genannt) für eine bestimmte Periode (in der Regel ein Jahr) die öffentlichen Ausgaben und Einnahmen. Der **Bundeshaushalt** wird vom Finanzministerium erarbeitet und dem Bundestag zur Beratung und Verabschiedung vorgelegt. Abb. 5.2 zeigt die Entwicklung des Haushalts der Bundesrepublik Deutschland für die Jahre 1998 bis 2005.

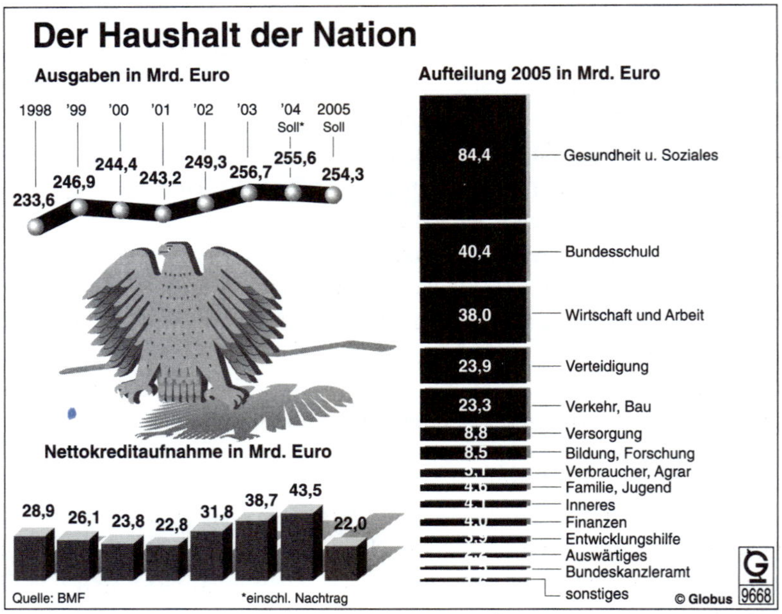

Abb. 5.2 Der Haushalt der Nation

Seit einigen Jahren lässt sich eine kontinuierliche **Zunahme der Staatsausgaben** beobachten. Verantwortlich dafür ist, neben den durch die deutsche Wiedervereinigung verursachten Kosten, vor allem das Anwachsen der Aufgabenfelder des Staates. Zu diesen zusätzlichen Aufgaben gehören u.a. die Finanzierung der EU-Integration und die Finanzierung des zunehmend wichtiger werdenden Umweltschutzes. Ferner haben die jüngsten Untersuchungen (PISA-Studie) der Bildungspolitik in Deutschland ergeben, dass auf dem Gebiet der Ausbildungsförderung dringender Finanzbedarf besteht.

Wenn die Staatseinnahmen geringer ausfallen als die Ausgaben, erwirtschaftet der Staat einen „Verlust". Diese Differenz muss dann durch **Kredite** gedeckt werden. Kredite werden daher auch als **außerordentliche öffentliche Einnahmen** bezeichnet. Abb. 5.2 zeigt, welche **Nettokreditaufnahmen** in der Jahren 1998 bis 2005 zur Deckung aller Ausgaben notwendig waren.

> ***Die Gegenüberstellung von Staatseinnahmen und Staatsausgaben wird als Staatshaushalt bezeichnet.***

Aufgaben zur Lernkontrolle

1. *Welche Staatseinnahmen kennen Sie?*
2. *Definieren Sie den Begriff „Steuern".*
3. *Was versteht man unter dem Begriff „Überwälzbarkeit"?*
4. *Erklären Sie, was man unter öffentlichen Erwerbseinkünften versteht.*
5. *Untergliedern Sie die Staatsausgaben nach den Ihnen bekannten Kriterien.*
6. *Was sind Transferausgaben?*
7. *Welche Entwicklung zeigten die Staatsausgaben insgesamt und worauf ist diese Entwicklung zurückzuführen?*

6 Wirtschaftsordnungen

Wir beschäftigen uns in dieser Lektion mit verschiedenen Wirtschaftsordnungen. Hierzu ist es wichtig, den Begriff „Wirtschaftsordnung“ genauer zu definieren.

> ***Als Wirtschaftsordnung bezeichnet man die Gesamtheit aller Regelungen, die das wirtschaftliche Geschehen in einer Volkswirtschaft planen, gestalten und beeinflussen.***

Eine Wirtschaftsordnung* legt fest, wie in einer modernen arbeitsteiligen Volkswirtschaft die **Abstimmung** zwischen **Angebot** und **Nachfrage** erfolgen kann. Sie fasst die einzelwirtschaftlichen Pläne von privaten Haushalten und Unternehmen zu gesamtwirtschaftlichen Plänen zusammen und stimmt diese aufeinander ab.

Prinzipiell gibt es zwei **theoretische Modelle** für die Organisation von Volkswirtschaften:

- **freie Wirtschaftsordnung**
  Hier erfolgt eine **dezentrale Abstimmung** der Wirtschaftsabläufe durch Angebot und Nachfrage. Man spricht dabei auch von einer marktwirtschaftlichen Wirtschaftsordnung (z.B. freie Marktwirtschaft).
- **Zentralverwaltungswirtschaft bzw. Planwirtschaft**
  Hier steuert eine **zentrale staatliche Instanz** alle Wirtschaftsabläufe.

Wir setzen uns im Folgenden sowohl mit den beiden theoretischen Organisationsmodellen auseinander als auch mit einer **realtypischen Ausprägung**: der **Sozialen Marktwirtschaft**, die in unserem Land das Marktgeschehen bestimmt.

6.1 Die freie Wirtschaftsordnung

Begriffe ***freie Marktwirtschaft ◉ Wettbewerb ◉ Preisbildung ◉ Gleichgewichtspreis ◉ Marktpreis ◉ Preis als Instrument***

In der **freien Wirtschaftsordnung** oder auch **freien Marktwirtschaft** werden alle wirtschaftlichen Entscheidungen dezentral getroffen, d.h. es gibt **selbstständige Produktions-** und **Konsumpläne**, die aufeinander abgestimmt werden müssen. Die privaten Entscheidungen der Wirtschaftssubjekte haben Vorrang. Die Konsumenten entscheiden also frei über Art, Umfang und Rangfolge ihrer Bedürfnisse. Ebenso können die Produzenten weitestgehend ohne staatliche Beschränkungen die Wünsche und Bedürfnisse der Konsumenten befriedigen. Aus diesem Grund

* Eine Wirtschaftsordnung steht eng mit dem jeweiligen **Wirtschaftssystem** eines Landes in Verbindung und darf nicht im Widerspruch dazu stehen. Zum Vergleich: Im Wirtschaftssystem sind die Eigentumsverhältnisse der Sektoren geregelt, wohingegen in der Wirtschaftsordnung geregelt wird, wie die Marktpläne aufeinander abgestimmt werden können.

bezeichnet man diese Wirtschaftsordnung als **„privatwirtschaftlich organisiert“**. So gilt etwa die Existenz des **Privateigentums an Produktionsmitteln** als ein Kennzeichen dieses Modells. Auch die **allgemeine Vertragsfreiheit**, die **Freiheit** der **Berufs-** und der **Arbeitsplatzwahl**, die **Gewerbefreiheit**, die **Produktions-**, **Handels-** und **Konsumfreiheit** gehören zu den Charakteristika der freien Marktwirtschaft.

Die wirtschaftliche Aktivität des **Staates** ist in der freien Marktwirtschaft auf die Bereitstellung öffentlicher Güter und solcher Güter beschränkt, die nicht wettbewerblich angeboten werden können (z.B. Wasser). Der Staat übernimmt in dieser Wirtschaftsordnung lediglich **Aufsichts-** und **Ordnungsfunktionen**, z.B. in Form seiner Wettbewerbspolitik, die er mittels des Bundeskartellamts durchsetzt (vgl. hierzu Lektion 10, „Wettbewerb“).

Wettbewerb

Eine privatwirtschaftlich organisierte Volkswirtschaft ist nur dann funktionsfähig, wenn auf den Märkten **Wettbewerb** stattfindet. Wie wir bereits aus Lektion 2 wissen, kann Wettbewerb nur auf offenen Märkten stattfinden. Es müssen also neue Anbieter die Möglichkeit haben, mit neuen Angeboten am Markt aufzutreten. Dadurch verbessert sich die Marktversorgung mengenmäßig, qualitativ und preislich.

6

> ***Dem Wettbewerb kommt in der freien Marktwirtschaft eine entscheidende Bedeutung zu.***

Aus diesem Grund ist es wichtig, einem Marktversagen infolge fehlenden Wettbewerbs vorzubeugen. Der Verlust der Wettbewerbsfähigkeit ist z.B. durch das Auftreten **ökonomischer Machtungleichheiten** zu befürchten. Derlei Machtungleichheiten ergeben sich unter anderem durch Kartell- oder Monopolbildung. Hier haben einzelne Gruppen oder ein einzelner Anbieter die Möglichkeit, den Preis und den Absatz zu manipulieren und somit den Markt zu dominieren. Dies muss in der freien Marktwirtschaft vermieden werden, damit sich der **Preis als Instrument** frei bilden und entwickeln kann.

Preisbildung und Gleichgewichtspreis (Marktpreis)

In der Modellvorstellung der freien Marktwirtschaft funktioniert die **Preisbildung** unter folgenden Bedingungen:

- Der Zutritt zum Markt ist frei.
- Es herrscht freier Wettbewerb, d.h. kein Einzelner kann den Preis bestimmen.
- Es besteht eine vollständige Markttransparenz, d.h. alle Teilnehmer haben gleiche Kenntnis über Preise und Qualität.
- Weder Anbieter noch Nachfrager haben zeitliche, räumliche oder personelle Präferenzen.

Unter diesen Bedingungen bildet sich der so genannte **Gleichgewichtspreis (Marktpreis)**. Alle Anbieter, die einen höheren Preis erzielen wollen, werden von anderen Anbietern unterboten und scheiden aus dem Markt aus. Ebenso kommen alle diejenigen Nachfrager nicht zum Zuge, die einen geringeren als den Gleichgewichtspreis zu zahlen bereit sind. (Vgl. hierzu Lektion 2.)

Der Preis und seine Funktionen

Der Preis erfüllt in der freien Marktwirtschaft folgende Funktionen:

- **Gleichgewichtsfunktion**
  Der Preis stellt das Gleichgewicht zwischen Angebot und Nachfrage auf dem Markt her und koordiniert somit die wirtschaftlichen Pläne der Wirtschaftspartner.

- **Signalfunktion**
  Der Preis signalisiert den Knappheitsgrad eines Gutes. Aussagefähig ist dabei nicht die Höhe des Preises, sondern seine Veränderungen. Sie zeigen an, wie sich die Knappheitsverhältnisse von bestimmten Gütern verschieben.

- **Allokationsfunktion**
  Der Preis lenkt das Angebot und damit den Einsatz der Produktionsfaktoren auf diejenigen Märkte, bei denen die größte Nachfrage herrscht und folglich der höchste Preis und damit der höchste Gewinn zu erzielen ist. Somit werden die Produktionsfaktoren über die Preise in ihre jeweils effizienteste Verwendungsrichtung gelenkt.

- **Erziehungsfunktion**
  Auf polypolistischen Märkten, d.h. Märkten mit einer Vielzahl von Anbietern und Nachfragern, ist der Preis eine vom einzelnen Anbieter nicht beeinflussbare Größe. Daher wird jeder Produzent versuchen, möglichst sparsam mit den Produktionsfaktoren umzugehen, um seine Kosten niedrig zu halten und dadurch den Gewinn zu maximieren. Andererseits werden auch die Nachfrager bestrebt sein, die preisgünstigsten Einkaufsmöglichkeiten wahrzunehmen, um ihren Nutzen zu maximieren.

Der Preis ist von grundlegender Bedeutung für die freie Marktwirtschaft.

Sehen wir uns nun die Vor- und Nachteile der freien Wirtschaftsordnung an.

Vorteile des Modells

- Durch die uneingeschränkte wirtschaftliche Freiheit entwickelt sich bei den Mitgliedern der freien Wirtschaftsordnung das Streben nach Wohlstand, Reichtum und Unabhängigkeit. Somit erhöht sich die **Leistungsbereitschaft** aller und infolgedessen die **Gesamtversorgung** der Bevölkerung.

- Die Funktionen des Preismechanismus führen dazu, dass innovative Unternehmer ihre bestehenden **Produktionsverfahren verbessern**, um kostengünstiger produzieren zu können. **Technischer Fortschritt** findet somit in dieser Wirtschaftsordnung außerordentlich gute Rahmenbedingungen.

Nachteile des Modells

- In der freien Marktwirtschaft entwickelt sich der Gleichgewichtspreis durch Angebot und Nachfrage. Der Preismechanismus kann jedoch negative soziale Folgen haben. Preissteigerungen bzw. sehr hohe Marktpreise führen unter Umständen dazu, dass sich nur diejenigen Wirtschaftssubjekte die gewünschten Waren leisten können, die über ein relativ hohes Einkommen verfügen. Man spricht dabei von **unsozialer Güterverteilung**.
- Der Leistungswettbewerb fordert einerseits von Unternehmen Rentabilitätssteigerungen und führt so zu optimaler Ausnutzung der Produktionsfaktoren. Er ermöglicht aber andererseits auch Formen des ruinösen Konkurrenzkampfes. Hierbei können finanzstarke große Unternehmen konkurrierende kleinere Betriebe so lange preislich unterbieten, bis diese aus dem Markt ausscheiden. In der Folge bilden sich Märkte, auf denen einzelne Unternehmen **monopolartige Stellungen** erringen und **kein freier Wettbewerb** mehr gegeben ist.

6.2 Die Zentralverwaltungswirtschaft

Begriffe *Zentralverwaltungswirtschaft ◉ Produktionsplanung ◉ staatliche Preisfestsetzung ◉ Planbehörde ◉ Wirtschaftspläne ◉ Mengenbilanzen*

Zentrale Produktionsplanung

Im Gegensatz zur freien Marktwirtschaft werden in der **Zentralverwaltungswirtschaft** alle wirtschaftlichen Entscheidungen von staatlichen Stellen vorbereitet, getroffen und umgesetzt. Das heißt, der **Staat** ermittelt den Gesamtbedarf der Volkswirtschaft und setzt dabei Prioritäten hinsichtlich Art, Umfang und Rangfolge der zu befriedigenden Bedürfnisse. Es gibt **kein Privateigentum** an **Produktionsmitteln** und der Einsatz der Produktionsfaktoren wird **zentral** im Rahmen der **Produktionsplanung** festgelegt.

Staatliche Preisfestsetzung und staatlich festgelegte Wirtschaftspläne

Auch die **Preise** werden staatlich festgesetzt. In der Zentralverwaltungswirtschaft übernimmt eine **Planbehörde** die Funktionen, die der Preismechanismus in der freien Marktwirtschaft erfüllt. Ihre Aufgabe ist es, die Pläne der Wirtschaftssubjekte aufeinander abzustimmen und die Produktion zu lenken. In einer zentral gesteuerten Volkswirtschaft muss der Staat daher über eine außerordentliche Fülle von Informationen verfügen, d.h. genauestens über Bedarf, Güter- und Rohstoffvorräte und Produktionskapazitäten (Sachkapitalbestände und Arbeitskräftepotenzial) Bescheid wissen. Dazu ist eine umfangreiche, hochqualifizierte und kostspielige **staatliche Bürokratie** erforderlich, die alle notwendigen Informationen beschafft und auswertet, um schließlich für jeden einzelnen Schritt der Produktion einen Teilplan zu entwerfen. Aus den vielen einzelnen Teilplänen entsteht schließlich ein Gesamtplan, der für die gesamte Güterproduktion verantwortlich ist.

Die Einhaltung dieser **staatlich festgelegten Wirtschaftspläne** muss durchgesetzt und kontrolliert werden. Diesem Zweck dienen als positive Elemente Anreizinstrumente wie Prämien oder öffentliche Auszeichnungen. Bei Verstößen gegen staatliche Anweisungen drohen Sanktionen (z.B. Strafzinsen, Kürzung und Verweigerung von Krediten, verschärfte Kontrollen, Prämienkürzungen, Blockierung betrieblicher Konten).

> **Bei der Zentralverwaltungswirtschaft handelt es sich um eine Wirtschaftsordnung, die von einer zentralen Stelle aus gesteuert wird. Der Mengenausgleich an Gütern erfolgt durch Planvorgaben, Anreiz- bzw. Strafsysteme und Zuteilungssysteme.**

Veranschaulichen wir das Prinzip der zentralen Steuerung an einem **Beispiel**: Laut Grobplanung soll die Versorgung der Bevölkerung mit Nahrungsmitteln um 8% gesteigert werden. Die einzelnen Betriebe teilen nun ihren Planungsbehörden zunächst mit, über welche Mengen der Produktionsfaktoren Boden, Arbeit und Kapital sie verfügen. Diese Meldungen werden gesammelt an die oberste Planungsbehörde weitergeleitet. Dadurch erhält die zentrale Planungsbehörde einen Überblick über die gegenwärtigen Produktionsmöglichkeiten.

Nun beginnt die Produktionsabstimmung bei den Betrieben. Der Saftherstellungsbetrieb hat z.B. in der neuen Periode laut Bedarfsplan 10% mehr Saft zu produzieren, um die Zielvorgabe von plus 8% zu erreichen. Hierzu benötigt er 4% mehr Arbeitskräfte und eine modernere Maschinenausstattung. Die Bedarfslücke wird der Planbehörde gemeldet und letztlich wird entschieden, dass der Safthersteller zur Produktionssteigerung eine neue Saftpressanlage erhält (die Einstellung von Arbeitskräften liegt im eigenen Ermessen des Betriebs).

Die Abstimmung der Einzelpläne erfolgt anhand von **Mengenbilanzen**, die für alle Güterarten einer Volkswirtschaft benötigt werden. Die erforderliche Produktion von Endprodukten baut auf Vorprodukten auf, für die ebenfalls Planbilanzen zu erstellen sind. Es entsteht ein System **verbundener Bilanzen**, da die Produktionsmengen für ein Gut A die Mengen eines Gutes B bestimmen. So erfordert z.B. die Herstellung des Endprodukts Schrank unter anderem zunächst die Produktion einer bestimmten Menge Holz. Man unterscheidet demnach Güter verschiedener Ordnung, wobei das Endprodukt als Gut erster Ordnung und der Rohstoff als Gut letzter Ordnung bezeichnet wird.

In der Zentralverwaltungswirtschaft ist es wichtig, durch permanente Rückmeldungsschleifen immer den gegenwärtigen Soll-/Ist-Stand zu überprüfen. Nur so können mögliche Abweichungen vom Plan erkannt werden. Im schlechtesten Fall muss die Planbehörde die Ziele korrigieren.

Vorteile des Modells

Durch die zentrale Koordination einer Wirtschaftsordnung will man folgende Vorteile erzielen:

- Mit der **Abschaffung des Privateigentums an Produktionsmitteln** ist es dem Einzelnen nicht möglich, Vermögen an einem Betrieb zu erwerben. Dadurch wird die Entstehung von Einkommen in Form von Gewinnen oder Dividenden verhindert, und es entfällt eine wesentliche Ursache für ungleiche Einkommensverteilung. Somit gibt es – anders als in der marktwirtschaftlichen Ordnung – **keine starken sozialen Gegensätze** zwischen Arm und Reich.

- Eine zentrale Stelle entscheidet über Art und Menge der zu produzierenden Güter und deren Verteilung. **Produktions-** und **Konsumziele** lassen sich daher nach **sozialen Gesichtspunkten** festlegen. Der Produktion von Grundnahrungsmitteln kann ein höherer Stellenwert eingeräumt werden als der Herstellung von Luxusgütern.

- In freien Marktwirtschaften führt der Leistungswettbewerb häufig zum Ausscheiden von unrentablen Betrieben und damit zu Arbeitslosigkeit. Im zentralverwaltungswirtschaftlichen System können betriebliche Umstellungen langfristig geplant und **Entlassungen vermieden** werden. Der Einzelne genießt daher eine große **Arbeitsplatzsicherheit**.

Nachteile des Modells

Die Zentralverwaltungswirtschaft bringt jedoch auch eine Reihe von Nachteilen mit sich:

- Es ergeben sich **lange Informationswege**, da Produktion und Verteilung der Vielzahl von Gütern mittels Mengenbilanzen und Plankennziffern erfolgen. Zudem erfordert die Überprüfung der Pläne einen **umfangreichen Melde-** und **Kontrollapparat**. Je größer eine Volkswirtschaft ist, desto stärker muss die Verwaltung untergliedert werden. Das hat zur Folge, dass die gesamte Organisation **komplexer** und **unübersichtlicher** wird.

- Das zentralverwaltungswirtschaftliche System bringt oft **Interessenkonflikte** zwischen den **einzelnen Instanzen** mit sich. Höhere Instanzen versuchen hohe Planvorgaben durchzusetzen, wohingegen die Betriebe an leicht zu erfüllenden Plänen interessiert sind. Zu knapp kalkulierte Planvorgaben führen zu Produktionsausfällen, da die notwendigen Vorprodukte fehlen. Bei zu großzügig bemessenen Planvorgaben werden hingegen Produktionsfaktoren gehortet und Produktionsmöglichkeiten verschenkt.

- Das **System der Planvorgaben** und der **fehlende Wettbewerb** führen meist zu mangelnder Innovationsbereitschaft oder gar zu **Innovationsschwäche**. Das heißt, die Betriebe sehen keinen Anreiz darin, sich um die Verbesserung der Produktqualität zu bemühen und durch Neuentwicklungen die Produktionsmenge zu erhöhen. Dies hat zum einen mangelnde nationale und internationale Konkurrenzfähigkeit zur Folge. Andererseits kann es dadurch auch zu einer **Unterversorgung der Bevölkerung** bei bestimmten Produkten kommen. Eine solche unzureichende Befriedigung der Bedürfnisse und Wünsche der Menschen erzeugt in einer Gesellschaft soziale Spannungen und wachsende Unzufriedenheit. Als ein Beispiel hierfür wäre die Sozialistische Planwirtschaft der DDR zu nennen: Viele Konsumgüter, die es im Westen in Überfülle gab, waren in der Mangelwirtschaft der DDR nicht oder wenn, dann nur überteuert erhältlich (Computer, Videorekorder etc.).

6.3 Die Soziale Marktwirtschaft

Begriffe Soziale Marktwirtschaft ◉ Ordnungselemente

Die bereits behandelten Wirtschaftsordnungen der **freien Marktwirtschaft** und der **Zentralverwaltungswirtschaft** sind **Denkmodelle**, die in Reinform nicht vorkommen. Die beiden **Ideal-**

typen basieren auf der Überlegung, dass in einer Volkswirtschaft entweder der Staat alles plant und entscheidet oder aber dass die Wirtschaftssubjekte diese Vorgänge durch Angebot und Nachfrage selbst steuern.
Um die jeweils systembedingten Nachteile dieser Idealtypen so weit wie möglich zu mindern, sind die im realen Wirtschaftsleben vorkommenden Wirtschaftsordnungen, d.h. die **realtypischen Ausprägungen**, „Mischformen". Sie enthalten sowohl Elemente **zentraler** als auch **dezentraler Koordination**. Eine dieser Mischformen ist die Soziale Marktwirtschaft.

Im Begriff **„Soziale Marktwirtschaft"** spiegelt sich die Zielkombination von Freiheit und sozialer Gerechtigkeit wider. Dabei beinhaltet diese Wirtschaftsordnung eine klare Entscheidung für die **Ordnungselemente** (**Preis**, **Wettbewerb** etc.) der freien Marktwirtschaft. Jedoch werden diese Elemente nun durch staatliche Gesetze und Regelungen beschränkt. Das heißt, der Staat kann in das Marktgeschehen eingreifen, wenn er die Sicherung der Marktordnung gefährdet sieht. Dies ist z.B. der Fall, wenn beim Kampf um die Gunst der Konsumenten der Leistungswettbewerb unterlaufen wird. Um dies zu verhindern, hat der Staat die freie Preisbildung eingeschränkt.

Sehen wir uns im Folgenden an, welche Ordnungselemente staatlichen Eingriffen unterliegen:

- **Einschränkungen des Privateigentums**

  Das Privateigentum, insbesondere das Privateigentum an Produktionsmitteln bildet das Fundament, auf dem sich freie Initiative und Unternehmergeist entwickeln können. Damit besteht eine wesentliche Motivation für wirtschaftlichen und technischen Fortschritt. Aus diesem Grund gewährleistet das Grundgesetz der BRD mit den Art. 14.1. und 14.2. GG das Privateigentum, betont aber gleichzeitig die **„Sozialgebundenheit des Eigentums"**:

  „(1) Das Eigentum und das Erbrecht werden gewährleistet. Inhalt und Schranken werden durch die Gesetze bestimmt.
  (2) Eigentum verpflichtet. Sein Gebrauch soll zugleich dem Wohle der Allgemeinheit dienen."

  Des Weiteren begrenzt der Staat im öffentlichen Interesse die Nutzung des Eigentums durch eine Reihe von Verordnungen, wie z.B. Regelungen zur Baugestaltung, Regelungen des Wasserrechts oder Umweltauflagen.

- **Einschränkungen der Vertragsfreiheit**

  Um negative Auswirkungen bei den wichtigsten Vertragsarten wie dem Kaufvertrag oder Arbeitsvertrag zu vermeiden, wurden begrenzende rechtliche Regelungen geschaffen. So verbessern beispielsweise die Verbraucherschutzbestimmungen (Preisauszeichnungsbestimmungen, Gesetz zur Regelung des Rechts der Allgemeinen Geschäftsbedingungen usw.) die rechtliche Position des Käufers gegenüber dem Verkäufer.

- **Einschränkungen der freien Preisbildung**

  In einer Marktwirtschaft sollte sich der Staat möglichst wenig in den Preisbildungsprozess einschalten. Im System der Sozialen Marktwirtschaft beeinflusst der Staat auf verschiedenen Teilmärkten den Preismechanismus, z.B. durch Festlegung der Tarife für Taxifahrten oder der Honorare für Notare. Die häufigste Form solcher staatlichen Eingriffe sind jedoch Subventionen. Aus allgemeinen Steuermitteln werden im Inland hergestellte Waren durch staatliche Zuschüsse auf einem bestimmten Preisniveau gehalten oder importierte Waren durch ebensolche Zuschüsse verbilligt.

- **Einschränkung der freien Lohnbildung**

  Freie Lohnbildung bedeutet, dass bei steigendem Angebot an Arbeitskräften die gezahlten Löhne sinken, während sie bei einem Mangel an Arbeitskräften steigen. Das heißt, durch Angebot und Nachfrage pendelt sich, wie bei der Preisbildung, ein bestimmter Lohn ein. Würde man jedoch die Lohnbildung allein den Gesetzen des freien Marktes überlassen, käme es auf Dauer zu einer enormen Kluft zwischen den einzelnen Einkommensschichten und der Wohlstand des Landes würde insgesamt abnehmen. Aus diesem Grund schränkt der Staat die freie Lohnbildung durch Tarif- und Mindestlohnbestimmungen ein.

Alle Maßnahmen des Staates zielen somit darauf ab, den Wohlstand im Land zu sichern, damit die Bedürfnisse aller Bevölkerungsschichten befriedigt werden können.

> ***In der Sozialen Marktwirtschaft darf der Staat zur Marktsicherung regulierend eingreifen. Dazu bedient er sich verschiedener Ordnungselemente.***

Zusammenfassung

Wie wir am Beispiel der beiden theoretischen Organisationsmodelle freie Marktwirtschaft und Zentralverwaltungswirtschaft gesehen haben, muss eine funktionierende Wirtschaftsordnung zwei Voraussetzungen erfüllen: Die Menschen haben die Möglichkeit frei zu wirtschaften, und die Entstehung von ökonomischen und sozialen Ungleichgewichten wird durch staatliche Interventionen verhindert. Mit der Entwicklung der Sozialen Marktwirtschaft gelang eine solche Konzeption.

Ähnlich wie bei der freien Marktwirtschaft ist bei der Sozialen Marktwirtschaft der Wettbewerb ein zentrales Instrument. Der Staat hat dafür Sorge zu tragen, dass die Prinzipien des Wettbewerbs eingehalten werden und es nicht zu einer übermäßigen wirtschaftlichen Machtkonzentration kommt. (Vgl. hierzu Lektion 10, „Wettbewerb“.)

> ***Die Soziale Marktwirtschaft versucht das Prinzip der Marktfreiheit mit dem Prinzip des sozialen Ausgleichs zu verbinden. Ihr primäres Koordinationsprinzip ist dabei der Wettbewerb.***

Aufgaben zur Lernkontrolle

1. *Erklären Sie den Unterschied zwischen Idealtypen und Realtypen von Wirtschaftsordnungen.*

2. *Welche Funktionen übernimmt der Preis in der freien Marktwirtschaft?*

3. *Beschreiben Sie die Wesensmerkmale einer „Sozialen Marktwirtschaft".*

4. *Welche Vor- und welche Nachteile hat die Zentralverwaltungswirtschaft?*

5. *Erläutern Sie stichwortartig die wichtigsten Einschränkungen, die die Soziale Marktwirtschaft gegenüber der freien Marktwirtschaft mit sich bringt.*

7 Grundtatsachen der Konjunktur

Wir alle haben den Begriff **„Konjunktur"** bereits einmal gehört. Was genau verbirgt sich aber hinter diesem Wort?

Eine Wirtschaft steht nie still. Alle wirtschaftlichen Kenngrößen sind ständigen Änderungen unterworfen. Die Geschichte unserer Volkswirtschaft zeigt, dass sich die wirtschaftliche Entwicklung in „Schüben" vollzieht. Es gibt immer wieder Phasen der Über- oder der Unterbeschäftigung und Phasen mit niedriger oder hoher Produktivitätsauslastung. So unterliegen etwa die Höhe des Bruttonationaleinkommens und die Höhe des Bruttoinlandprodukts immer wieder Änderungen und Schwankungen. Abb. 7.1 veranschaulicht diese Schwankungen beispielhaft, wobei als Änderungsrate jeweils die prozentuale Veränderung des BNE gegenüber dem Vorjahr ausgewiesen wird.

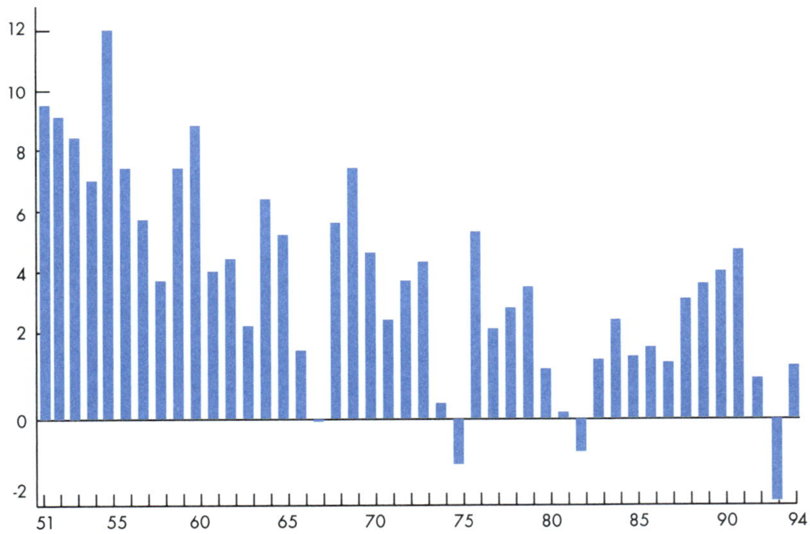

Abb. 7.1 Veränderung des Bruttonationaleinkommens
(Quelle: Statistisches Bundesamt)

Unsere Volkswirtschaft ist also vom zyklischen „Auf und Ab" der wirtschaftlichen Entwicklung geprägt. Aus diesem Grund beschäftigen wir uns in dieser Lektion mit den Grundtatsachen der Konjunktur.

> ***Unter dem Begriff „Konjunktur" versteht man allgemeine Schwankungen der wirtschaftlichen Aktivitäten.***

7.1 Strukturelle, konjunkturelle und saisonale Schwankungen

Begriffe ***Konjunkturschwankungen ◉ strukturelle, konjunkturelle und saisonale Schwankungen***

In der Vergangenheit sind die konjunkturellen Bewegungen (Wellen) als beinahe regelmäßige **Zyklen** beobachtet worden. So differenziert man langfristige (strukturelle), mittelfristige (konjunkturelle) und kurzfristige (saisonale) **Konjunkturschwankungen**.

◉ **Strukturelle Schwankungen**

Der russische Ökonom Nikolai D. Kondratjew (1892–1938) stellte zu Beginn des letzten Jahrhunderts fest, dass es **langfristige** Konjunkturwellen mit einer Dauer von 50 bis 60 Jahren gibt. Er postulierte den Zusammenhang zwischen strukturellen Schwankungen und innovativen Wachstumsphasen einer Wirtschaft. Das heißt, die Länge dieser Wellen hängt – so Kondratjew – mit tief greifenden Veränderungen der Wirtschaft zusammen. Zu solchen Veränderungen zählen z.B. technische Neuerungen wie die Dampfmaschine, der Computer oder die Entwicklung der Luft- und Raumfahrt.

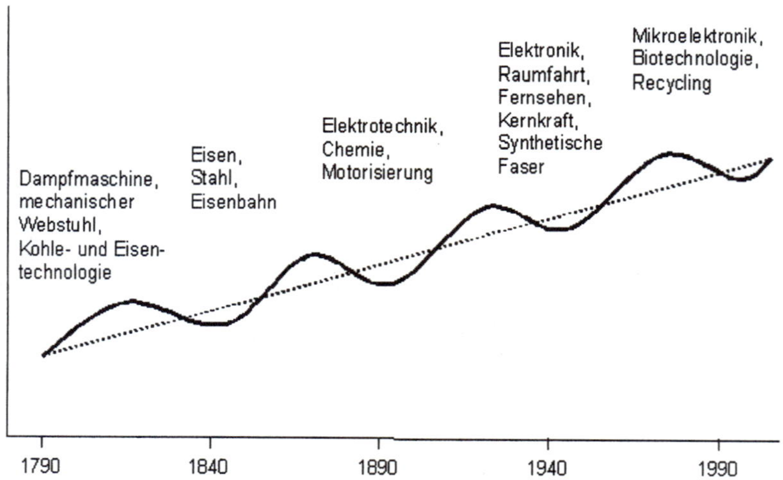

Abb. 7.2 Darstellung der bisher bekannten Kondratjew-Zyklen*

◉ **Konjunkturelle Schwankungen**

Bei den konjunkturellen, also den **mittelfristigen** Wirtschaftsschwankungen geht man von einer Zyklendauer von ca. 5–8 Jahren aus. Diese Schwankungen entstehen vor allem dann,

* Quelle: Dr. Alexander Ludwig, *Kondratjew-Zyklen*, WiSt Heft 1, 1989, S. 28

wenn die Produktionsauslastung schwankt. Dadurch verläuft die Entwicklung des Bruttoinlandsprodukts, also die Summe aller Güter und Dienstleistungen, die in einem Land erzeugt werden, nicht konstant. Abweichungen des Bruttoinlandsprodukts vom Produktionspotenzial bezeichnet man als konjunkturelle Schwankungen. Ursache hierfür kann z.B. die **Zunahme der Bevölkerung** sein. Dabei kommt es durch das Bevölkerungswachstum zu einer erhöhten Nachfrage nach Konsumgütern (wie z.B. Lebensmitteln). Die Zunahme der Bevölkerung geht ohne zeitliche Verzögerung mit einem Anstieg der Gesamtnachfrage einher. Bis zur Erweiterung des Güterangebots von Seiten der Unternehmen vergeht jedoch Zeit (dies kann zwischen 3–5 Jahren dauern), die Folge sind konjunkturelle Schwankungen. (Zu weiteren möglichen Ursachen konjunktureller Schwankungen, vgl. Abschnitt 7.4.)

- **Saisonale Schwankungen**

  Die **kurzfristigen**, saisonalen Schwankungen beziehen sich auf die **jahreszeitlich bedingten**, regelmäßig wiederkehrenden Bewegungen in bestimmten Branchen. Davon sind vor allem in den Wintermonaten die Bau-, Land-, Forst- und Transportwirtschaft betroffen. Jahreszeitliche Einflüsse machen sich auch in den Urlaubsregionen und bei Reiseveranstaltern bemerkbar. Ebenso beeinflussen die Festtage eines Jahres, wie z.B. Weihnachten und Ostern, den Umsatz und die Beschäftigung in vielen Wirtschaftsbereichen. Diese sich innerhalb eines Jahres ergebenden kurzfristigen Veränderungen sind vorhersehbar und somit auch berechenbar. Dadurch stellen sie im Gegensatz zu den strukturellen und den konjunkturellen Schwankungen keinen erheblichen Nachteil für die Gesamtwirtschaft dar.

Konjunkturschwankungen lassen sich je nach Dauer in strukturelle, konjunkturelle und saisonale Schwankungen unterscheiden.

7.2 Merkmale des Konjunkturverlaufs

Begriffe *Trend ◉ Wachstumspfad ◉ oberer und unterer Wendepunkt ◉ Aufschwung ◉ Hochkonjunktur (Boom) ◉ Abschwung ◉ Rezession ◉ Weltwirtschaftskrise ◉ Krisenindikatoren*

Die Wirtschaft eines Landes ist nicht nur von Wachstum, sondern auch von Stagnation oder von rückläufigen Konjunkturdaten geprägt. Konjunkturschwankungen werden daher als „Abweichungen vom Wachstumstrend“ bezeichnet. Dabei versteht man unter **Trend** oder auch **Wachstumspfad** eine (lediglich gedachte) wirtschaftliche Auf- und Abwärtsbewegung. Grundsätzlich bezieht sich der Trend auf strukturelle Schwankungen, also auf Wirtschaftsschwankungen, die von langfristiger Natur sind.

Die vier Phasen des Konjunkturzyklus

Sehen wir uns den Wachstumspfad einer Volkswirtschaft im Detail an:

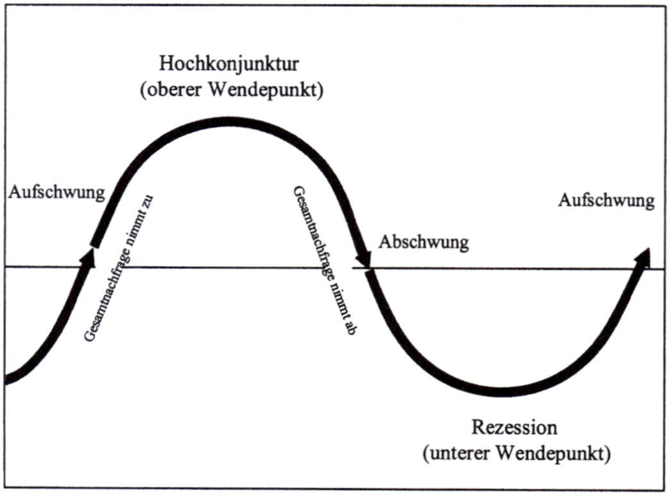

Abb. 7.3 Die vier Phasen des Konjunkturzyklus

Aus Abb. 7.3 ist ersichtlich, dass sich die Phasen des Konjunkturzyklus grob in eine Auf- und eine Abschwungphase unterteilen lassen. Zwischen diesen beiden Phasen liegen jeweils der **obere** und der **untere Wendepunkt**. Bei einem **idealtypischen Konjunkturverlauf** werden grundsätzlich vier Phasen unterschieden.

- **Aufschwung**

  Im Falle des wirtschaftlichen Aufschwungs einer Volkswirtschaft nimmt die Gesamtnachfrage zunächst langsam und dann mit wachsender Geschwindigkeit zu. Dadurch steigen die Umsätze wie auch die Gewinne der Unternehmen an. Aufgrund der steigenden Auslastung der Produktionskapazitäten können die Unternehmen mit sinkenden Herstellungskosten je Stück arbeiten, und es wird vermehrt in neue Produktionsanlagen investiert. Zusätzlich stellen die Unternehmen Arbeitskräfte ein. Trotz der Neueinstellungen bleibt die Arbeitslosigkeit jedoch in der Regel zunächst hoch, da die Unternehmen während des vorangegangenen wirtschaftlichen Abschwungs diverse Rationalisierungsmaßnahmen ergriffen haben.
  Zu Aufschwungzeiten bleibt trotz steigender Nachfrage nach Konsumgütern das Preisniveau stabil, solange die Materialpreise und/oder die Löhne nicht überproportional (beispielsweise durch überhöhte Lohnforderungen der Gewerkschaften) ansteigen.

- **Hochkonjunktur (Boom)**

  In der Phase der Hochkonjunktur übersteigt die Gesamtnachfrage das Produktionspotenzial der Unternehmen. Dadurch kommt es zur vollen Auslastung der technischen und auch menschlichen Kapazitäten; es herrscht **Überbeschäftigung**. Eine mengenmäßige Ausdehnung der Produktion ist nur noch bedingt möglich. Es kommt zu Engpässen bei der Produktion und aufgrund der großen Nachfrage zu Preissteigerungen bei den Konsumgütern.
  Die Löhne steigen und die Arbeitnehmer müssen nicht um ihre Arbeitsplätze fürchten, da den Unternehmen genügend finanzielle Mittel zur Verfügung stehen. Die infolge der hohen Nachfrage zunehmenden Unternehmensgewinne kurbeln auch die Investitionstätigkeit weiter an. Da die Unternehmen zu deren Finanzierung vermehrt Kredite nachfragen, steigen die Zinssätze und die Banken nähern sich der Grenze ihres Kreditgewährungsrahmens.

Abschwung

Der Abschwung kann oft [illegible] der Hochkonjunktur, erfolgen. Die volkswirtschaftliche [illegible] slastung des Produktionspotenzials sinkt. [illegible] Produkte zu verkürzen und reduzieren di[illegible] Gewinneinbußen, und es kommt zu Entlas[illegible] vestitionstätigkeit sinkt aufgrund der abneh[illegible] e Kreditnachfrage ab und die Zinssätze für [illegible] ung ist somit eher pessimistisch.

Rezession

Diese Konjunkturphase [illegible] stung gekennzeichnet. Die Wirtschaft fällt [illegible] güternachfrage nehmen die Gewinne der [illegible] ken, und es kommt zu einem verstärkten A[illegible] e Wachstumsrate ist gering oder sogar nega[illegible] ung schließlich zum Stillstand. Die Konjun[illegible] mtnachfrage nimmt wieder zu. Damit beginnt wieder [illegible] er Konjunkturzyklus ist eingeleitet.

	Lohn
Aufschw.	~~stabil~~ steigend
Hochkonjunktur/Boom	steigt
Abschwung	sinkend
Rezession	sinkt

Abb. 7.4 gibt einen Überblick über die Entwicklung wesentlicher volkswirtschaftlicher Merkmale während der Konjunkturphasen.

	Gesamtnachfrage	Arbeitslosigkeit	Zinsen	Preisniveau	Zukünftige Erwartungen
Aufschwung	niedrig, jedoch steigend	hoch, jedoch bereits sinkend	niedrig, bereits steigend	stabil	optimistisch
Hochkonjunktur (Boom)	hoch	gering	steigend	hoch	optimistisch
Abschwung	sinkend	gering, jedoch steigend	hoch, jedoch sinkend	hoch, jedoch sinkend	abwartend, dann pessimistisch
Rezession	auf niedrigem Niveau stagnierend	hoch, weiter steigend	niedrig	gering	pessimistisch, ab dem unteren Wendepunkt vorsichtiger Optimismus

Abb. 7.4 Wesentliche Merkmale der Konjunkturphasen

Ein Konjunkturverlauf ist durch die Phasen Aufschwung, Hochkonjunktur, Abschwung und Rezession gekennzeichnet.

Die Weltwirtschaftskrise

Das Auf und Ab der wirtschaftlichen Entwicklung gibt es seit der Entstehung wirtschaftlich organisierter Gemeinschaften. Das Vorkommen von wirtschaftlichen Krisen wird bis ins alte Ägypten des Jahres 3.000 v. Chr. nachgewiesen. Die wohl bekannteste Krise in der Wirtschaftsgeschichte der Neuzeit war die **Weltwirtschaftskrise**, die zu Beginn des letzten Jahrhunderts stattfand. Sehen wir uns deren Verlauf näher an:

Bedingt durch den wirtschaftlichen Aufschwung nach dem Ersten Weltkrieg, hatte sich Ende der zwanziger Jahre insbesondere in den USA ein fast unerschütterlicher Prosperitätsglaube* durchgesetzt. Noch einige Wochen vor dem Zusammenbruch der Börse in New York beurteilte das Deutsche Institut für Konjunkturforschung die wirtschaftliche Lage fast aller Staaten als günstig. Der Börsenkrach von New York im Oktober 1929 (24. Oktober: „Schwarzer Freitag"), der als Auftakt der Weltwirtschaftskrise anzusehen ist, traf die Weltwirtschaft weitgehend unvorbereitet, da die Anzeichen ignoriert wurden. In den USA und anderen Ländern trat der wirtschaftliche Zusammenbruch jedoch erst Ende 1930 ein.

Zu den damaligen **Krisenindikatoren** gehörten:

- Rückgang der Produktion
- Rückgang der Investitionen
- Rückgang der Nachfrage
- Sinken der Preise
- Sinken der Einkommen
- Steigen der Arbeitslosigkeit.

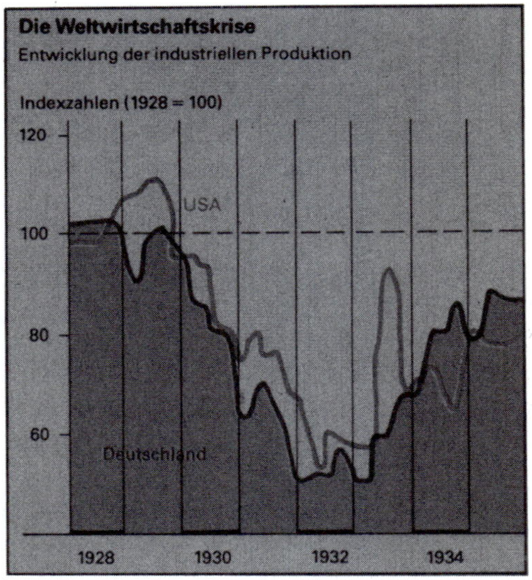

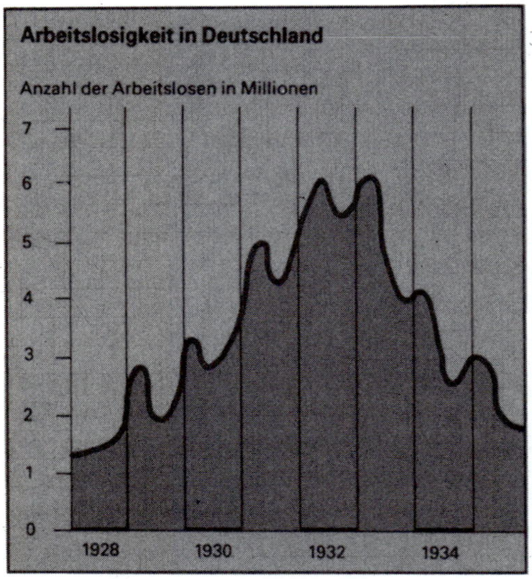

Abb. 7.5: Die Auswirkungen der Weltwirtschaftskrise**

* Erfolgsglaube, Wohlstandsglaube
** Aus: *bsv Geschichte 4 N*, Hrsg. Karl-Heinz Zuber und Hans Holzbauer, Bayerischer Schulbuchverlag München 1991, S. 68 (Grafik: Rudolf Ross).

In Deutschland war die Aufschwungphase nach 1924 vor allem durch intensive Rationalisierung und starke Konzentration gekennzeichnet, was zu erheblichen Produktivitätszuwächsen führte. Dagegen stiegen die Reallöhne nur langsam und fielen ab 1930, wobei die Zahl der Arbeitslosen immer auf einem relativ hohen Stand geblieben war.

Die wirtschaftliche Erholung Deutschlands war mit erheblichen privaten und öffentlichen Investitionen verbunden. Die dazu notwendigen Mittel konnten aufgrund der Zerstörung des privaten Kapitals durch die Nachkriegsinflation Anfang der zwanziger Jahre nur bedingt im Land selbst aufgebracht werden. Begünstigt durch das in Deutschland deutlich über dem internationalen Durchschnitt liegende Zinsniveau, strömten vor allem aus den USA Kredite in das Deutsche Reich. Aus diesem Grund betrug die Auslandsverschuldung Deutschlands Ende 1930 ca. 25 Mrd. Reichsmark.

Nach den Reichstagswahlen im September 1930 begann der Abzug ausländischer Kredite aus Deutschland, für die keine neuen Gelder mehr in das Land hineinflossen. Diese Entwicklung spitzte sich bis zum Sommer 1931 zu und führte schließlich zum Zusammenbruch des Bankensystems, nachdem bereits seit 1929/30 andere wichtige Konjunkturdaten für Deutschland auf eine krisenhafte Entwicklung hingedeutet hatten. Relative Überproduktion und eine gesamtwirtschaftliche Strukturkrise gehörten allgemein zu den wesentlichen Krisenursachen.

Wie an den Folgen der Weltwirtschaftskrise zu erkennen ist, können wirtschaftliche Krisen eine Volkswirtschaft stark schwächen. Politik und Wirtschaft haben aus der Weltwirtschaftskrise gelernt. Seither beschäftigen sich Wirtschaftswissenschaftler mit der Konjunkturtheorie und der Konjunkturforschung, um solche wirtschaftlichen Katastrophen frühzeitig zu erkennen und somit vermeiden zu können.

7.3 Konjunkturindikatoren

Begriffe ***Konjunkturindikatoren ◉ Präsenzindikatoren ◉ Frühindikatoren ◉ Spätindikatoren***

Die zuvor genannten Konjunkturschwankungen können durch bestimmte Messgrößen erfasst werden. Man spricht dabei von **Konjunkturindikatoren**.

Welche Indikatoren gibt es?

Wirtschaftliche Schwankungen wirken sich auf das Wachstum des **Bruttonationaleinkommens (BNE)** und des **Bruttoinlandsprodukts (BIP)** aus. Diese beiden Indikatoren geben die jeweils aktuelle Konjunkturlage wieder und werden deshalb **Präsenzindikatoren** genannt.

Da jedoch in diesen beiden Präsenzindikatoren alle Arten von Wirtschaftsschwankungen erfasst werden, ist es schwierig, das jeweilige Wachstum auf entweder konjunkturelle, strukturelle oder saisonale Erscheinungen zurückzuführen. Aus diesem Grund gelten BNE und BIP nur als grobe

Konjunkturindikatoren. Weitere Präsenzindikatoren, die die aktuelle Konjunkturlage etwas präziser widerspiegeln, sind z.B. die **Auslastung der Produktionskapazitäten** oder die **monatliche Zahlungsbilanz** (vgl. hierzu Lektion 13, Abschnitt 13.4 „Die Zahlungsbilanz").

Die Wirtschaftspolitik benötigt aber auch Informationen über die zukünftige wirtschaftliche Entwicklung. Aus diesem Grund gibt es neben den Präsenzindikatoren die so genannten **Frühindikatoren**. Hierzu zählt man beispielsweise die **Auftragseingänge** bei den **Investitionsgüterindustrien** oder die Anzahl der **Baugenehmigungen** im Hochbau (Wohnungen, Gebäude). Sollten diese stagnieren oder gar zurückgehen, lässt sich der genaue Zeitpunkt ermitteln, an dem die rückläufigen Konjunkturdaten einen Abschwung einleiten werden. Nimmt die Investitionsgüternachfrage hingegen zu, deutet dies auf eine Erhöhung der Beschäftigungszahlen hin. Konjunkturgemäß sind dann steigende Löhne und steigende Preise zu erwarten. Frühindikatoren versetzen die für die Konjunkturpolitik Verantwortlichen (wie z.B. die Deutsche Bundesbank oder die Bundesregierung) in die Lage, rechtzeitig durch bestimmte Maßnahmen gegenzusteuern, d.h. eine entsprechende **antizyklische Konjunkturpolitik** einzuleiten.

Es bleibt jedoch die Frage offen, wozu man Vorhersagen über wirtschaftliche Entwicklungen benötigt, wenn sich doch die Konjunkturphasen ohnehin zyklisch wiederholen?

Um die Länge und die Auswirkungen z.B. eines wirtschaftlichen Abschwungs oder einer Rezession zu verkürzen oder um deren Auftreten gar zu verhindern, benötigt man Konjunkturindikatoren mit voraussagendem Charakter. Wie das Beispiel der Weltwirtschaftskrise zeigt, können wirtschaftliche Krisen ein Land insbesondere auch im Wettbewerb mit der Weltwirtschaft lahm legen. Dies hätte zusätzliche negative Auswirkungen auf das Sozialsystem und die Güterversorgung im eigenen Land. Der Lebensstandard würde sich stark verschlechtern, und das betreffende Land wäre auf die Hilfe anderer, wirtschaftlich starker Länder angewiesen.

Neben den Präsenz- und den Frühindikatoren gibt es noch die **Spätindikatoren**. Sie zeigen sich erst in mehr oder weniger großen Zeitabständen zum Konjunkturverlauf. Die **Entwicklung der Arbeitslosenzahlen** ist ein Beispiel hierfür. Steigende Arbeitslosenzahlen weisen darauf hin, dass in der Wirtschaft eine Unterbeschäftigung vorliegt. Da die Unternehmen aufgrund der hohen Arbeitslosigkeit auch einen Rückgang der Konsumgüternachfrage befürchten, investieren sie weniger. Auch die **Preisentwicklung** gilt als Spätindikator, da sie den konjunkturellen Entwicklungen verzögert folgt.

Auswahl und Erhebung von Konjunkturindikatoren sind immer wieder umstritten. So werden z.B. in Zeiten anhaltend hoher Arbeitslosigkeit die Arbeitslosenzahlen zu den Präsenzindikatoren gezählt. Wir haben sie hier jedoch unter den Spätindikatoren eingegliedert, da sie eine Folge des beginnenden wirtschaftlichen Abschwungs sind. Beide Ansichtsweisen sind plausibel.

Es gibt noch eine andere Einteilung der Indikatoren, weg von einer rein zeitlichen Spezifizierung, hin zu einer **inhaltlichen**. Dabei werden **Mengen-** (Lagerbestände etc.) und **Preisindikatoren** (Entwicklung der Löhne etc.) sowie **Angebots-** und **Nachfrageindikatoren** (Konsumgüterangebot bzw. Konsumgüternachfrage) unterschieden. Auch die Entwicklung des **Außenhandels** (wenn z.B. der Export schneller zunimmt als der Import) und die Entwicklung der **Staatsaus-**

gaben und **Staatseinnahmen** (höhere Staatseinnahmen weisen z.B. auf einen zu erwartenden Abschwung hin) zählen dabei zu den wichtigen Konjunkturindikatoren.

> ***Konjunkturindikatoren sollen dabei helfen, die zyklischen Wellen der Wirtschaftsentwicklung zu verstehen und frühzeitig zu erkennen. Sie sind eine wichtige Grundlage einer effektiven antizyklischen Konjunkturpolitik.***

Dabei kann jedoch nicht ein einzelner Indikator, sondern nur eine gesamtheitliche Betrachtung die gewünschten Informationen liefern. Es ist zu prüfen, welche augenblickliche Wirtschaftslage vorliegt und welche außenwirtschaftlichen Einflüsse in Zukunft von Bedeutung sein werden.

7.4 Ursachen der Konjunkturschwankungen

Begriffe ***Konjunkturtheorien ◉ wirtschaftsexogene und wirtschaftsendogene Theorien ◉ Überproduktionstheorie ◉ Unterspartheorie ◉ monetäre Konjunkturtheorie ◉ psychologische Konjunkturtheorien***

7

Warum gibt es wirtschaftliche Schwankungen und wodurch entstehen sie?
Mit dieser Frage beschäftigen sich Wirtschaftswissenschaftler bereits seit Generationen. Es existieren unzählige Theorien für das Entstehen des Auf- und Abschwungs.

> ***Theorien zur Erklärung der Konjunkturzyklen nennt man Konjunkturtheorien.***

Manche Konjunkturtheorien sehen die Ursachen für Veränderungen der Wirtschaft in der ungleichmäßigen Entwicklung des technischen Fortschritts, andere sehen sie in der Veränderung der Investitionstätigkeit. Generell hat sich mittlerweile die Ansicht durchgesetzt, dass es stets mehrere Ursachen sind, aus deren Zusammenspiel sich wirtschaftliche Wechsellagen ergeben.

Wirtschaftsexogene Theorien

Die **wirtschaftsexogenen* Theorien** machen **äußere, nicht-wirtschaftliche Ereignisse** – Kriege, Revolutionen oder andere politische Unruhen, Naturkatastrophen sowie bahnbrechende technische Neuerungen – für Konjunkturschwankungen verantwortlich. Die Wirkung solcher Ereignisse auf die ökonomische Entwicklung eines Landes ist unbestritten, da diese jedoch nicht zyklisch (= regelmäßig) auftreten, bleibt die Frage offen, wie es zu den typischen konjunkturellen Wellen kommt.

---

* exogen = durch äußere Faktoren bedingt

Wirtschaftsendogene Theorien

Die **wirtschaftsendogenen* Theorien** führen die Konjunkturzyklen auf **ökonomische Ursachen** zurück. Man stützt sich dabei im Wesentlichen auf die Annahme, dass die Zyklen ein allein durch Geld bedingtes, d.h. ein monetäres Phänomen sind. Wenn nämlich die Geldmenge zunimmt, steigt die Gesamtnachfrage. Dadurch kommt es schnell zu Produktionsengpässen und die Unternehmen investieren, um mehr produzieren zu können. Erst wenn die erforderliche Kreditmenge von den Banken nicht mehr vergeben werden kann, weil die Kreditspielräume enger werden, nimmt die Nachfrage ab, es wird weniger produziert und der Abschwung wird eingeleitet.

Neben den endogenen und den exogenen Konjunkturtheorien gibt es noch zahlreiche andere Theorien. Die vier gängigsten sollen im Folgenden vorgestellt werden.

Überproduktionstheorie

Diese Theorie sieht die Ursache des konjunkturellen Abschwungs im **Investitionsverhalten** der Unternehmen. Im Aufschwung werden die Produktionskapazitäten (Anlagen, Maschinen, Einstellung von Arbeitskräften) von den Unternehmen so stark erweitert, dass die produzierte Gütermenge von den Haushalten nicht mehr nachgefragt werden kann, da zum einen die verfügbaren Einkommen nicht ausreichen, derartige Massen zu konsumieren. Zum anderen macht sich bei vielen Gütern eine Übersättigung des Marktes bemerkbar. Die Unternehmen können also einen Teil ihrer Güter nicht mehr verkaufen und müssen die Produktion drosseln. Dies führt zwangsläufig dazu, dass die Unternehmen aufhören zu investieren. Es kommt zu einer Unterauslastung der Maschinen und Anlagen. Die Absatzkrise beginnt und der Abschwung ist eingeleitet.

Unterspartheorie

Diese Theorie behandelt das Problem der **Überinvestition**. Im Laufe des wirtschaftlichen Aufschwungs wird demnach der Verbrauch an Investitionsgütern so hoch, dass die gesparten Finanzmittel der Unternehmen nicht mehr ausreichen (daher der Begriff „Unterspartheorie“), die geplanten und benötigten Investitionen zu tätigen. Durch den Mangel an finanziellen Mitteln werden die Investitionsausgaben gestoppt und der Konjunkturumschwung ist eingeleitet.

Monetäre Konjunkturtheorie

Diese Weiterentwicklung der Unterspartheorie begründet die zyklischen Schwankungen mit dem Vorgang der **Giralgeldschöpfung** (= dasjenige Geld, welches nur in den Geschäftsbüchern der Banken erscheint). Im Aufschwung schöpfen die Banken zu viel Giralgeld. Das heißt, ihr Kreditangebot ist höher als die gesparten Mittel der privaten Haushalte. Durch die enorme Ausschöpfung der monetären Überschussreserven der Banken durch die Kunden steigen auch die Zinsen. Durch die hohen Zinsen werden jedoch viele Investitionen unrentabel und die Unternehmen hören auf zu investieren. Dadurch wird wiederum der Abschwung eingeleitet: weniger Investitionen, geringere Produktion, Abbau von Arbeitsplätzen, Anstieg der Arbeitslosigkeit, geringere Nachfrage.

---

* endogen = durch innere Gegebenheiten bedingt

Psychologische Konjunkturtheorie

Hier sucht man die Ursache der Wirtschaftsschwankungen in den **Stimmungsschwankungen**, also im jeweiligen Optimismus bzw. Pessimismus der **Wirtschaftssubjekte** private Haushalte, Unternehmen, Staat und Ausland. Bei schlechteren **Wirtschaftsprognosen** fangen z.B. die Haushalte an zu sparen, d.h. sie konsumieren weniger. Der wirtschaftliche Abschwung nimmt seinen Lauf.
Diese Konjunkturtheorie kann nicht als alleinige Antwort auf die Frage nach dem Ursprung konjunktureller Wellen angesehen werden. In Verbindung mit den bereits dargestellten Theorien vermittelt sie jedoch Ansatzpunkte für die Erklärung des sozialpsychologischen Verhaltens der Wirtschaftssubjekte in den jeweiligen Konjunkturphasen.

Welchen praktischen Nutzen haben Konjunkturtheorien?

Konjunkturtheorien versuchen, Antworten auf die Frage nach der Entstehung von konjunkturellen Schwankungen zu geben. Trotz aller Theorien gelingt es in der Praxis jedoch häufig nicht, negativen Entwicklungen entgegenzusteuern bzw. positive einzuleiten. Warum nicht?

Gerade im Bereich der Konjunkturpolitik gibt es zahlreiche gegenläufige Interessen. Dadurch kommt es häufig zu wirtschaftlichen Fehlentscheidungen von Staat, Ausland, Unternehmen, Gewerkschaften und privaten Haushalten. Jede dieser Gruppen verfolgt ihre eigenen Vorteile und vertritt Interessen, die das eigene Wohlergehen fördern sollen. Politiker wollen wieder gewählt werden und müssen sich demnach auch den Wünschen der Wähler unterordnen. Gewerkschaften wollen Lohnerhöhungen, selbst wenn diese einen Konjunkturabschwung einleiten würden. Unternehmen streben eine Gewinnmaximierung an und treffen ihre Entscheidungen daher weitgehend autonom.
Neben diesen Aspekten erschweren natürlich auch Naturkatastrophen (wie z.B. die Flutkatastrophe 2002 in Deutschland) und nicht vorhersehbare dramatische Ereignisse (wie der Terroranschlag vom 11. September 2001 in den USA) eine einheitliche und funktionierende antizyklische Konjunkturpolitik.

Aufgaben zur Lernkontrolle

1. *Definieren Sie den Begriff „Konjunktur".*

2. *Erläutern Sie, welche Wirtschaftsschwankungen Sie kennen.*

3. *Zeichnen Sie den idealtypischen Konjunkturverlauf auf.*

4. *Wozu gibt es Konjunkturindikatoren und was sagen sie aus?*

5. *Welche Konjunkturindikatoren kennen Sie? Stellen Sie diese einzeln vor.*

6. *Was versteht man unter einer Konjunkturtheorie?*

7. *Unterscheiden Sie wirtschaftsexogene und wirtschaftsendogene Konjunkturtheorien.*

8 Wirtschaftspolitische Zielsetzungen

In Lektion 7 haben wir uns mit den wirtschaftlichen Schwankungen bzw. der Konjunktur beschäftigt. Wir wissen nun, wie wichtig es ist, prognostizierende Indikatoren zu haben, die zukünftige Aussagen über wirtschaftliche Entwicklungen zulassen. Nur wenn Informationen über die mutmaßliche Konjunkturentwicklung vorliegen, kann die wirtschaftliche Entwicklung politisch beeinflusst werden. Diese gezielten **staatlichen Eingriffe** in das **Wirtschaftsgeschehen** bezeichnet man als **Wirtschaftspolitik**. Im Rahmen der Wirtschaftspolitik wird geklärt, welche Ziele realisierbar sind und wie sie sich umsetzen lassen.

Die Wirtschaftspolitik soll den Ablauf des Wirtschaftsgeschehens gemäß den gesellschaftspolitischen Zielen beeinflussen, ordnen und festlegen.

Die Wirtschaftspolitik umfasst – neben den verschiedenen anderen Teilbereichen (Ordnungspolitik, Prozesspolitik etc.) – die **Stabilitätspolitik**. Die Bundesrepublik Deutschland hat die Ziele der Stabilitätspolitik im **„Gesetz zur Förderung der Stabilität und des Wachstums der Wirtschaft"** (kurz: Stabilitätsgesetz) vom 8. Juni 1967 festgelegt. Sehen wir uns nachfolgend die im **Stabilitätsgesetz (StWG)** enthaltenen Wirtschaftsziele genauer an.

8.1 Grundlagen der Stabilitätspolitik

Begriffe *Stabilitätspolitik ◉ Stabilitätsgesetz ◉ magisches Viereck ◉ magisches Sechseck*

8

Gesamtwirtschaftliches Gleichgewicht und wirtschaftspolitische Zielsetzungen

Mit der **Stabilitätspolitik** wird das Ziel verfolgt, die Produktionskapazitäten konstant auszulasten. Dadurch soll ein **gesamtwirtschaftliches Gleichgewicht** erreicht und gesichert werden. Das heißt konkret, dass sich alle Märkte (Gütermärkte, Geldmarkt etc.) im Gleichgewicht befinden. Auch die Wirtschaftspläne der Wirtschaftssubjekte sind ausgeglichen. Durch funktionierenden Wettbewerb gibt es keine Störungen des Markt- und Preismechanismus.

Um dieses Gleichgewicht zu erreichen, wird im Rahmen der Stabilitätspolitik versucht, mittels antizyklischer Einnahmen- und Ausgabenpolitik des Staates die starken Ausschläge der Konjunkturzyklen zu dämpfen*. Aus diesem Grund beinhaltet dieser Teilbereich der Wirtschaftspolitik alle Maßnahmen, die zur Glättung der Konjunkturwellen benötigt werden.

---

* §1 Stabilitätsgesetz: „Bund und Länder haben das gesamtwirtschaftliche Gleichgewicht (gleichgewichtige volkswirtschaftliche Gesamtnachfrage und Gesamtangebot) zu beachten, d.h. sie sollen sich antizyklisch verhalten. Dies bedeutet wiederum, dass in einer Aufschwungphase/Hochkonjunktur mit hoher volkswirtschaftlicher Gesamtnachfrage der Staat seine Nachfrage senkt und in einer Abschwungphase/Rezession durch seine Nachfrage die Konjunktur wieder beleben soll."

Das Stabilitätsgesetz sieht nach **§1 StWG vier wirtschaftspolitische Ziele** als Grundvoraussetzung für das gesamtwirtschaftliche Gleichgewicht:

> „[Erfordernisse der Wirtschaftspolitik]. Bund und Länder haben bei ihren wirtschafts- und finanzpolitischen Maßnahmen die Erfordernisse des **gesamtwirtschaftlichen Gleichgewichts** zu beachten. Die Maßnahmen sind so zu treffen, dass sie im Rahmen der marktwirtschaftlichen Ordnung gleichzeitig zur **Stabilität des Preisniveaus**, zu einem **hohen Beschäftigungsstand** und **außenwirtschaftlichem Gleichgewicht** bei **stetigem und angemessenem Wirtschaftswachstum** beitragen."

Fassen wir zusammen:
Gemäß §1 des Stabilitätsgesetzes müssen folgende vier Ziele **gleichzeitig** erfüllt sein:

- **Stabilität des Preisniveaus**
- **hoher Beschäftigungsstand**
- **außenwirtschaftliches Gleichgewicht**
- **stetiges und angemessenes Wirtschaftswachstum**

Dieses Zielbündel wird **„magisches Viereck"** genannt, weil es nur mit Hilfe von Magie gelingen würde, alle vier Ziele gleichzeitig zu verwirklichen. Obwohl die vier als gleichwertig anzusehen sind, hat sich gezeigt, dass es bei dem Versuch, ein Ziel zu realisieren, zu unerwünschten Auswirkungen auf die anderen Zielsetzungen kommen kann. **Zielkonflikte** sind also vorprogrammiert und man spricht von der **wechselseitigen Abhängigkeit** der Ziele. So gilt es etwa als ausgeschlossen, gleichzeitig Preisniveaustabilität und Wirtschaftswachstum zu erreichen: Wirtschaftswachstum kann durch eine Erhöhung der Nachfrage ausgelöst werden. Höhere Nachfrage führt jedoch fast zwangsläufig zu Preiserhöhungen von Seiten der Produzenten. Aus diesem Grund gibt die Wirtschaftspolitik – ausgehend von der jeweiligen wirtschaftlichen Gesamtsituation – jeweils einem bestimmten Ziel den Vorrang.

Im Laufe der Jahre haben sich die Gewichte innerhalb dieses Zielkatalogs immer wieder verschoben. Außerdem wurde der Katalog erweitert: Neben den vier klassischen Zielen haben sich

- **Erhaltung einer lebenswerten Umwelt** und
- **gerechte Einkommens- und Vermögensverteilung**

als gesamtwirtschaftlich erstrebenswerte Ziele etabliert. Aus dem magischen Viereck wurde daher ein **„magisches Sechseck"**. Wir beschäftigen uns jedoch im Folgenden ausschließlich mit den vier ursprünglichen Zielsetzungen, die im Stabilitätsgesetz verankert sind.

Instrumente der Stabilitätspolitik

Bund und Länder müssen also im Rahmen der Zielsetzungen des Stabilitätsgesetzes ihre Wirtschafts- und Finanzpolitik an den Erfordernissen eines gesamtwirtschaftlichen Gleichgewichts orientieren können. Dafür stehen ihnen laut StGW folgende Instrumente zur Verfügung:

- **Informationsinstrumente**

  Die Bundesregierung hat gemäß §2 StWG im Januar eines jeden Jahres einen **Jahreswirtschaftsbericht*** (JWB) vorzulegen. Sie muss also Rechenschaft ablegen, indem sie die gesamtwirtschaftliche Entwicklung bewertet und über angestrebte Ziele und beabsichtigte Maßnahmen informiert.

- **Planungsinstrumente**

  Die **mittelfristige Finanzplanung** (bezogen auf fünf Jahre) und die Aufstellung **mehrjähriger Investitionsprogramme** gehören zu den längerfristig ausgerichteten Planungsinstrumenten der **öffentlichen Finanzpolitik**.

- **Koordinationsinstrumente**

  Der so genannte **Konjunkturrat** hat eine beratende und empfehlende Funktion, die sich auf alle konjunkturpolitischen Maßnahmen bezieht. Seine Mitglieder sind der Bundesminister für Wirtschaft, der Bundesminister für Finanzen, je ein Ländervertreter, vier Vertreter der Gemeinden und Gemeindeverbände sowie mit beratender Funktion ein Vertreter der Deutschen Bundesbank.
  Dem so genannten **Finanzplanungsrat** gehören die Bundesminister für Finanzen und für Wirtschaft, die für die Finanzen zuständigen Minister der Länder sowie vier Vertreter der Gemeinden und Gemeindeverbände an. Er hat die Funktion, den Gebietskörperschaften (= Bund, Länder, Gemeinden und Gemeindeverbände), den Gewerkschaften und den Unternehmerverbänden Empfehlungen für die Koordination der Finanzplanung zu geben. Dabei sollen die vom Konjunkturrat für erforderlich gehaltenen Maßnahmen berücksichtigt werden.
  Auch die **Konzertierte Aktion**** ist ein durch das Stabilitätsgesetz geschaffenes Koordinationsinstrument:

> §3 Stabilitätsgesetz
> „Bei Gefährdung eines der in §1 genannten Ziele stellt die Bundesregierung Orientierungsdaten für ein gleichzeitiges aufeinander abgestimmtes Verhalten (konzertierte Aktion) der Gebietskörperschaften (Bund, Länder, Gemeinden und Gemeindeverbände), Gewerkschaften und Unternehmensverbände zur Verfügung."

8

---

* Der JWB wird von einem unabhängigen Sachverständigenrat erstellt.

** Die Konzertierte Aktion ist nach wie vor Bestandteil des Stabilitätsgesetzes. Von diesem Instrument wurde jedoch in den letzten Jahren kaum mehr Gebrauch gemacht.

- **Eingriffsinstrumente**

  Die Bundesregierung versucht hier mittels steuerpolitischer Maßnahmen das gesamtwirtschaftliche Gleichgewicht zu erhalten. Dabei stehen dem Staat grundsätzlich zwei Möglichkeiten zur Verfügung:

  - **Steuererhöhung** (z.B. der Einkommens- und der Körperschaftssteuer) bei konjunkturellem Aufschwung zur Drosselung der privaten Nachfrage nach Gütern.
  - **Steuersenkung**, um die private Nachfrage nach Gütern wieder anzukurbeln.

Das Stabilitätsgesetz gibt den politischen Entscheidungsträgern Informations-, Planungs-, Koordinations- und Eingriffsinstrumente als Maßnahmen vor, die zur Erreichung der wirtschaftspolitischen Zielsetzungen beitragen sollen.

8.2 Die vier Ziele der Stabilitätspolitik

8.2.1 Stetiges und angemessenes Wirtschaftswachstum

Begriffe *Wirtschaftswachstum ◉ Wohlstandsindikator ◉ quantitatives Wachstum ◉ qualitatives Wachstum ◉ angemessenes Wachstum ◉ Wachstumsgrenzen*

Definition des Begriffs und Messgrößen

Der Begriff „Wachstum" ist für das Geschehen in der Wirtschaft eigentlich fehl am Platz. Wirkliches Wachstum gibt es nur in der Natur, ausgelöst durch Boden, Licht, Luft und Wasser. Was in der Wirtschaft mit Wachstum bezeichnet wird, ist in Wirklichkeit eine Vermehrung der von Menschen erzeugten Leistungen und Güter. Der Begriff **„Wirtschaftswachstum"** hat sich jedoch als feststehender Begriff etabliert und wird durch den Bestand bzw. die Auslastung der Produktionsfaktoren bestimmt.

Unter Wirtschaftswachstum versteht man die Erhöhung des innerhalb einer bestimmten Periode erzielten Bruttoinlandsprodukts.

Da das **Bruttoinlandsprodukt (BIP)** ein so genannter **Wohlstandsindikator** ist, kann mit dessen mengenmäßiger Zunahme auch eine Wohlstandssteigerung unserer Volkswirtschaft assoziiert werden. Wenn sich das BIP innerhalb einer bestimmten Periode erhöht, spricht man von einem **positiven Wirtschaftswachstum**; bleibt es hingegen gleich, herrscht ein **Nullwachstum**. Bei Abnahme bzw. Verminderung des BIP spricht man von einem **rückläufigen Wirtschaftswachstum**.

Prinzipiell gibt es zwei Arten von Wirtschaftswachstum:

- **Quantitatives Wachstum**

  Hier steht die Erhöhung des BIP im Mittelpunkt.

- **Qualitatives Wachstum**
  Hierbei geht es um eine Verbesserung der Umwelt- und Lebensbedingungen, z.B. durch den vermehrten Einsatz umweltschonender Produktionsverfahren.

Das Wirtschaftswachstum hat als eines der vier gesamtwirtschaftlichen Ziele dem Stabilitätsgesetz Rechnung zu tragen. Dabei stellt das StWG zwei konkrete Forderungen:

- **Stetiges Wirtschaftswachstum**
  zeichnet sich durch ein weitgehend beständiges und störungsfreies Wachstum aus.

- **Angemessenes Wirtschaftswachstum**
  Eine jährliche Steigerung des BIP um ca. 3–5% gilt als angemessen.

Wir erinnern uns:
Das **Bruttoinlandsprodukt** gibt die Zunahme der produzierten Menge an Gütern und Dienstleistungen (ausgedrückt in Geldeinheiten) innerhalb einer bestimmten Periode wieder. Wie wir bereits aus der Volkswirtschaftlichen Gesamtrechnung wissen, wird die Berechnung des BIP vom Statistischen Bundesamt durchgeführt. (Vgl. hierzu auch Lektion 4.)

Das Wirtschaftswachstum wird meist in Prozenten gemessen, bezogen auf die jeweilige Vorjahresgröße. Dabei unterscheiden wir eine **nominelle** und eine **reale Zuwachsrate**. Das reale Wirtschaftswachstum gibt die tatsächliche Leistungssteigerung wieder.

Von 1950 bis 2000 lag das reale Wirtschaftswachstum in Deutschland im Durchschnitt bei drei Prozent. Drei Prozent reales Wachstum bedeutet z.B., dass im Jahr X 100 Kühlschränke und im darauf folgenden Jahr Y 103 Kühlschränke produziert werden. Drei Prozent jährliches Wachstum bedeutet jedoch keineswegs eine mengenmäßig ständig gleich bleibende Größe, denn im Jahr Y hat sich ja die Messgrundlage für das nächstfolgende Jahr Z geändert. Das heißt, die zusätzlichen drei Prozent werden beim Vergleich der Jahre Y und Z nicht mehr auf 100, sondern auf 103 Kühlschränke bezogen. Bei einem Wachstum von drei Prozent verdoppelt sich die Ausgangsgröße in rund 24 Jahren.

Tendenziell hat sich die Wirtschaftsleistung in Deutschland in dem oben genannten Zeitraum **linear** entwickelt. Das heißt, die jährlich produzierten Produkt- und Leistungsmengen wurden von Jahr zu Jahr im gleichen Umfang ausgeweitet.

Grenzen des Wirtschaftswachstums

Da wir nun wissen, was sich konkret hinter dem Begriff „Wirtschaftswachstum" verbirgt und wie dieses Wachstum zu messen ist, bleibt zu klären, wo dessen Grenzen anzusetzen sind.

Wir haben uns in den vorhergehenden Lektionen wiederholt mit den Produktionsfaktoren einer Volkswirtschaft auseinander gesetzt. Diese werden zur Herstellung von Gütern und Dienstleistungen benötigt. Jedoch blieb eine Frage unbeantwortet: Wo sind die **Grenzen** unseres volkswirtschaftlichen Produktionspotenzials (und damit einhergehend die Grenzen des Wirtschaftswachstums)?

Sehen wir uns die Wachstumsgrenzen der einzelnen **Produktionsfaktoren** an:

Je mehr **Arbeitskraft** zur Produktion eingesetzt werden kann, desto höher ist die Ausbringungsmenge an Gütern. Und je größer die Nachfrage nach Gütern, desto größer auch die Nachfrage nach Arbeitskräften. Allerdings steht einer Volkswirtschaft in der Regel zu einem bestimmten Zeitpunkt immer nur ein bestimmter Vorrat an einsetzbaren Arbeitskräften zur Verfügung. Übersteigt die Nachfrage nach Gütern dieses Reservoir an Arbeitskräften, kommt es zu einem Nachfrageüberhang, der sich meist kurzfristig nicht beheben lässt und indirekt (d.h. über Preissteigerungen, Versorgungsengpässe etc.) wachstumshemmend wirkt.

Beim Produktionsfaktor **Boden** ist es relativ einfach, Wachstumsgrenzen direkt aufzuzeigen. Wie wir wissen, steht uns der Boden als Abbau-, Anbau- und Standortfaktor zur Verfügung. Der Boden als Abbaufaktor verfügt nur begrenzt über Rohstoffe wie z.B. Erdöl oder Kupfer. Ebenso wenig ist der Anbaufaktor Boden eine unerschöpfliche Quelle. Sollten die für diese Zwecke nutzbaren Flächen in Gebrauch sein, lässt sich zur Steigerung der Produktion nicht einfach in beliebiger Menge Nachschub beschaffen. Das Gleiche gilt für den Standortfaktor Boden.

Durch eine Erhöhung der Produktionsmöglichkeiten (z.B. durch Anschaffung neuer Fertigungsmaschinen, Anmieten eines neuen Bürogebäudes) erhöht sich das **Kapital** einer Volkswirtschaft. Für solche **Investitionstätigkeiten** bedarf es **finanzieller Mittel**. Stehen diese nicht in erforderlichem Maße zur Verfügung, kann nicht ausreichend Kapital für Produktionszwecke erworben werden. Somit sind auch diesem Faktor Grenzen gesetzt.

Gehen wir noch einen Schritt weiter: Auch der **technische Fortschritt** bzw. das **technische Wissen** müssen als Kapital bzw. als Basis unserer Industriegesellschaft angesehen werden. Neue und verbesserte Produktionsmethoden führen vor allem im qualitativen Bereich zu Wachstumssteigerungen. Die Grenzen des technischen Fortschritts liegen darin, dass dieser schwer bis kaum planbar und vorhersehbar ist. Technischer Fortschritt wird durch technisches Wissen erzeugt und dieses wiederum muss durch Ausbildung und Fortbildung erworben werden.

Neben den Produktionsfaktoren beeinflusst natürlich auch das **politische Umfeld** das Wirtschaftswachstum. Politische Entscheidungen können sich positiv auf eine Volkswirtschaft auswirken, indem z.B. vermehrt in die Bildung investiert wird oder staatliche Forschungsgelder zur Verfügung gestellt werden, mit dem Ziel, qualitativ verbesserte Produktionsmethoden zu entwickeln. Umgekehrt kann das Wirtschaftswachstum durch politische Entscheidungen auch gebremst werden, z.B. durch Steuererhöhungen, die auf Seiten der Unternehmen zu einer verminderten Investitionsbereitschaft führen.

Die Höhe des Wirtschaftswachstums ist u.a. vom Produktionspotenzial, also von den begrenzt zur Verfügung stehenden Produktionsfaktoren, abhängig.

8.2.2 Hoher Beschäftigungsstand

Begriffe **Vollbeschäftigung ◉ Sockelarbeitslosigkeit ◉ Arbeitslosenquote**

Vollbeschäftigung

Der Begriff „Vollbeschäftigung" ist Teil des „magischen Vierecks" und gehört zu den obersten Zielen einer Wirtschaftspolitik.

Was ist unter **Vollbeschäftigung** zu verstehen?

Die denkbar einfachste Definition lautet: „Vollbeschäftigung ist, wenn jeder Arbeit hat." Allerdings hat diese knappe Definition auch ihre unübersehbaren Schwachstellen. Denn eben das Attribut „magisch" deutet an, dass sich die vier gesamtwirtschaftlichen Ziele meist nicht gleichzeitig erfüllen lassen. Selbst unter idealen Bedingungen wird es nie eine 100%ige, lückenlose Vollbeschäftigung geben können. Aus dem ursprünglichen wirtschaftspolitischen Ziel „Vollbeschäftigung" wurde daher – analog zu §1 StWG – der Begriff **„hoher Beschäftigungsstand"** abgeleitet. Damit wird zum Ausdruck gebracht, dass es stets Bestrebungen geben muss, das Ziel einer noch höheren Beschäftigung in unserem Land zu erreichen. Die beiden Begriffe „Vollbeschäftigung" und „hoher Beschäftigungsstand" werden im Folgenden synonym verwendet.

Ein geringer Grundsockel an **Arbeitslosigkeit** wird also immer existieren. Dieser kann z.B. auf **Wohnort-** und **Arbeitsplatzwechsel** zurückgeführt werden. Diese Art von Arbeitslosigkeit, auch als **friktionelle Arbeitslosigkeit** bezeichnet, ist jedoch in der Regel nicht von Dauer und erstreckt sich meist nur über wenige Monate. Ein weiterer wichtiger Aspekt ist der **Strukturwandel**, der auch in einer Vollbeschäftigungs-Gesellschaft allgegenwärtig ist und der zu einer Umschichtung der angebotenen Arbeitsplätze führt. Erworbene und angebotene Qualifikationen müssen sich dem Strukturwandel möglichst schnell anpassen. Kann der nötige Anpassungsprozess nicht schnell genug vollzogen werden, resultiert hieraus **strukturelle Arbeitslosigkeit**. In den letzten zehn bis zwanzig Jahren hat sich die strukturelle Arbeitslosigkeit absolut gesehen stark erhöht. Dies lässt sich an einer Zunahme der offenen Stellen (Vakanzen) bei steigender bzw. stagnierender Arbeitslosigkeit erkennen.
In dem Wissen, dass eine gewisse **Sockelarbeitslosigkeit** unvermeidbar ist, wurde diejenige Grenze, ab der eine Quasi-Vollbeschäftigung als erreicht gelten soll, willkürlich mit einer bestimmten Arbeitslosenquote gleichgesetzt.

8

Arbeitslosenquote

In der **Arbeitslosenquote** wird nur erfasst, wer zu den abhängigen Erwerbspersonen gehört, aber

- ohne Arbeit ist (oder nur eine geringfügige Beschäftigung* ausübt),
- sich als arbeitssuchend registrieren lässt und
- für die Arbeitsvermittlung zur Verfügung steht.

---

* Eine Tätigkeit wird versicherungsrechtlich dann als eine geringfügige Beschäftigung bezeichnet, wenn sie nur kurzfristig ausgeübt oder nur geringfügig entlohnt wird.

Die Arbeitslosenquote lässt sich wie folgt berechnen:

$$\frac{\text{Arbeitslose}}{\text{abhängige Erwerbspersonen}} \times 100 = \text{Arbeitslosenquote [\%]}$$

Die Arbeitslosenquote erfasst den Anteil der Arbeitslosen an den abhängigen Erwerbspersonen.

In Wissenschaft und Politik gilt das Ziel der Vollbeschäftigung mittlerweile als erreicht, wenn die Zahl der Arbeitslosen die Zahl der offenen Stellen nicht übersteigt und gesamtwirtschaftlich eine vorab festgelegte durchschnittliche Arbeitslosenquote nicht überschritten wird. In den sechziger Jahren lag dieser Wert noch bei ca. 1%. Er stieg in den wirtschaftlichen Rezessionen der nachfolgenden Jahrzehnte auf 2–3 % an, und spätestens seit Anfang der neunziger Jahre sehen viele Ökonomen das Ziel der Vollbeschäftigung sogar schon bei einer Arbeitslosenquote von 5–6% als erfüllt an.

In einzelnen Bundesländern oder Wirtschaftszweigen kann die durchschnittliche Arbeitslosenquote der Volkswirtschaft bei Vollbeschäftigung erheblich unter- oder überschritten werden.

Als Maßstab für die Vollbeschäftigung gilt die Arbeitslosenquote. Solange diese Quote unter 5–6% liegt, gilt das Ziel der Vollbeschäftigung nach derzeitiger Auffassung als erreicht.

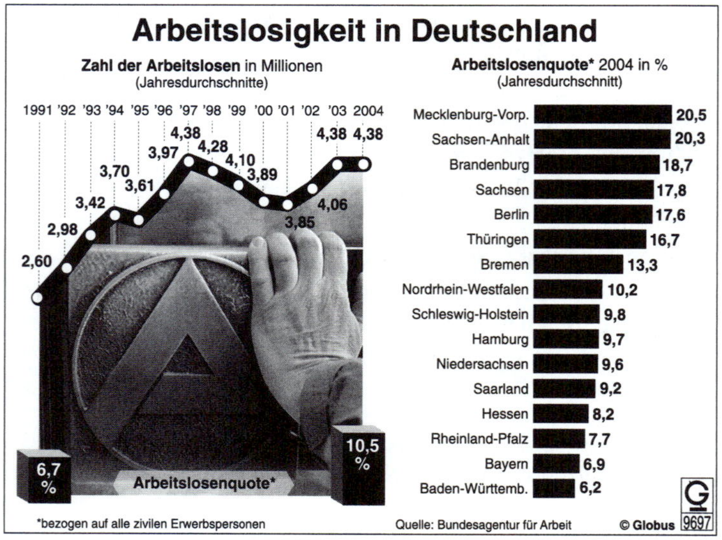

8.1 Arbeitslosenquote nach Ländern

Um das Ziel eines möglichst hohen Beschäftigungsstands erreichen zu können, muss sich die Wirtschaftspolitik aktiv mit der hohen Arbeitslosigkeit in unserem Land auseinandersetzen. Aufgrund seiner volkswirtschaftlichen Relevanz werden die Themen Arbeitsmarkt und Arbeitsmarktpolitik in einer eigenen Lektion behandelt (vgl. Lektion 11).

8.2.3 Stabilität des Preisniveaus

Begriffe *Verbraucherpreisindex* ◉ *Warenkorb* ◉ *Geldwert* ◉ *Inflation* ◉ *Kaufkraft* ◉ *Deflation*

Definition des Begriffs

Da Preisniveaustabilität ein Teil des „magischen Vierecks" ist, soll sie hier kurz umrissen werden. Eingehender wird die Thematik in Lektion 12 („Das Geldwesen") vertieft.

Klären wir zunächst den Begriff **„Preisniveaustabilität"**:

> ***Unter dem Begriff „Preisniveaustabilität" versteht man die Stabilität des Durchschnitts aller Preise.***

Das Preisniveau unserer Volkswirtschaft kann aus zwei Blickwinkeln betrachtet werden:

- **Preisniveau als Preis eines Warenkorbs**

  Hier ist der **Verbraucherpreisindex** als Bemessungsgrundlage anzusehen. Dieser wird jeden Monat vom Statistischen Bundesamt errechnet. Der Preisindex umfasst die Preisänderungen von etwa 750 ausgewählten Gütern und Dienstleistungen – man spricht dabei auch vom **„Warenkorb"** (vgl. hierzu Lektion 12, Abschnitt 12.2 „Wert des Geldes").

- **Preisniveau als Maß des Geldwerts**

  Der Geldwert lässt sich am „Warenkorb" messen, den man für einen bestimmten Geldbetrag kaufen kann. Ein Anstieg des Preisniveaus geht einher mit einem geringeren **Geldwert**, d.h. man kann mit der gleichen Menge an Geldeinheiten eine geringere Menge an Gütern oder Dienstleistungen erwerben. Es wird davon ausgegangen, dass das Preisniveau ansteigt, wenn die umlaufende Geldmenge schneller wächst als die Menge der angebotenen Güter. Nehmen Geldmenge und Güter im gleichen Maße zu, bleibt das Preisniveau konstant.

> ***Die Entwicklung des Preisniveaus ist weitgehend von der Entwicklung der Geldmenge abhängig.***

Warum gehören die Stabilität der Preise – und die Stabilität des Geldwerts – zu den wichtigsten Zielen unserer Wirtschaftspolitik?

8

Die Bedeutung der Preisniveaustabilität

Sofern es sich nicht um einen einmaligen, sondern um einen lang anhaltenden Prozess der Preisniveausteigerung handelt, spricht man von **Inflation**. Dadurch sinkt bei steigendem Preisniveau vor allem die **Kaufkraft**, da man mit einer bestimmten Menge an Geldeinheiten weniger Güter kaufen kann als zuvor. Die Kaufkraft des Einkommens bleibt nur konstant, wenn das Einkommen im gleichen Umfang steigt wie das Preisniveau. Durch lang anhaltende Preissteigerungen kann es zu ungerechten Einkommens- und Vermögensverteilungen kommen.
Bei gleich bleibender Gütermenge, aber abnehmender Geldmenge erhöht sich hingegen der Geldwert, d.h. das Preisniveau (ver-)fällt. Man spricht dann von **Deflation**. (Vgl. hierzu Lektion 12, Abschnitt 12.3 „Inflation und Deflation".)

Es gibt noch zahlreiche weitere Gründe, warum es so wichtig ist, ein stabiles Preisniveau bzw. Geldwertniveau zu erhalten:

- **Beschäftigungspolitische Begründung**

  Geldwertstabilität wirkt sich vor allem auf die Beschäftigung positiv aus. Jede Erhöhung des Preisniveaus verengt jedoch den Spielraum der Unternehmen für eine Ausweitung von Produktion und Beschäftigung. Ein allgemeiner Preisauftrieb würde deshalb stets zu Lasten von Produktion und Beschäftigung gehen. Hierzu ein Beispiel: Übertrifft der Preisauftrieb im Inland den im Ausland, so erscheinen die inländischen Produkte dem Ausland zu teuer, es kommt zu einem Ausfall bei den Exporteinnahmen und damit zu Produktionsrückgängen und einem niedrigeren Beschäftigungsstand.

- **Wachstumspolitische Begründung**

  Eine optimale **Allokation der Produktionsfaktoren** ist nur bei einem **stabilen Preisniveau** zu erwarten. Eine Verzerrung der Preisrelationen führt zu inflationsbedingten Fehlallokationen. Dadurch ergeben sich Wirtschaftswachstumsverluste. Hiermit ist insbesondere zu rechnen, wenn sich die Sparneigung deutlich zugunsten der Konsumtätigkeit reduziert. Aufgrund der steigenden Nachfrage kommt es zu weiter ansteigenden Preisen, was sich langfristig in einer reduzierten Kaufkraft widerspiegelt.
  Bei der Umwandlung von Spar- in Sachkapital steht vor allem die inflationsbedingte Investition in Immobilien oder Gold im Vordergrund. Dieses Verhalten ist darauf zurückzuführen, dass die Kapitalanleger wegen der Unsicherheit über die weitere Preisentwicklung langfristige Geldanlagen scheuen. Und was die Unternehmen betrifft, so investieren sie in Projekte, die eine schnelle positive Kennzahlenentwicklung versprechen, anstatt Investitionen mit hoher Rendite durchzuführen.

- **Sozialpolitische Begründung**

  Eine sich durch andauernde Preissteigerung ergebende Inflation wirkt sich vor allem auf die **Bezieher von Transfereinkommen** negativ aus. Transfereinkommen sind Einkommen ohne direkte Gegenleistung, wie Wohngeld, Kindergeld, Sozialhilfe usw. Aufgrund der schnell ansteigenden Preise erfolgt keine zeitlich angemessene Erhöhung dieser Einkommen.
  Die sozialpolitische Relevanz der Geldwertstabilität ergibt sich jedoch auch aus der positiven Wirkung eines stabilen Preisniveaus auf die Allokation der Produktionsfaktoren und damit auf

Beschäftigung und Wirtschaftswachstum: Der **Lebensstandard** ist umso höher, je effizienter die Wirtschaft arbeitet. In einem solchen Fall sind soziale Leistungen in dem Umfang entbehrlich, in dem der Einzelne aus eigener Kraft seinen Lebensunterhalt bestreiten kann. Andererseits kann im Rahmen der Fürsorge nur umverteilt werden, was zuvor erwirtschaftet wurde.

- **Staats- und gesellschaftspolitische Begründung**

  Geldwert- und Preisniveaustabilität tragen zur **Sicherung des sozialen Friedens** bei. Sie sind nicht nur ein monetäres Phänomen, sondern auch Ausdruck der sozialen Harmonie, der politischen Stabilität und der rechtsstaatlichen Kultur eines Landes.

8.2.4 Außenwirtschaftliches Gleichgewicht

Begriffe **Devisenbilanz ◉ Devisen**

Das letzte der vier zu behandelnden Ziele des „magischen Vierecks“ betrifft das außenwirtschaftliche Gleichgewicht. Was versteht man darunter?

Außenwirtschaftliches Gleichgewicht besteht, wenn gleich große Zahlungsströme das Inland verlassen und vom Ausland einfließen.

Ein außenwirtschaftliches Ungleichgewicht kann sich negativ auf die Erreichung anderer wirtschaftspolitischer Ziele auswirken. Dies gilt vor allem für das Preisniveau und den Beschäftigungsstand, die stark auf Störungen des Außenhandels reagieren.

Hierzu ein Beispiel: Nehmen wir an, es läge eine Preisniveausteigerung (verbunden mit einer Erhöhung des Außenwerts des Geldes) bei gleichzeitig hoher Arbeitslosigkeit vor. Der Staat kann nun versuchen, die Unterbeschäftigung durch steigende Exportzahlen abzuwenden. Dies gelingt ihm, indem er die inländische Währungseinheit bewusst abwertet. Die Exportaufträge nehmen zu, da die Güter für das Ausland günstiger werden, die Produktion wird angekurbelt, die Unterbeschäftigung aufgehoben.

Das außenwirtschaftliche Gleichgewicht wird vor allem deshalb als erstrebenswert angesehen, weil internationale Wirtschaftsbeziehungen nur dauerhaft Bestand haben können, wenn sich der internationale Wirtschaftsverkehr **mittel-** und **längerfristig gleichgewichtig** vollzieht.

Vorteile internationaler Handelsbeziehungen

Die Vorteile internationaler Handelsbeziehungen beinhalten unter anderem folgende Punkte:

- Durch internationalen Handel verbessert sich die **inländische Güterversorgung**.
- Es findet ein **intensiver Wettbewerb** auf den Märkten statt. Die inländischen, zum Teil monopolistisch und oligopolistisch strukturierten Märkte werden in internationale Wettbewerbsmärkte überführt.

8

- Die Volkswirtschaften können sich nicht nur die nationale, sondern auch die **internationale Arbeitsteilung** zunutze machen.

Nachteile internationaler Handelsbeziehungen

Internationale Handelsbeziehungen haben auch Nachteile. So entstehen beispielsweise sowohl wirtschaftliche als auch politische **Abhängigkeiten** zwischen den Staaten, die Wirtschaftsbeziehungen zueinander unterhalten. Des Weiteren kann es durch die Produktions-Spezialisierung zu so genannten **Mono-Strukturen** innerhalb einer Volkswirtschaft kommen. Diese entstehen vor allem dann, wenn sich ein Land auf den Export eines bestimmten Gutes spezialisiert, da die Produktion dieses Gutes in den anderen Ländern zu enormen Kosten führen würde bzw. nicht möglich wäre (z.B. Export von Kaffee, Bananen etc. aus Entwicklungsländern).

Devisenbilanz

Ein **Indikator** des außenwirtschaftlichen Gleichgewichts ist die **Devisenbilanz**. In diesem Zusammenhang ist es wichtig, den Begriff **„Devisen“** richtig einordnen zu können:

> ***Alle ausländischen Währungen, insofern sie als Guthaben oder Wertpapiere (z.B. auch Schecks und Wechsel) Forderungen gegenüber dem Ausland darstellen, sind Devisen.***

Die Devisenbilanz zeigt den **Saldo** der **Devisenzugänge** und **Devisenabgänge** eines Landes. Dieser weist bei gleich hohen Ab- und Zuflüssen von Devisen einen Nullwert auf. Die Devisenbilanz ist ausgeglichen. (Vgl. hierzu Lektion 13, Abschnitt 13.4 „Zahlungsbilanz“.)

> ***Der Saldo der Devisenbilanz gilt als aussagefähigster Indikator für das außenwirtschaftliche Gleichgewicht einer Volkswirtschaft.***

Aufgaben zur Lernkontrolle

1. *Nennen Sie die in §1 des Stabilitätsgesetzes verankerten wirtschaftspolitischen Zielsetzungen.*

2. *Was versteht man unter dem „magischen Viereck“?*

3. *Wie stellt das Stabilitätsgesetz die Erreichung der wirtschaftspolitischen Ziele sicher? Nennen Sie Maßnahmen.*

4. *Erläutern Sie die im StWG enthaltenen Bestimmungen für das Wirtschaftswachstum.*

5. *Welcher Zusammenhang besteht zwischen Wirtschaftswachstum und Produktionspotenzial einer Volkswirtschaft?*

6. *Erklären Sie den Begriff „Vollbeschäftigung“.*

7. *Definieren Sie die Kennzahl „Arbeitslosenquote“. Wie wird diese berechnet?*

8. *Warum sieht die Wirtschaftspolitik die Preisniveaustabilität als eines ihrer wichtigsten Ziele an? Nennen Sie Gründe.*

9. *Warum wird das außenwirtschaftliche Gleichgewicht für wirtschaftspolitisch erstrebenswert gehalten? Erläutern Sie dies am Beispiel der Bundesrepublik Deutschland.*

9 Ökonomie und Ökologie

Der Mensch hat sich viele Jahrhunderte lang an den Ressourcen der Natur bedient, ohne dass dies einen nachhaltigen Einfluss auf die Umwelt hatte. Mit Beginn der ersten industriellen Revolution* stiegen jedoch der **Verbrauch an natürlichen Ressourcen** und die **Schadstoffabgabe** an die Natur enorm an. Mittlerweile ist das Gleichgewicht der Natur empfindlich gestört und in zunehmendem Maße werden negative Folgen an unserer Natur sichtbar. Dies wirkt sich weltweit auf jeden Einzelnen und somit auch auf die betreffenden Volkswirtschaften aus. Schließlich verursacht die Umweltverschmutzung u.a. enorme Kosten. Abb. 9.1 zeigt dies am Beispiel der Bundesrepublik Deutschland.

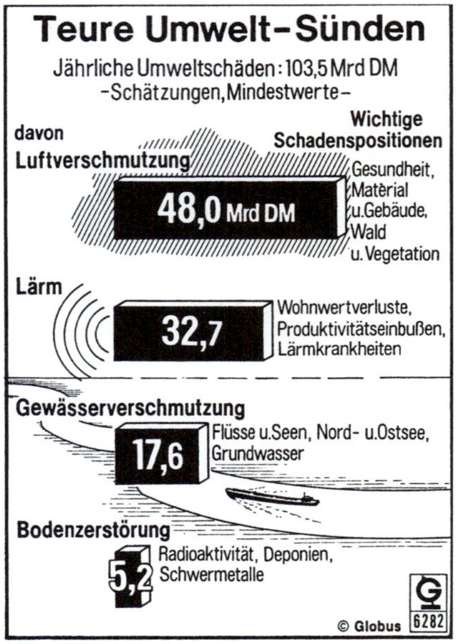

Abb. 9.1 Jährliche Kosten der Umweltverschmutzung

Wir beschäftigen uns daher in dieser Lektion mit den Themen Ökonomie und Ökologie. Die **Ökologie** gilt als **„Lehre vom Naturhaushalt“** (Ernst Haeckel**, 1866). Hier geht es um die Stoffe, den Energiehaushalt unseres Planeten und die Beziehungen aller Lebewesen untereinander. Die **Ökonomie** hingegen setzt sich mit **wirtschaftlichen Strukturen** auseinander; ihr Ziel sind die sparsame Wirtschaftsführung und die Wirtschaftlichkeit einer Volkswirtschaft.

Ökologie und Ökonomie verfolgen in unserer Volkswirtschaft bislang gegensätzliche Ziele.

---

* Ab 1770/1780 in England, danach in anderen westeuropäischen Ländern (insbesondere in den USA), in Deutschland ab Mitte des 19. Jhs.

** 1834–1919. Deutscher Biologe und Philosoph, bedeutender wissenschaftlicher Zeichner.

Es gilt nun zu klären, auf welche Art und Weise sich Ökonomie und Ökologie miteinander vereinbaren lassen. Wie können die Hersteller von Produkten und die Verbraucher zu einem verantwortungsbewussten und ökologisch sinnvollen Umgang mit den Gütern unserer Umwelt veranlasst werden?

9.1 Ursachen des Umweltproblems

Begriffe **entwicklungsbedingte Ursachen** ◉ **sozio-ökonomische Ursachen**

Wir haben in den vorangegangenen Lektionen von den Produktionsfaktoren Boden, Arbeit, Kapital und Bildung gesprochen. Dabei wurde auch erläutert, dass **Natur** und **Umwelt** einmal zu den **freien Gütern** zählten. Mittlerweile werden sie jedoch als **knappe Güter** bezeichnet, denn sie dienen unserer Volkswirtschaft als **Produktionsfaktor** – als Lieferanten von Rohstoffen und Energie, als Anbaufaktor etc. Die Natur ist aber auch ein **Konsumgut**. Sie versorgt uns mit Luft und bietet uns Möglichkeiten zur Erholung und zur Gestaltung unserer Freizeit.

Leider werden Natur und Umwelt nun schon seit Jahrzehnten als Aufnahmemedium für Schadstoffe unterschiedlichster Art missbraucht. So gehört beispielsweise die Verbrennung von Erdöl, Kohle und Gas zu den größten Umweltbelastungen weltweit.

Worin liegt nun die Ursache dieser **Umweltbelastung**? Im Wesentlichen können zwei Kategorien von Ursachen identifiziert werden: zum einen die entwicklungsbedingten, zum anderen die sozio-ökonomischen.

Entwicklungsbedingte Ursachen

9

In diese Kategorie gehören:

❶ das **Bevölkerungswachstum**

❷ die **Zunahme von städtischen Ballungszentren**

❸ das **Wirtschaftswachstum**

❹ der **technische Wandel**.

Zu ❶: Das **Bevölkerungswachstum** spielt eine entscheidende Rolle. 1804 lebte die erste Milliarde Menschen auf der Erde. 1974 wurden vier und schon 1987 fünf Milliarden Menschen gezählt. Ein Jahr vor der Jahrtausendwende überschritt die Weltbevölkerung sogar die Sechs-Milliarden-Grenze. Derzeit wächst die Menschheit etwa alle zwölf bis dreizehn Jahre um eine weitere Milliarde an. In ca. 50 Jahren führt dies zu einer Verdreifachung der Weltbevölkerung. Ein Grund hierfür ist der enorme medizinische Fortschritt, insbesondere die Seuchenbekämpfung.

Dieser Zuwachs der Bevölkerung ist jedoch regional sehr unterschiedlich verteilt. 80% aller Menschen leben heute in so genannten **Entwicklungsländern**. Auch der Bevölkerungszuwachs findet zu 98% in diesen Ländern statt, während die Bevölkerungszahl in den **Industrieländern** nahezu stagniert.

Aus der Entwicklung der Weltbevölkerung ergeben sich nun zahlreiche Umweltprobleme. So wird beispielsweise immer mehr unberührte Natur in Besitz genommen und landwirtschaftlich nutzbar gemacht. Weltweit gilt es, die Zahl der **Anbauflächen** zu erhöhen, damit die **Nahrungsmittelproduktion** ausreichend gesichert ist. Zunehmende Bevölkerungszahlen bedeuten aber auch mehr Raum für **menschliche Siedlungen**, für **Produktionsstätten** und für **Infrastruktur**. Ein weiterer Punkt sind die wachsenden **Müllberge**. Abgesehen davon, dass der Müll an sich ein Problem darstellt, stehen mittlerweile auch immer weniger Flächen für eine ordnungsgemäße und damit fachgerechte Abfallentsorgung zur Verfügung. In der Folge kommt es zu Erosion und Versalzung der Böden.

Zu ❷: Umweltbelastungen ergeben sich auch aus der **zunehmenden Verstädterung** der Bevölkerung. Ein Grund hierfür ist die Landflucht (Migration) in die Ballungszentren. Gerade jüngere Menschen erwarten sich dort verbesserte Einkommens-, Lebens- und Arbeitsbedingungen.

In solchen Ballungszentren werden die Ressourcen Luft, Wasser und Boden jedoch immer stärker beansprucht. Die Abgase der vielen Verkehrsmittel belasten die Luft häufig derart, dass sich beispielsweise über Mexico City oder Los Angeles so genannte Smog-Glocken bilden. Dadurch wird die Gesundheit, in diesem Fall die Atemwege der Einwohner, enorm belastet. Auch die Trinkwasserversorgung stellt in den anwachsenden Städten ein ernst zu nehmendes Problem dar.

Zu ❸: **Wirtschaftswachstum**, im Prinzip etwas Positives, hat auch seine Schattenseiten. Vor allem die Steigerung der **Güter-** und **Dienstleistungsproduktion** trägt in vielfältiger Weise zu einer vermehrten Beanspruchung der Umwelt bei.

Im **landwirtschaftlichen Bereich** wurde beispielsweise das Ökosystem erheblich verändert. An die Stelle der früher üblichen Fruchtwechselfolgen traten **Monokulturen**. Als Folge davon muss der Boden verstärkt gedüngt und es müssen chemische Spritzmittel eingesetzt werden. Gerade der Einsatz von Schädlingsbekämpfungsmitteln führt aber u.a. dazu, dass sich erhebliche Mengen zum Teil schwer abbaubarer Toxine in den Pflanzen, ebenso wie in den Böden und Gewässern einlagern. Darüber hinaus führen Monokulturen zu einem Rückgang der **Arten-** und **Biotopenvielfalt** und gefährden damit nachhaltig das ökologische Gleichgewicht.

Steigendes Wirtschaftswachstum geht aber in erster Linie auch mit einem hohen **Energiebedarf** einher. In zunehmendem Maße wurde und wird menschliche Arbeitsleistung durch technisch erzeugte Energie ersetzt. Die Probleme, die dadurch für die Umwelt entstehen, resultieren sowohl aus der **Beschaffung** als auch aus dem **Verbrauch** von Energie. So besteht z.B. bei der Erzeugung von **Kernenergie** die Gefahr eines GAUs. Damit ist der größte anzunehmende atomare Unfall gemeint. In einem solchen Fall werden große Mengen radioaktiven Materials in die Umwelt freigesetzt. Die Folge ist ein enormer Anstieg der Krebsrate bei Mensch und Tier. Weiter bleiben die atomarisch verseuchten Gebiete für Jahrhunderte unbewohnbar. Die verheerenden Auswirkungen eines solchen GAUs zeigten sich im April 1986, als in Tschernobyl in der Ukraine ein Reaktor explodierte.

Was die Folgen des industriellen, landwirtschaftlichen und privaten Energieverbrauchs betrifft, so werden z.B. durch die **Verbrennung fossiler Brennstoffe**, wie z.B. Erdöl oder Kohle, Kohlendioxid und Schadstoffe wie Stickstoff- und Schwefeloxide frei. Wie man heute weiß, ist der Ausstoß von Kohlendioxid für den so genannten **Treibhauseffekt** verantwortlich. Dieser führt zu einer Temperaturerhöhung auf der Erde. Dadurch ändert sich das Klima und es treten Wetterphänomene (z.B. Abschmelzen der Gletscher, Hochwasser, Zunahme von Stürmen) auf, die bisher in dieser Form noch nicht zu beobachten waren.

Zu ❹: Wie wir wissen, wird das Wirtschaftswachstum maßgeblich vom **technischen Wandel** einer Volkswirtschaft geprägt. Produktionsverfahren werden weiterentwickelt und die Unternehmen spezialisieren sich u.a. darauf, kostengünstiger zu produzieren. Ein Beispiel hierfür finden wir in der **Verpackungsindustrie**. So wurde in den vergangenen Jahren versucht, die Konsumenten vom Vorteil der Einwegflaschen und Wegwerfdosen zu überzeugen. Diese sind jedoch häufig nicht wieder verwertbar und müssen Müllverbrennungsanlagen bzw. Mülldeponien zugeführt werden. Seit dem 1. Januar 2003 gilt in Deutschland die Pfandpflicht auf Einweg-Getränkeverpackungen (wie Dosen oder Glas- und Kunststoffflaschen) für Bier, Mineralwasser und Fruchtsaftgetränke mit Kohlensäure. Mit dem so genannten Dosenpfand – je nach Verpackungsgröße 25 bzw. 50 Cent (über 1,5 Liter) – soll der Anteil ökologisch vorteilhafter Getränkeverpackungen wesentlich erhöht werden.

Sozio-ökonomische Ursachen

Betrachten wir nach den entwicklungsbedingten Ursachen für unsere Umweltprobleme nun die **sozio-ökonomischen***. Sie entstehen durch das Zusammenwirken von Gesellschaft und Wirtschaft.

Naturgüter werden leider nach wie vor als freie Güter angesehen. Es gibt somit keinen Preismechanismus, der Produktion und Verbrauch steuert. Als freies Gut ist die Natur vor allem dadurch gekennzeichnet, dass sich für sie keine Eigentumsrechte definieren lassen. Aus diesem Grund fehlt für Wirtschaft und Gesellschaft der Zwang, Naturgüter sparsam zu verwenden. Die Natur wird als Produktionsfaktor, Konsumgut und „Deponie" genutzt, es ergeben sich also **negative externe Effekte**, die auf sozio-ökonomische Ursachen zurückzuführen sind (vgl. hierzu auch Lektion 2, Abschnitt 2.4 „Öffentliche Güter und Marktversagen").
Zur Erinnerung: Externe Kosten sind diejenigen Kosten, die einer Gesellschaft zwar entstehen, für die sie aber in ihrer Wirtschaftlichkeitsrechnung keine Einnahmen verbuchen kann.

Ein Beispiel hierfür ist der **Straßenverkehr**, der durch seine ständige Lärmbelästigung zu Wohnwertverlusten, Produktivitätseinbußen und Lärmkrankheiten führen kann. Des Weiteren verursacht der Straßenverkehr negative externe Effekte als Umweltverschmutzer. Weltweit gehen allein 60% der Belastung durch Stickstoffoxide und 70% der Belastung durch Kohlenmonoxid auf das Konto des Verkehrs. Der Straßenverkehr ist zudem für das Verschwinden von Naturflächen verantwortlich, da immer mehr unberührte Natur dem Ausbau der Infrastruktur (z.B. neue Straßen und Autobahnen) weichen muss. Zusammengefasst kann man sagen: Straßenverkehr führt zu volkswirtschaftlichen Schäden, beeinträchtigt Gesundheit und Lebensqualität der Menschen und zerstört die Natur.

* sozio-ökonomisch = die Gesellschaft wie die Wirtschaft betreffend

> ***Die Belastung unserer Umwelt ist im Wesentlichen auf entwicklungsbedingte und sozio-ökonomische Ursachen zurückzuführen.***

Diese zahlreichen Ursachen unserer Umweltproblematik zeigen die Aktualität und die Brisanz des Themas gerade auch im Hinblick auf das Wirtschaftsgeschehen eines Landes. Hier sind Verbraucher und Unternehmen gefordert. Denn einerseits werden immer noch zu wenig ökologisch einwandfrei hergestellte Produkte nachgefragt. Andererseits stellt sich für die Unternehmen meist die Frage nach einer sinnvollen Verbindung von ökologischem und ökonomischem Denken.

9.2 Konzeption einer Ökologischen Ökonomie

Begriffe ***Ökologische Ökonomie ◉ Verursacherprinzip ◉ Vorsorgeprinzip ◉ Kooperationsprinzip ◉ Umweltverträglichkeitsprüfung ◉ Gebote und Verbote ◉ Umweltabgaben ◉ Ökosteuer ◉ Umweltzertifikate ◉ Umweltnutzungsrechte ◉ Öko-Auditing ◉ Nachhaltigkeit***

Wie im vorangegangenen Abschnitt bereits erläutert, werden die Eingriffe des Menschen in die Natur immer stärker sichtbar. Vor allem die Auswirkungen dieser Eingriffe (Überflutungen, Zunahme der Unwetter) auf den Menschen machen deutlich, dass ökonomische und ökologische Zielsetzungen nicht länger getrennt voneinander betrachtet werden sollten. Zu diesem Zweck wurde der Ansatz der **Ökologischen Ökonomie** geschaffen. Sie bietet einen Rahmen für wirtschaftlich sinnvolle und ökologisch verträgliche Ansätze.

> ***Um ökonomisch und ökologisch sinnvolle Ansätze in unserer Wirtschaft verankern zu können, muss zunächst eine Veränderung im Bewusstsein der Menschen stattfinden.***

Der sinnvolle Umgang mit Natur und Umwelt muss in den Mittelpunkt der Betrachtung gestellt werden. Die Güter der Natur dürfen nicht länger als frei und „unerschöpflich“ gelten. Vor diesem Hintergrund sollte der Verbraucher solche Produkte bevorzugen, die ökologisch einwandfrei hergestellt sind und zugleich eine lange Lebensdauer haben.

Die drei Grundprinzipien einer Ökologischen Ökonomie

Zur Konzipierung einer Ökologischen Ökonomie bedarf es auch eines neuen **Wirtschaftssystems** (vgl. hierzu Lektion 6, „Wirtschaftsordnungen“), das die Belange der Umwelt berücksichtigt. Es müssen zukunftsfähige Konzepte geschaffen werden, die zu einem verantwortungsbewussten und sinnvollen Umgang mit der Natur beitragen. Eine Ökologische Ökonomie muss dabei bestimmten Prinzipien Rechnung tragen. Unterschieden werden

- das Verursacherprinzip,
- das Vorsorgeprinzip und
- das Kooperationsprinzip.

Das **Verursacherprinzip** geht davon aus, dass der Hersteller eines Produkts sämtliche Kosten tragen muss, die mit diesem Produkt in Verbindung stehen. Dazu würden dann auch die Kosten der fachgerechten Entsorgung, also des Recyclings gehören. Sie werden derzeit vom Verbraucher getragen. Müsste der Hersteller diese übernehmen, würden mit großer Wahrscheinlichkeit bereits bei der Produktion umwelttechnische Gesichtspunkte berücksichtigt. Ein Produkt, das zwar kostengünstig in der Herstellung ist, sich jedoch nur schwer oder gar nicht recyceln lässt, hätte dann im Laden einen sehr hohen Preis, da die Kosten der Wiederverwertung bzw. Entsorgung in den Verkaufspreis mit eingerechnet würden. Damit blieben letztendlich nur die Produkte wettbewerbsfähig, die nach Gebrauch kostengünstig und „sauber" recycelt werden können.

Mit Hilfe des **Vorsorgeprinzips** sollen Umweltgefahren vorausschauend erkannt und vermieden werden. Das Prinzip basiert auf dem Wissen, dass es nicht unbedingt einzelne große Katastrophen sind, welche die größten Umweltschäden anrichten. Diese entstehen oft schleichend, als Folge des täglichen Produzierens und Konsumierens. Daher sollte zunächst jeder Einzelne dazu ermutigt werden, Schäden zu vermeiden. Ein gutes Beispiel dafür ist der Umgang mit **Abfall**: Wer ein Picknick im Freien macht oder unterwegs etwas isst oder trinkt, sollte die Umwelt nicht als „Abfalleimer" benutzen. Neben diesen freiwilligen, eher privaten Maßnahmen gibt es bereits „offizielle" Regelungen. So verlangt der Grundsatz der Umweltpolitik bei privaten oder öffentlichen Baumaßnahmen so genannte **Umweltverträglichkeitsprüfungen**. Dabei prüfen staatliche Behörden, ob durch diese Projekte negative Auswirkungen auf Pflanzen, Tiere und Menschen zu erwarten sind.

Das **Kooperationsprinzip** unterstützt neben dem Verursacher- und dem Vorsorgeprinzip die Entwicklung hin zu einer Ökologischen Ökonomie. Die Kooperation zwischen Unternehmen, privaten Haushalten und dem Staat ist dabei von entscheidender Bedeutung. Erst durch ihr enges Zusammenwirken können umweltschutztechnische Gesichtspunkte gemeinsam erarbeitet und effektiver umgesetzt werden.

Ziel der Ökologischen Ökonomie ist es, mittels verschiedener Prinzipien die Interessen der Natur, der Verbraucher und der Wirtschaft zu wahren.

Die Rolle des Staates in der Ökologischen Ökonomie

Im Gegensatz zum vorangehenden – weitgehend theoretischen – Abschnitt existieren von staatlicher Seite her bereits Maßnahmen, die den Gedanken einer Ökologischen Ökonomie verfolgen:

- **Gebote und Verbote**

  Die Gebote und Verbote stellen die bedeutendsten umweltpolitischen Maßnahmen des Staates dar. Sie sind vor allem in solchen Bereichen erforderlich, wo es um eine unmittelbare Gefahrenabwendung geht. Dies ist z.B. in der Landwirtschaft der Fall, wenn giftige Spritzmittel aus gesundheitsgefährdenden Gründen vom Markt genommen und verboten werden. Auch mittels verschiedener Gesetze, wie etwa dem Bundes-Immissionsgesetz zur Vermeidung von Luftverunreinigungen oder dem Fluglärmgesetz zum Schutz gegen Fluglärm, soll von staatlicher Seite her ein umweltschonendes Miteinander erwirkt werden.

Der Erfolg solcher staatlichen Auflagen wird durch die Androhung von Strafen und Bußgeldern gesichert.

Umweltabgaben

Zu den wichtigsten Umweltabgaben gehört die im Jahre 1998 in Deutschland eingeführte **Ökosteuer**. Grundgedanke ökologischer Steuern ist es, einen finanziellen Anreiz zu schaffen, damit Umweltbelastungen aus eigenem Interesse vermieden werden. Das Prinzip ist einfach: Energie und umweltschädlicher Verkehr werden teurer. Durch weniger Energieverbrauch und die Eindämmung des Verkehrs wird die Umwelt geschützt. Im gleichen Zuge sollen zukunftsträchtige Arbeitsplätze in neuen Branchen, wie etwa im Recyclingsektor, geschaffen werden.

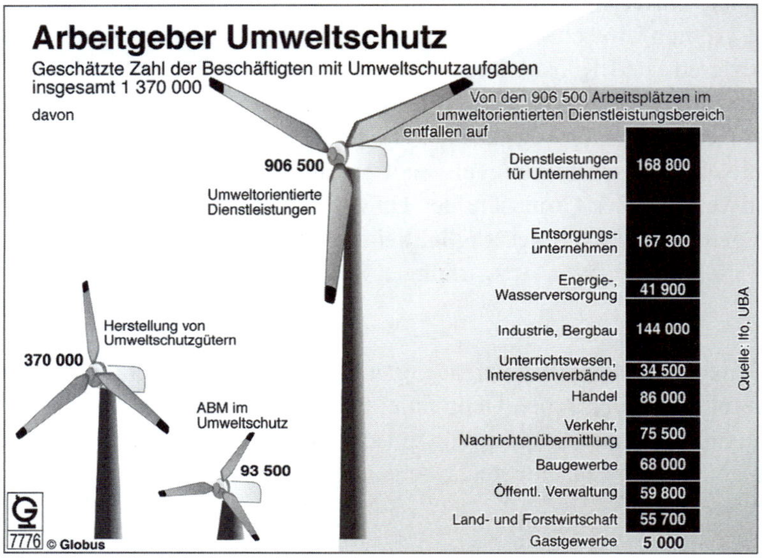

Abb. 9.2 Umweltschutz schafft Arbeitsplätze

Zentraler Ansatzpunkt der ökologischen Steuerreform ist die langsam zunehmende Energie-Besteuerung fossiler Brennstoffe wie z.B. Erdöl. Das heißt, die Steuer wird in regelmäßigen Schritten weiter ansteigen, damit sich die Energieverbraucher nach und nach den neuen Bedingungen anpassen bzw. ihr Verhalten ändern. Benzinsparende Fahrzeuge, das Umsteigen auf Bus und Bahn, bessere Wärmedämmung bei Gebäuden, Stromsparen und mehr Energieeffizienz in der Produktion sollten sich dann bezahlt machen.

Umweltzertifikate

Während bei den Umweltabgaben ein Preis für die Nutzung der Umwelt festlegt wird, geht man bei den Umweltzertifikaten umgekehrt vor. Hier begrenzt der Staat die zulässige Menge der Umweltbeeinträchtigungen dadurch, dass er an **Emittenten**, also an diejenigen Unternehmen, die Schadstoffe freisetzen, **„Umweltnutzungsrechte"** vergibt. Die Emittenten sind dann aufgrund dieser Zertifikate dazu berechtigt, über einen bestimmten Zeitraum eine festgelegte Menge an Schadstoffen auszustoßen. Alle darüber hinausgehenden Emissionen sind verboten. Möchte ein Unternehmen **mehr** Schadstoffe ausstoßen, als ihm laut Zertifikat zustehen, **muss** es ein neues Zertifikat hinzuerwerben. Die Preise für die knappen Umweltnutzungsrechte sind nicht festgelegt, sondern ergeben sich durch Angebot und Nachfrage. Der Vorteil der Zertifikate besteht darin, dass sich das jeweilige Umweltergebnis vorherbestimmen lässt. Schließlich sollte der Staat Zertifikate nur in der Menge ausgeben, die unter umweltschutztechnischen Gesichtspunkten für tragbar gehalten wird.

- **Öko-Auditing**

Auch vom **freiwilligen** Öko-Auditing* verspricht sich der Staat erhebliche Fortschritte in Richtung eines gesteigerten Umweltbewusstseins. Hierbei handelt es sich um ein **betriebsinternes Programm**, das die relevanten Umweltschutzaspekte in alle Unternehmensfunktionen eingliedert und so den betrieblichen Beitrag zum Umweltschutz verbessert. Mittlerweile lässt sich ein landesweiter Wettbewerb umweltbewusster Unternehmen beobachten. Es sind vor allem Imagegründe, die die Unternehmen dazu bewegen, sich um ein „Öko-Audit"-Zertifikat zu bemühen.

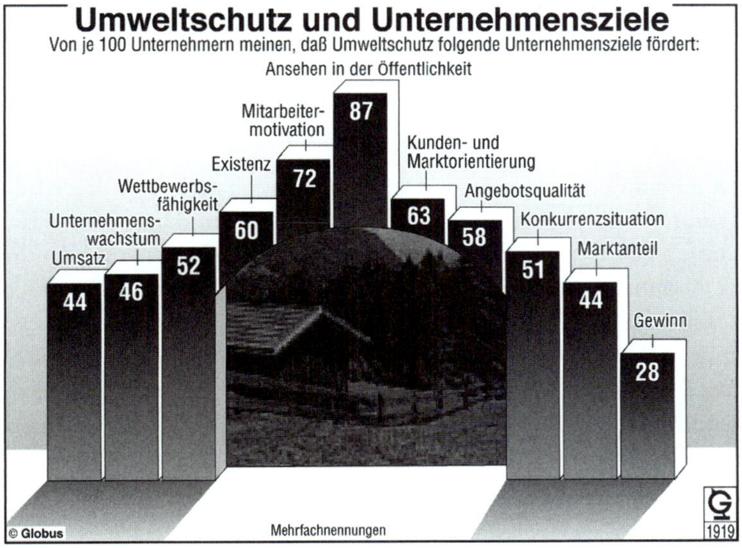

Abb. 9.3 Umweltschutz und Unternehmensziele

Bleiben wir noch kurz beim Öko-Auditing. Möchte ein Unternehmen das entsprechende Zertifikat erwerben, wird es von einem Umweltgutachter** auf bestimmte Sachverhalte hin überprüft:

- Die Unternehmen unterliegen strengen **Aufzeichnungspflichten** (z.B. hausinternes Mülltrennsystem, umweltfreundliche Verpackung beim Versand von Produkten) und einer genauen Kontrolle, was die Einhaltung der gesetzlichen Umweltvorschriften betrifft.

* Audit (engl.): Prüfung betrieblicher Qualitätsmerkmale

** Ein Umweltgutachter ist mit einem Wirtschaftsprüfer vergleichbar, jedoch beschränkt sich sein Aufgabengebiet auf die umweltrelevanten Bereiche der unternehmerischen Tätigkeit. Der Umweltgutachter überprüft die Richtigkeit der Umwelterklärung des Unternehmens. Die Zulassungsstelle für Umweltgutachter ist die Deutsche Akkreditierungs- und Zulassungsgesellschaft für Umweltgutachter mbH (DAU).

- Die Unternehmen verpflichten sich zu einer **stetigen Verbesserung** betrieblicher Umweltschutzleistungen und werden auf die Erreichung dieses Ziels hin überprüft.
- Der Umweltschutz darf sich nicht nur auf **organisatorische Abläufe** (weniger Papierverbrauch, umweltgerechte Entsorgung von Druckerpatronen etc.) beschränken, er muss auch in den **unternehmerischen Zielen** verankert sein.
- Es besteht eine **Informationspflicht** gegenüber der **Öffentlichkeit**. Sie ist mittels einer Umweltschutzerklärung über die betrieblichen Umweltschutzleistungen in Kenntnis zu setzen.

Die Einrichtung eines freiwilligen Öko-Auditing führt mit Sicherheit in einigen Fällen zu einer **umweltorientierten Unternehmensführung** und somit zu einem gesteigerten Umweltbewusstsein.

> ***Mit Ge- und Verboten, Umweltabgaben, Umweltzertifikaten und dem Öko-Auditing versucht der Staat die Voraussetzungen für eine Ökologische Ökonomie zu schaffen.***

Zielkonflikte einer Ökologischen Ökonomie

Es bleibt jedoch die Frage offen, ob Umweltschutzleistungen auf freiwilliger Basis nicht mit den **Rentabilitätszielen** der **Unternehmen** bzw. mit den **Sparzielen** der **privaten Haushalte** in Konflikt geraten. Unternehmen werden **nachhaltige**, also **ökologisch sinnvolle Produkte** und **Dienstleistungen** nur dann anbieten, wenn es sich für sie finanziell lohnt, d.h. wenn sie sich mit Gewinnstreben und Wirtschaftlichkeit vereinbaren lassen. Die Verbraucher hingegen werden nachhaltige Produkte und Dienstleistungen vor allem dann akzeptieren, wenn ihnen hieraus kein finanzieller Nachteil erwächst. Die Lösung dieser Zielkonflikte setzt geeignete wirtschaftliche Rahmenbedingungen (z.B. Ausbau der Ökosteuer) seitens der Politik voraus, die eigenverantwortliches Handeln in Richtung **Nachhaltigkeit** fördern. Nur so kann in unserer Volkswirtschaft eine Verbindung von Ökologie und Ökonomie erreicht werden.

Aufgaben zur Lernkontrolle

1. *Warum stellt das Thema Umweltschutz einen zentralen Aspekt volkswirtschaftlicher Bemühungen dar? Nennen Sie mindestens drei Gründe.*

2. *Welche Ursachen für die starke Belastung der Umwelt sind Ihnen bekannt? Zählen Sie die Ursachen kurz auf und erläutern Sie diese in Stichworten.*

3. *Schildern Sie in Stichworten die Prinzipien, denen eine Ökologischen Ökonomie Rechnung tragen muss.*

4. *Welche Interventionsmöglichkeiten des Staates gibt es, um unsere Umwelt zu entlasten?*

5. *Welchen Zweck verfolgt der Staat mit Umweltabgaben?*

10 Wettbewerb

Nur wenn **Wettbewerb** herrscht, werden die Wirtschaftspläne der Marktteilnehmer über die Preise aufeinander abgestimmt. Das heißt, ein Markt kann Angebot und Nachfrage nur dann sinnvoll koordinieren, wenn es Konkurrenz und damit Wettbewerb gibt.

In Lektion 6 „Wirtschaftsordnungen" haben wir gelernt, dass das System der **Sozialen Marktwirtschaft** nach dem **Prinzip der Marktfreiheit** funktioniert. Um Marktfreiheit gewährleisten zu können, schafft der Staat Institutionen, die die Entstehung von übermäßiger wirtschaftlicher Macht verhindern sollen. Der Wettbewerb muss also mit gesetzlichen Maßnahmen geordnet und aufrechterhalten werden, da er die Triebfeder der Sozialen Marktwirtschaft ist.

In den vorangegangenen Lektionen wurde wiederholt auf die Bedeutung des Wettbewerbs hingewiesen. Wir wollen in dieser Lektion die Funktionen des Wettbewerbs genauer betrachten und seine zentrale Bedrohung durch **Konzentrationsprozesse** aufzeigen. Des Weiteren geht es darum zu beschreiben, in welcher Form und mit welchen Einrichtungen der **Wettbewerbsschutz** in Deutschland und innerhalb der Europäischen Union gewahrt wird.

Mit den Themen Wettbewerb und Konzentration behandeln wir somit einen Bereich, der der **Wirtschaftspolitik** zugeordnet ist.

10.1 Funktionen und Barrieren des Wettbewerbs

Begriffe ***Steuerungsfunktion ◉ Allokationsfunktion ◉ Innovationsfunktion ◉ Verteilungsfunktion ◉ Kontrollfunktion ◉ strukturelle, institutionelle und strategische Markteintrittsbarrieren***

Hinter dem Begriff **„Wettbewerb"** verbirgt sich ein dynamisches Ausleseverfahren. Gemessen nach Qualität und Preis entscheiden die Käufer darüber, welcher Anbieter von Gütern und Dienstleistungen in welchem Umfang zum Zuge kommt. Dem **Nachfrager** garantiert der Wettbewerb somit **Handlungs-** und **Wahlfreiheiten** und letztendlich eine **effiziente Marktversorgung**.

Dabei erfüllt der Wettbewerb unter den Voraussetzungen des **vollständigen Wettbewerbs** (vgl. hierzu Lektion 2, „Markt und Preisbildung") folgende Funktionen:

- **Steuerungsfunktion**

  Über die Steuerungsfunktion des Wettbewerbs soll ein **Angebot** bereitgestellt werden, das den **Wünschen der Nachfrager** entspricht. Man sagt, der Kunde entscheidet durch seine tatsächliche Nachfrage, was und wie viel produziert wird. In der wirtschaftlichen Realität ist jedoch häufig die Tendenz zu erkennen, dass der Anbieter ein Produkt herstellt und es unter allen Umständen abzusetzen versucht. (*„Sag dem Kunden, was er braucht, um zufrieden zu sein, denn er selbst weiß es nicht!"*)

- **Allokationsfunktion**

  Bei vollständigem Wettbewerb ist die **größtmögliche Effizienz** beim **Einsatz der Produktionsfaktoren** sichergestellt. Die Produktionsfaktoren werden also bei vollständigem Wettbewerb zum Ort ihrer höchsten Entlohnung „hinwandern". So suchen sich etwa Arbeit und Bildung (bzw. technisches Wissen) die Arbeitsstellen, an denen der höchste Lohn gezahlt wird. Dem Wettbewerb wird hierbei die Funktion zugeschrieben, die knappen Produktionsfaktoren einer Volkswirtschaft jeweils der von den Nachfragern gewünschten Verwendung zuzuweisen, und diese sparsam und mit dem größtmöglichen Erfolg einzusetzen. Durch diese optimale Allokation (Zuweisung) von Produktionsfaktoren erreichen der Prozess der Gütererstellung und damit auch die gesamte Wirtschaft ein Höchstmaß an Effizienz.

- **Innovationsfunktion (Anpassungsfunktion)**

  Die stets steigenden Anforderungen der Verbraucher an Produkte und Dienstleistungen zwingen die Anbieter dazu, kostengünstiger zu produzieren und neue, qualitativ verbesserte Produkte in immer kürzeren Zeitabständen auf den Markt zu bringen. Ein Anbieter, der eine Entwicklung verschläft, wird Kunden verlieren und schließlich aus dem Markt ausscheiden. Der Wettbewerb trägt somit zur Einführung **kostengünstiger Produktionsverfahren** und zur Entwicklung und Durchsetzung **neuer Güter** und **besserer Produktqualitäten** bei.

- **Verteilungsfunktion**

  Das Verteilungsprinzip besagt, dass jeder entsprechend seinem Beitrag zum Volkseinkommen entlohnt werden soll. Diese Funktion des Wettbewerbs bezieht sich also auf den **Arbeitsmarkt**. Hier trägt der Wettbewerb dazu bei, dass durch eine gerechte Verteilung des Volkseinkommens eine **leistungsgerechte Einkommensverteilung** gewährleistet ist. Besteht z.B. durch eine hohe Auftragslage Bedarf am Produktionsfaktor Arbeit, so wird dieser auf dem Arbeitsmarkt höher bewertet werden. Dies bedeutet zum einen **höhere Löhne** und zum anderen die Einstellung **zusätzlicher Arbeitskräfte**.

- **Kontrollfunktion**

  Der Wettbewerb wird als volkswirtschaftliches Verfahren zur Begrenzung und Kontrolle **wirtschaftlicher Macht** angesehen. Unternehmen besitzen diese wirtschaftliche Macht beispielsweise dann, wenn sie am Markt einen Preis durchsetzen können, der deutlich über den Herstellungskosten liegt und ihnen dadurch die Möglichkeit gibt, überdurchschnittliche Gewinne zu erzielen. Dies wird durch die Kontrollfunktion unterbunden, da billiger anbietende Unternehmen die teurer anbietenden Unternehmen bei gleicher Leistung und Qualität vom Markt verdrängen.

10

Der Wettbewerb gilt als das zentrale Instrument zur Verhinderung übermäßiger wirtschaftlicher Macht einzelner Marktteilnehmer bei gleichzeitiger Handlungs- und Wahlfreiheit des einzelnen Nachfragers.

Ein wirksamer Wettbewerb kann allerdings nur erhalten bleiben, wenn für neue Anbieter die Möglichkeit des Marktzutritts besteht. Ist dieser **Marktzutritt** begrenzt, so spricht man von **Markteintrittsbarrieren**. Es lassen sich drei Arten solcher Zutrittsbarrieren unterscheiden:

- **Strukturelle Markteintrittsbarrieren**

  Dabei kann es sich um **Kostenvorteile** durch großbetriebliche Produktionen („economies of scale“) oder um **Mindestkapitalerfordernisse** für bestimmte Produktionsverfahren handeln, z.B. Bau von Flugzeugen, Schiffen.

- **Institutionelle Markteintrittsbarrieren**

  Diese Markteintrittsbarrieren beruhen auf **politischen Rahmenbedingungen**, wie z.B. der staatlichen Vergabe von Mobilfunk- und Rundfunkfrequenzen.

- **Strategische Markteintrittsbarrieren**

  Diese Zutrittsschranken entstehen durch **Handlungen etablierter Anbieter**. Dabei kann es sein, dass einzelne Unternehmen spezifische technische Standards setzen, die dann von den Mitbewerbern eingehalten werden müssen, weil der Kunde die gesetzten technischen Meilensteine einfordert (z.B. Sicherheitsstandards für Automobile). Es kann weiter vorkommen, dass Unternehmen mit hohem Kapitalstock eine **Niedrigpreisstrategie** fahren, um ihre Mitkonkurrenten, die über weniger finanzielles Durchhaltevermögen verfügen, vom Markt zu verdrängen.

Strukturelle, institutionelle und strategische Markteintrittsbarrieren führen auf lange Sicht zu Wettbewerbsversagen, soweit nicht geeignete wettbewerbspolitische Maßnahmen durchgesetzt werden.

Die **Wettbewerbspolitik** (siehe Abschnitt 10.4, „Das Gesetz gegen Wettbewerbsbeschränkungen (GWB)“) muss dabei jedoch differenzieren, ob bestehende Markteintrittsbarrieren das Ergebnis einer **effizienten Unternehmensführung** sind oder das Ergebnis eines **wettbewerbsbeschränkenden Verhaltens**. In letzterem Fall wären die Zutrittsbarrieren, die sich oft nicht nur auf ein Land beschränken, abzubauen.

10.2 Unternehmenszusammenschlüsse – Begriff und Formen

Um zu erkennen, ob Wettbewerb durch wettbewerbsbeschränkendes Verhalten von Mitkonkurrenten behindert wird, muss zunächst geklärt werden, welche Form eines Unternehmenszusammenschlusses vorliegt. Grundsätzlich unterscheidet man

- Kooperationen

  und
- Konzentrationen.

10.2.1 Kooperationen

Begriffe *Kooperation (horizontale, vertikale und diagonale)* ◉ *Unternehmensverband* ◉ *Interessengemeinschaft* ◉ *Arbeitsgemeinschaft* ◉ *Kartell* ◉ *Joint Venture*

Die Zusammenarbeit zwischen **wirtschaftlich und rechtlich selbstständigen Unternehmen** bezeichnet man als **Kooperation**. Man unterscheidet bei solchen Unternehmenszusammenschlüssen zwischen horizontaler, vertikaler und diagonaler Kooperation. Bei der **horizontalen Kooperation** schließen sich Unternehmen der gleichen Produktionsstufe zusammen. Das heißt, die beteiligten Unternehmen sind auf dem gleichen Markt tätig. Ein Beispiel hierfür wäre der Zusammenschluss eines Küchenherstellers mit einem Möbelhersteller. Bei der **vertikalen Kooperation** schließen sich Unternehmen zusammen, die auf vor- und/oder nachgelagerten Produktionsstufen tätig sind (z.B. ein Möbelhersteller und ein Hersteller von Spanplatten). Meist liegt hier eine Abnehmer-Lieferanten-Beziehung vor. Vertikale Konzentrationen sind vielfach in der Automobilindustrie zwischen Hersteller und Zulieferer zu finden. Die **diagonale Kooperation** kennzeichnet die Zusammenarbeit zwischen Unternehmen verschiedener Wirtschaftsstufen **(Branchen)**. Dabei besteht zwischen den Produkten kein enger Zusammenhang (z.B. Bausparkassen, Automobilhersteller, Versandhäuser).

Zu den Kooperationen zählen nun folgende Unternehmenszusammenschlüsse:

- **Unternehmensverband**

  Hier schließen sich Wirtschaftszweige mit dem Ziel zusammen, die gemeinsamen wirtschaftlichen Interessen ihrer Mitglieder zu fördern (Beispiel: der Deutsche Sparkassen- und Giroverband).

- **Interessengemeinschaft**

  Ein gemeinsamer wirtschaftlicher Zweck führt zum Zusammenschluss auf horizontaler Ebene (Beispiel: Vereine).

- **Arbeitsgemeinschaft**

  Unternehmen kooperieren zur Durchführung eines gemeinsamen Projekts (Beispiel: Bau eines Fußballstadions).

- **Kartell**

  Das Kartell gehört aufgrund seiner marktbeherrschenden Stellung zu den bedeutendsten Formen der Kooperation. Hier schließen sich Unternehmen der **gleichen Branche** zusammen. Ziel einer solchen Kartellbildung ist es, den Wettbewerb zu beschränken, indem man gemeinsam gegen andere Konkurrenten agiert. Man trifft absatzpolitische Absprachen über Preise und Verkaufskonditionen oder über gemeinsame Anstrengungen in Forschung und Entwicklung. In den 70er und 80er Jahren stellte die Organisation der Erdöl exportierenden Länder (OPEC) ein Kartell dar.

- **Joint Venture***

  Ein so genanntes Joint Venture entsteht, wenn sich zwei oder mehrere unabhängige Unternehmen dazu entschließen, sich an einem anderen Unternehmen zu beteiligen oder zusammen ein weiteres Unternehmen zu gründen. Diese Art der Zusammenarbeit ist jedoch problematisch, da die beteiligten Unternehmen im gemeinsamen Wettbewerb aufeinander Rücksicht nehmen werden und somit eine Abnahme des Wettbewerbs zu erwarten ist.

---

* Joint Venture = Gemeinschaftsunternehmen

10.2.2 Konzentrationen

Begriffe ***Konzentration*** ◉ ***Konzern*** ◉ ***Trust*** ◉ ***Fusion***

In Abgrenzung zur Kooperation spricht man von **Konzentration**, wenn die beteiligten Unternehmen ihre wirtschaftliche oder wirtschaftliche und rechtliche Selbstständigkeit durch den Zusammenschluss verlieren. Ebenso wie bei der Kooperation sind die im Rahmen der Konzentration erfolgenden Unternehmenszusammenschlüsse in horizontaler, vertikaler und diagonaler Form möglich.

◉ **Konzern**

Bei der **Konzernbildung** werden unter **einheitlicher Konzernleitung** Geschäfte getätigt. Die einzelnen Unternehmen bleiben aber weiterhin **rechtlich selbstständig** unter **eigenem Namen** bestehen. Man spricht von einem **Unterordnungskonzern**, wenn das beherrschende Unternehmen – die Muttergesellschaft – die Kapitalmehrheit an den restlichen Konzernunternehmen – Tochtergesellschaften – erwirbt. Bei einem **Gleichordnungskonzern** hingegen besteht keine Abhängigkeit eines Unternehmens gegenüber einem der anderen Unternehmen, da die Konzernunternehmen durch einen gleichmäßigen Austausch von Kapitalbeteiligungen miteinander verflochten sind.

◉ **Trust**

Wenn Unternehmen durch den Zusammenschluss ihre **rechtliche und wirtschaftliche Selbstständigkeit verlieren**, spricht man von einem so genannten **Trust**. Dieser entsteht durch Verschmelzung, also durch Fusion. Dabei kann man unterscheiden zwischen der **Fusion durch Aufnahme** (ein schwächeres Unternehmen wird durch ein stärkeres Unternehmen aufgekauft) und der **Fusion durch Neugründung** (das Vermögen der fusionierenden Unternehmen wird auf eine neue Gesellschaft übertragen, z.B. Verschmelzung von Daimler-Benz und Chrysler zur DaimlerChrysler AG).

10.3 Unternehmenszusammenschlüsse – Gründe und Folgen

Begriffe ***Finanzierungsvorteile*** ◉ ***Größenvorteile*** ◉ ***Diversifizierungsvorteile*** ◉ ***staatliche Rahmenbedingungen*** ◉ ***Wettbewerbsverzerrungen***

Welche **Gründe** gibt es nun für Unternehmenszusammenschlüsse?

Jedes Unternehmen ist auf **Umsatz-** und somit **Gewinnwachstum** ausgerichtet. Unternehmen expandieren, werden neu gegründet, kaufen ganze Unternehmen zu und versuchen sich so kontinuierlich zu vergrößern, um ihre **Marktposition** zu stärken.

Unternehmenszusammenschlüssen liegt die Absicht zugrunde, die eigene Marktmacht auszubauen.

Die vier wichtigsten Gründe für Zusammenschlüsse sind:

Gründe für Unternehmenszusammenschlüsse			
Finanzierungsvorteile	Größenvorteile	Diversifizierungsvorteile	Staatliche Rahmenbedingungen

Abb. 10.1 Gründe für Unternehmenszusammenschlüsse

- **Finanzierungsvorteile**

  Sie ergeben sich vor allem für große Firmen. Aufgrund ihrer Größe erhalten diese leichter **Kredite**, da aus Sicht der Banken das **Rückzahlungsrisiko** bei größeren Unternehmen als geringer eingestuft wird.

- **Größenvorteile**

  Mit **wachsender Betriebsgröße** sinken die **Stückkosten**. Dies ergibt sich zunächst daraus, dass bei gleich bleibenden Produktionsabläufen Qualität und Quantität der geleisteten Arbeit zunehmen. Das heißt, durch Routine und Erfahrung steigt die Geschicklichkeit derer, die die Tätigkeiten ausführen. Einen ähnlichen Lernprozess durchläuft das Management: Die einzelnen Abläufe werden zunehmend besser geplant und aufeinander abgestimmt und es werden die für die Bewältigung der Aufgaben jeweils optimalen Maschinen angeschafft. Im Gesamtergebnis entsteht ein Größenvorteil: Während die **Produktionskosten** langsamer wachsen, steigen die **produzierten Stückzahlen** (so genannter **Lernkurveneffekt***).

- **Diversifizierungsvorteile****

  Nehmen wir an, **verschiedene Produkte** werden von unterschiedlichen Herstellern produziert. Nun stellt sich heraus, dass die Herstellung all dieser Produkte durch das **gleiche Unternehmen** zu **niedrigeren Gesamtkosten** führt. So entstehen beispielsweise Diversifizierungsvorteile beim Einkauf der Rohstoffe (größere Mengen) und bei der Auslastung der Produktionsanlagen.

- **Staatliche Rahmenbedingungen**

  Die staatlichen Rahmenbedingungen der **Subventions-**, **Forschungs-** und **Technologiepolitik** begünstigen vor allem die großen Konzerne einer Branche (z.B. Zulieferer der Luft- und Raumfahrtindustrie).

Nun stellt sich aber die Frage, welche **Folgen** die zunehmenden Unternehmenszusammenschlüsse bzw. die zunehmenden **Konzentrationsprozesse** für den Wettbewerb haben.

Ein Unternehmenszusammenschluss kann den Wettbewerb sowohl verbessern als auch verschlechtern.

* Lernkurveneffekt heißt, dass mit jeder Verdopplung der Ausbringungsmenge die Stückkosten um ca. 20 bis 30% sinken.

** diversifizieren: ausweiten, erweitern

Nehmen wir an, auf einem Markt befinden sich vier große und zehn kleine Unternehmen. Eine **Verbesserung der Wettbewerbsbedingungen** erfolgt in diesem Falle dann, wenn sich z.B. einige der kleinen Unternehmen zu einem Konzern zusammenschließen. Dadurch stellen sie eine Konkurrenz für die Großen der Branche dar – eine Art Gegengewicht – und der Wettbewerb wird verbessert.

Von einer **Verschlechterung der Wettbewerbsbedingungen** spricht man hingegen, wenn Unternehmen aufgrund eines Zusammenschlusses eine marktbeherrschende Position einnehmen. Diese sichert ihnen einen dauerhaften Wettbewerbsvorsprung und erschwert anderen Anbietern das Bestehen auf dem Markt bzw. den Marktzutritt. Durch die den Unternehmen zuwachsende Marktmacht erlahmt der Wettbewerb und es entstehen so genannte **Wettbewerbsverzerrungen**. Dadurch gehen den Verbrauchern Vorteile verloren. So ist zu erwarten, dass die Preise zu hoch sind und die Bereitschaft zu Innovationen abnimmt. Zudem besteht die Gefahr, dass die große wirtschaftliche Macht der Unternehmen dazu missbraucht wird, staatliche Entscheidungsträger zu beeinflussen. Die ökonomische Macht einiger großer Unternehmen könnte sich dann z.B. auf Entscheidungen in der Steuerpolitik auswirken.

10.4 Das Gesetz gegen Wettbewerbsbeschränkungen (GWB)

Begriffe ***GWB ◉ Bundeskartellamt ◉ Kartellverbot ◉ Preiskartell ◉ Gebietsschutzkartell ◉ Quotenkartell ◉ Ausnahmen vom grundsätzlichen Kartellverbot ◉ Missbrauchsaufsicht ◉ Ministererlaubnis***

Der Schutz des Wettbewerbs ist Aufgabe des **Staates**. Wie wir bereits gesehen haben, ist ein funktionierender Wettbewerb die Grundlage unserer Wirtschaftsordnung, der Sozialen Marktwirtschaft.
Zum Schutz des Wettbewerbs hat der Bundestag der Bundesrepublik Deutschland mit Wirkung zum 1. Januar 1958 das **Gesetz gegen Wettbewerbsbeschränkungen**, kurz **GWB**, erlassen. Dieses Gesetz soll die Funktionsfähigkeit des Wettbewerbs in Deutschland gewährleisten und dafür sorgen, dass Unternehmenskonzentrationen nicht zum Nachteil der Volkswirtschaft führen. Das GWB wird auch als das „Grundgesetz der Wirtschaftsordnung“ angesehen. Es wurde bislang insgesamt sechsmal neu geordnet und umgestaltet. Im Rahmen der letzten Überarbeitung vom 26. August 1998 erfolgte die Anpassung an **europäische Wettbewerbsregeln**.

Das GWB wird vom Bundeskartellamt mit Sitz in Bonn durchgesetzt.

Das **Bundeskartellamt** ist die wichtigste wettbewerbspolitische Institution der Bundesrepublik Deutschland. Sie ist eine selbstständige **Bundesoberbehörde** und gehört zum **Bundeswirtschaftsministerium**.

Das GWB umfasst u.a. folgende **Bereiche**:

- das **Kartellverbot** (§§1ff)
- die **Missbrauchsaufsicht über marktbeherrschende Unternehmen** (§§19ff)
- die **Zusammenschlusskontrolle** (§§35ff)

Nach §130 Abs. 2 GWB wirkt sich das Gesetz auf alle Unternehmen aus, die auf dem **deutschen Markt** agieren. Dadurch unterliegen auch die in Deutschland ansässigen **Tochtergesellschaften internationaler Firmen** dem GWB.

Nationales Wettbewerbsrecht kontra Wettbewerbsrecht der EU

Neben dem GWB gilt das **Wettbewerbsrecht der EU**. Grundsätzlich hat das **Gemeinschaftsrecht der EU** Vorrang vor **nationalem Wettbewerbsrecht**. Dabei unterliegen Zusammenschlüsse, die von gemeinschaftlicher Bedeutung sind, der ausschließlichen Kontrolle durch die EU-Kommission. Von **gemeinschaftlicher Bedeutung** spricht man, wenn folgende Voraussetzungen erfüllt sind:

- Alle am Zusammenschluss beteiligten Unternehmen haben zusammen einen weltweiten Gesamtumsatz von mehr als 5 Mrd. Euro, **und**
- von mindestens zwei der beteiligten Unternehmen wird ein gemeinschaftsweiter (EG-)Umsatz von jeweils mehr als 250 Mio. Euro erzielt.

Oder:

- Alle am Zusammenschluss beteiligten Unternehmen haben zusammen einen weltweiten Gesamtumsatz von mehr als 2,5 Mrd. Euro, **und**
- von mindestens zwei der beteiligten Unternehmen wird ein gemeinschaftsweiter (EG-)Umsatz von jeweils mehr als 100 Mio. Euro erzielt, **und**
- alle am Zusammenschluss beteiligten Unternehmen haben zusammen in mindestens drei Mitgliedsstaaten einen Gesamtumsatz von jeweils mehr als 100 Mio. Euro erzielt, **und**
- von mindestens zwei der beteiligten Unternehmen wird in jedem dieser drei Mitgliedsstaaten ein Umsatz von jeweils mehr als 25 Mio. Euro erzielt.*

Grundsätzlich gilt: Hat die EU-Kommission einem Kartell zugestimmt, kann dieses nach dem GWB nicht mehr verboten werden.

* Betrachtungszeitraum ist immer eine bestimmte Periode (ein Jahr).

Kartelle – grundsätzliches Verbot und Ausnahmen

Die wohl wichtigste Regelung des deutschen Wettbewerbsrechts ist das **grundsätzliche Kartellverbot**.

> In §1 des GWB heißt es:
> „**Kartellverbot**. Vereinbarungen zwischen miteinander im Wettbewerb stehenden Unternehmen, Beschlüsse von Unternehmensvereinigungen und aufeinander abgestimmte Verhaltensweisen, die eine Verhinderung, Einschränkung oder Verfälschung des Wettbewerbs bezwecken oder bewirken, sind verboten.“

Zu den wichtigsten Kartellarten gehören u.a. die so genannten Preis-, Gebietsschutz- und Quotenkartelle.

Beim **Preiskartell** verabreden sich Unternehmen dazu, beim Verkauf von Produkten oder Dienstleistungen einen bestimmten Preis nicht zu unterschreiten. Wird der Markt zwischen den Anbietern regional aufgeteilt, so handelt es sich um ein **Gebietsschutzkartell**. Beim **Quotenkartell** verpflichten sich die Mitglieder des Kartells dazu, einen bestimmten Absatz nicht zu überschreiten.

Es gibt jedoch auch **Ausnahmen vom grundsätzlichen Kartellverbot** des §1 GWB. Gemäß §§2–8 GWB sind folgende Kartellarten vom grundsätzlichen Kartellverbot ausgenommen:

- Die **anmeldepflichtigen Widerspruchskartelle** fallen unter zulässige Kartelle, wenn die Kartellbehörde nicht innerhalb von drei Monaten nach deren Anmeldung Widerspruch einlegt. Hierzu gehören z.B. **Normen-, Typen-, Konditionen-, Rabatt-, Spezialisierungs-** und **Mittelstandskartelle**.

- Bei den so genannten **genehmigungspflichtigen Kartellen** handelt es sich um **Rationalisierungs-*** und **Strukturkrisenkartelle****. Das Bundeskartellamt muss diese zulassen, insofern der Wettbewerb durch sie nicht wesentlich beeinträchtigt wird. Durch die Freistellung von Strukturkrisenkartellen wird z.B. verhindert, dass kleinere und mittlere Unternehmen aufgrund zu geringer Nachfrage aus dem Wettbewerb ausscheiden. Die Genehmigung von Strukturkrisenkartellen unterstützt somit die Anpassung einzelner Wirtschaftszweige an veränderte Marktbedingungen.

---

* GWB §5: „(1) Vereinbarungen und Beschlüsse, die der Rationalisierung wirtschaftlicher Vorgänge dienen, können vom Verbot des §1 freigestellt werden, wenn sie geeignet sind, die Leistungsfähigkeit oder Wirtschaftlichkeit der beteiligten Unternehmen in technischer, betriebswirtschaftlicher oder organisatorischer Beziehung wesentlich zu heben und dadurch die Befriedigung des Bedarfs zu verbessern.“

** GWB §6: „Im Falle eines auf nachhaltiger Änderung der Nachfrage beruhenden Absatzrückgangs können Vereinbarungen und Beschlüsse von Unternehmen der Erzeugung, Herstellung, Bearbeitung oder Verarbeitung vom Verbot des §1 freigestellt werden, wenn die Vereinbarung oder der Beschluss notwendig ist, um eine planmäßige Anpassung der Kapazität an den Bedarf herbeizuführen, und die Regelung unter Berücksichtigung der Wettbewerbsbedingungen in den betroffenen Wirtschaftszweigen erfolgt.“

- Schließlich gibt es noch die **Bereichsausnahmen**. Hier handelt es sich um Ausnahmebereiche, in denen das GWB nicht oder nur deutlich eingeschränkt gilt. Einen absoluten Ausnahmebereich stellt z.B. die Deutsche Bundesbank dar. Bereichsausnahmen existieren ferner für Unternehmen der Landwirtschaft und des Kohle- oder Bergbaus sowie für die Kredit- und Versicherungswirtschaft und die Bausparkassen. Sie können Kartelle bilden, unterliegen dabei jedoch einer besonderen Missbrauchsaufsicht. Das heißt, es gelten spezielle gesetzliche Grundlagen wie etwa das Bundesbankgesetz oder das Kreditwesengesetz.

Anmeldepflichtige und genehmigungspflichtige Kartelle sowie Bereichsausnahmen sind vom grundsätzlichen Kartellverbot ausgenommen, da sie für die Aufrechterhaltung des Wettbewerbs bzw. für den Bestand einzelner Wirtschaftszweige von Nutzen sind.

Missbrauchsaufsicht

Was versteht man unter einer **Missbrauchsaufsicht**? Sie ist in §19ff GWB geregelt und besagt, dass die missbräuchliche Ausnutzung einer marktbeherrschenden Stellung eines oder mehrerer Unternehmen verboten ist. In diesem Fall kann das Bundeskartellamt eingreifen und Verträge für unwirksam erklären. Für einen solchen Eingriff müssen zwei Voraussetzungen erfüllt sein: den betreffenden Unternehmen muss zum einen **Marktbeherrschung** und zum anderen ein **Missbrauch der Marktmacht** nachgewiesen werden. Von Missbrauch spricht man z.B. dann, wenn ein marktbeherrschendes Unternehmen Preise verlangt, die sich bei einem funktionierenden Wettbewerb nicht ergeben würden.

Zusammenschlusskontrolle und Ministererlaubnis

Eine weitere Funktion des Kartellamts ist die so genannte **Zusammenschlusskontrolle**. Wird durch einen Zusammenschluss die marktbeherrschende Stellung der Unternehmen verstärkt, besteht laut GWB die Möglichkeit eines **Verbots**. Die betreffenden Unternehmen können diesem Verbot durch Inanspruchnahme der **Abwägungsklausel** (§36 Abs. 1 GWB) entgehen. Diese Klausel gesteht den Unternehmen das Recht zu, einen Nachweis dafür zu erbringen, dass der Wettbewerb durch den Zusammenschluss verbessert wird.

Es besteht außerdem die Möglichkeit, zur Aufhebung des Zusammenschlussverbots eine **Ministererlaubnis** einzuholen. Auf Antrag kann dann der Bundesminister für Wirtschaft die Erlaubnis für einen Zusammenschluss **nachträglich** und **gegen** die Verfügung des Kartellamts erteilen. Dazu muss jedoch ein überragendes Interesse der Allgemeinheit an dem Unternehmenszusammenschluss bestehen.

Grundsätzlich werden in Deutschland die **Verstöße** gegen die Verbote des GWB nicht als Straftaten geahndet. Man bezeichnet sie jedoch nach §81 GWB als **Ordnungswidrigkeiten**, die mit **Bußgeldern** belegt werden.

Aufgaben zur Lernkontrolle

1. *Beschreiben Sie, welche Funktionen der Wettbewerb in einer Volkswirtschaft zu erfüllen hat.*
2. *Definieren Sie den Begriff „Kartell“.*
3. *Was versteht man unter dem Begriff „Konzentration“?*
4. *Begründen Sie, warum Unternehmenszusammenschlüsse von den Firmen angestrebt werden.*
5. *Was verbirgt sich hinter dem Begriff „GWB“?*
6. *Was genau versteht man unter einer Missbrauchsaufsicht?*
7. *Zählen Sie kurz die wichtigsten Kartellarten auf.*

11 Arbeitsmarkt und Arbeitsmarktpolitik

Wie wir bereits wissen, existieren in unserer Volkswirtschaft eine Vielzahl unterschiedlicher Märkte. Einer dieser Märkte, der im Rahmen dieser Lektion erklärt werden soll, ist der **Arbeitsmarkt**. Hier treffen Angebot und Nachfrage des Produktionsfaktors Arbeit aufeinander.

Alle **staatlichen Eingriffe** in den Arbeitsmarkt werden als **Arbeitsmarktpolitik** bezeichnet. Der Begriff **„Beschäftigungspolitik“** wird meist deckungsgleich mit dem Begriff „Arbeitsmarktpolitik“ verwendet.

11.1 Der Arbeitsmarkt

Begriffe *strukturelle Wirtschaftsveränderungen ◉ Lohnbildung ◉ Arbeitsvertrag ◉ Tarifverträge ◉ Gewerkschaften ◉ Vertreter der Arbeitgeber ◉ Tarifautonomie ◉ Schlichtungsverfahren ◉ Streik ◉ Aussperrung*

Wandel des Produktionsfaktors Arbeit

Auf dem **Arbeitsmarkt** wird der **Produktionsfaktor Arbeit** „gehandelt“. Dabei stellen die **Unternehmen** jedoch nicht – wie auf den Gütermärkten – die Anbieter, sondern die **Nachfrager** dar. Das **Angebot** an Arbeit liegt wiederum in den Händen der **privaten Haushalte**: Sie bieten ihre Arbeitskraft an.

Die von den privaten Haushalten angebotenen Arbeitsleistungen werden von den Unternehmen auf dem Arbeitsmarkt nachgefragt.

Sowohl Angebot von als auch Nachfrage nach Arbeit haben sich in den letzten Jahrzehnten stark gewandelt. Dies ist vor allem auf **strukturelle Wirtschaftsveränderungen** zurückzuführen, die sich auf die unterschiedlichsten Bereiche auswirken: z.B. auf das Wertesystem der Gesellschaft, auf das Verhalten der Konsumenten oder – bedingt durch den technischen Wandel – auf die Produktionsverfahren.

11

Dadurch haben sich auch die **Anforderungen** an die **Beschäftigten** verändert. Dazu gehören u.a. nicht nur die mittlerweile in vielen Branchen unerlässlichen PC-Kenntnisse, sondern – wie z.B. im Dienstleistungssektor – das Anforderungsprofil der Beschäftigten. Dieses hat sich in den letzten Jahren enorm erweitert: neben einem ausgezeichneten Fachwissen über die angebotenen Produkte muss der Betreffende auch über **soziale Kompetenz** verfügen. Das heißt, er muss den Kunden zum einen durch individuelle Beratung und zum anderen durch Freundlichkeit, Seriosität, Zuverlässigkeit, Flexibilität und Hilfsbereitschaft überzeugen. Die Kunden erwarten mehr denn je eine auf Partnerschaftlichkeit und Vertrauen basierende Beziehung zu Geschäftspartnern. Damit die Arbeitsleistungen also von den Arbeitgebern nachgefragt werden, müssen sich die Arbeitnehmer zusätzliche Qualifikationen aneignen und diese auch belegen können. Die Nachfrage nach Arbeitsleistung kommt somit dem „Kauf von Arbeitsleistung“ gleich.

Lohnbildung und Tarifverhandlungen

Wie auf allen anderen Märkten bestimmen auch auf dem Arbeitsmarkt Angebot und Nachfrage den Preis. Nur spricht man dabei nicht von Preisen, sondern von **„Löhnen“**. Theoretisch bildet sich also auf dem Arbeitsmarkt durch das Aufeinandertreffen von Angebot und Nachfrage der Lohn als „Preis für die Arbeit“. Hierbei ist jedoch zu beachten, dass der Arbeitnehmer dem Arbeitgeber nur für die Dauer des Beschäftigungsverhältnisses die Nutzung seiner Arbeitskraft erlaubt. Diese Vereinbarung wird im **Arbeitsvertrag** festgehalten. Durch den Arbeitsvertrag ist der Arbeitnehmer dazu verpflichtet, dem Arbeitgeber seine Arbeitskraft gegen ein bestimmtes Entgelt zur Verfügung zu stellen. Der Arbeitgeber hat ebenfalls bestimmte Rechte und Pflichten zu erfüllen. Auch sie sind im Arbeitsvertrag festgelegt und im deutschen **Arbeitsrecht** verankert.

Der Inhalt des Arbeitsvertrages kann in der Sozialen Marktwirtschaft somit nicht frei bestimmt werden. Zum Schutz der Arbeitnehmer gibt es **arbeitsrechtliche Bestimmungen** (z.B. das Arbeitszeitgesetz, das Arbeitsplatzschutzgesetz oder das Kündigungsschutzgesetz) sowie **Tarifverträge**.

Ein Tarifvertrag ist ein Vertrag, der zwischen Vertretern der Arbeitnehmer (Gewerkschaften) und Vertretern der Arbeitgeber geschlossen wird und der die Arbeitsbedingungen regelt.

Diese so genannten **Tarifpartner** bzw. **Tarifvertragsparteien** verhandeln über die Höhe des Arbeitsentgelts sowie über weitere Rechte und Pflichten beider Parteien (z.B. Arbeitszeit, Pausen, Urlaubsanspruch). Der Tarifvertrag enthält außerdem Rechtsnormen, die den Inhalt, den Abschluss und die Beendigung eines Arbeitsverhältnisses ordnen können.

Der Tarifvertrag kommt ohne staatliche Einmischung zwischen den Parteien zustande.

Aus Grundgesetz Artikel 9 Abs. 3 geht diese **Tarifautonomie** wie folgt hervor:

> „Das Recht, zur Wahrung und Förderung der Arbeits- und Wirtschaftsbedingungen Vereinigungen zu bilden, ist für jedermann und für alle Berufe gewährleistet …“

Die Einrichtung der Tarifverträge erfolgte vor allem zum Schutz der Arbeitnehmer. Durch den Zusammenschluss vieler einzelner Arbeitnehmer zu großen Gewerkschaften können diese ihre Rechte gegenüber den Arbeitgebern besser wahren und so ihren Interessen mehr Nachdruck verleihen. Sehen wir uns daher die Aufgaben und Ziele der Gewerkschaften näher an:

Die Hauptaufgaben der **Gewerkschaften** liegen in der **Lohn-** und **Tarifpolitik**. Hier streben sie als Ziel eine gerechte Verteilung des Inlandsprodukts an. Es sollen aber auch Lohnunterschiede zwischen den einzelnen Arbeitnehmergruppen und somit soziale Ungerechtigkeit verringert werden.

Diesem Zweck dient beispielsweise die Anhebung der unteren Lohngruppen. Darüber hinaus versuchen die gewerkschaftlichen Vereinigungen auch, ihren Einfluss in Regierung und Parlament geltend zu machen, um bestimmte gesellschaftspolitische Forderungen durchzusetzen. Sie treten dabei für eine Anhebung des Bildungsstandes, für gleiche Bildungschancen, für Arbeitszeitverkürzung und modernere Arbeitszeitmodelle, für eine gerechtere Vermögensverteilung und für größere soziale Sicherheit ein.

Doch zurück zur Lohnbildung. Wie genau kommt der **Tariflohn** zustande?

Wir haben gesehen, dass sich der Lohn nicht generell durch das Zusammentreffen von Arbeitsangebot und Arbeitsnachfrage bildet. In Deutschland ergibt sich der **Mindestlohn**, wie gesagt, durch Verhandlungen der Gewerkschaften einerseits und der Arbeitgeberverbände andererseits. Es muss jedoch darauf hingewiesen werden, dass stets nur die Mitglieder der Tarifvertragsparteien **tarifgebunden** sind (gemäß §3 Tarifvertragsgesetz). Somit lässt sich untertarifliche Bezahlung durch Arbeitgeber, die nicht tarifgebunden sind, nicht vermeiden. In vielen Branchen werden die Arbeitnehmer allerdings auch übertariflich bezahlt (z.B. im Ingenieur- und IT-Bereich).

Zurück zur Entstehung des Tariflohns: Dabei verhandeln die Tarifvertragsparteien zunächst frei. Bei einem Scheitern der Tarifverhandlungen, also wenn sich Gewerkschaften und Arbeitgeber nicht einigen können, wird ein **Schlichtungsverfahren** eingeleitet. Dazu benennen die Parteien jeweils eine gleich große Zahl von Beratern, denen ein von beiden Seiten akzeptierter, unparteiischer Schlichter vorsitzt. Sollte trotz Schlichtungsverfahren keine Beilegung des **Tarifstreits** erzielt werden, erlischt die im Tarifvertrag festgelegte **Friedenspflicht** und ein **Arbeitskampf** wird möglich. Bei einem Arbeitskampf kommt es zu Streiks und möglicherweise auch zu Aussperrungen. Als **Streiks** bezeichnet man die Arbeitskampfmaßnahmen der Gewerkschaften. Dabei legen die Arbeitnehmer ihre Arbeit nieder. Die entsprechenden Lohnausfälle übernimmt die Gewerkschaft. Bei **Aussperrungen** handelt es sich um Maßnahmen der Arbeitgeber, bei denen sie die Arbeitnehmer von der Arbeit und vom Bezug des Arbeitsentgelts ausschließen.

In dem Augenblick, in dem die Verhandlungen zwischen Gewerkschaften und Arbeitgebern zu einem Kompromiss führen, kommt es zur Beendigung des Arbeitskampfes. Die Parteien beschließen dann einen neuen Tarifvertrag, in dem die vereinbarten neuen Arbeitsbedingungen verankert sind.

11.2 Arbeitsmarktpolitik

Begriffe ***aktive Arbeitsmarktpolitik*** ⦿ ***passive Arbeitsmarktpolitik***

Es gibt verschiedene Möglichkeiten, wie die Politik, d.h. der Staat den Arbeitsmarkt beeinflussen kann. Diese Eingriffe lassen sich in die

- aktive

und die

- passive Arbeitsmarktpolitik

unterteilen.

Unter **aktiver Arbeitsmarktpolitik** sind diejenigen Maßnahmen zu verstehen, die auf die **Integration erwerbsloser Personen** abzielen. Dabei sollen Qualifikationen verbessert und/oder den geänderten Arbeitsmarktbedingungen angepasst werden. Zu den wichtigsten Maßnahmen innerhalb der aktiven Arbeitsmarktpolitik zählen die **Förderung der beruflichen Weiterbildung (FbW), Arbeitsbeschaffungsmaßnahmen (ABM), Strukturanpassungsmaßnahmen (SAM)** sowie die **Kurzarbeit**.

Im Rahmen der **passiven Arbeitsmarktpolitik** durch die Arbeitslosenversicherung werden **Unterstützungsleistungen für Arbeitslose** zur Kompensation ausgefallener Erwerbseinkommen gewährt. Zu den wichtigsten Elementen gehören, neben anderen Lohnersatzleistungen, die Zahlung von **Arbeitslosengeld** sowie **Arbeitslosenhilfe**.

Unter dem Begriff „Arbeitsmarktpolitik" versteht man alle politischen und rechtlichen Maßnahmen zur Regelung des Angebots an und der Nachfrage nach Arbeitskräften.

11.2.1 Formen, Ursachen und Folgen der Arbeitslosigkeit

Begriffe ***freiwillige Arbeitslosigkeit ◉ unfreiwillige Arbeitslosigkeit ◉ friktionelle Arbeitslosigkeit ◉ saisonale Arbeitslosigkeit ◉ konjunkturelle Arbeitslosigkeit ◉ strukturelle Arbeitslosigkeit ◉ institutionelle Arbeitslosigkeit***

Was heißt „arbeitslos"?

Das Thema **„Arbeitslosigkeit"** stellt seit einigen Jahren in der Politik ein zentrales Thema dar. Ab wann gilt jedoch eine Person als **„arbeitslos"** bzw. **„erwerbslos"**?

Arbeitslos sind diejenigen Personen, die arbeitsfähig und arbeitswillig sind, aber keine bezahlte Beschäftigung finden können, um die eigene Existenz bzw. die ihrer Familien zu sichern.

Die arbeitssuchende Person muss, um als arbeitslos zu gelten,

- beim Arbeitsamt ihrer Stadt persönlich gemeldet sein,
- dem Arbeitsamt zur Vermittlung zur Verfügung stehen,
- zwischen 15 und 65 Jahre alt sein,
- ihren Wohnsitz in der Bundesrepublik Deutschland haben,
- ohne festes Arbeitsverhältnis sein und
- ein Arbeitsverhältnis anstreben, das mehr als sieben Kalendertage umfasst.

Im volkswirtschaftlichen Sinne besteht demnach Arbeitslosigkeit, wenn die Nachfrage nach Arbeit das Angebot an zur Verfügung stehenden Arbeitsstellen übersteigt. Im Jahr 2004 lag die Arbeitslosenzahl in Deutschland bei 4,38 Millionen (Jahresdurchschnitt). Das entspricht einer Arbeitslosenquote von 10,5%.

Jahr	Bestand an Arbeitslosen											
	insgesamt		darunter (Spalte 1)									
	absolut	Veränderung gg. Vorjahr in %	Frauen		Ausländer		Ältere (50 bis unter 65 Jahre)		Jüngere (bis unter 25 Jahre)		Langzeitarbeitslose (1 Jahr und länger)	
			absolut	in %	absolut	in %	absolut	in %	absolut	in %	absolut	in %
	1	2	3	4	5	6	7	8	9	10	11	12
					Deutschland							
1998	4 280 629		2 007 261	46,9	534 008	12,5	1 366 844	31,9	471 995	11,0	1 599 270	37,4
1999	4 100 498	– 4,2	1 940 037	47,3	508 181	12,4	1 360 672	33,2	429 584	10,5	1 530 453	37,3
2000	3 889 695	– 5,1	1 836 317	47,2	470 414	12,1	1 259 168	32,4	428 510	11,0	1 454 189	37,4
2001	3 852 564	– 1,0	1 788 712	46,4	464 528	12,1	1 163 490	30,2	444 074	11,5	1 354 166	35,1
2002	4 061 345	+ 5,4	1 821 426	44,8	505 414	12,4	1 097 597	27,0	497 602	12,3	1 369 388	33,7
2003	4 376 769	+ 7,8	1 930 568	44,1	548 530	12,5	1 094 265	25,0	516 131	11,8	1 521 414	34,8
2004	**4 381 040**	**+ 0,1**	**1 932 451**	**44,1**	**549 944**	**12,6**	**1 079 940**	**24,7**	**504 338**	**11,5**	**1 681 129**	**38,4**
Veränderung gegenüber Vorjahr – absolut	+ 4 271	×	+ 1 883	×	+ 1 414	×	– 14 325	×	– 11 793	×	+ 159 715	×
Veränderung gegenüber Vorjahr – in %	+ 0,1	×	+ 0,1	×	+ 0,3	×	– 1,3	×	– 2,3	×	+ 10,5	×

Abb. 11.1 Arbeitslosigkeit ausgewählter Personengruppen
(Quelle: Bundesanstalt für Arbeit)

Formen und Ursachen der Arbeitslosigkeit

Die Arbeitslosigkeit hat sich in den letzten Jahren zu *der* Herausforderung unserer Volkswirtschaft entwickelt. Sehen wir uns zunächst die beiden Grundformen der Arbeitslosigkeit an:

Von **freiwilliger Arbeitslosigkeit** spricht man, wenn arbeitsfähige Personen nicht bereit sind, eine Beschäftigung anzunehmen. Dies ist z.B. dann der Fall, wenn die Höhe der Sozialleistungen dem bei Beschäftigung erzielbaren Einkommen sehr nahe kommt. Hier ist zu erwarten, dass die Arbeitslosigkeit der Berufstätigkeit vorgezogen wird.

Unfreiwillige Arbeitslosigkeit kennzeichnet hingegen einen Personenkreis, der sowohl arbeitsfähig als auch arbeitswillig ist, jedoch keine Anstellung findet. Es gibt verschiedene Formen von unfreiwilliger Arbeitslosigkeit:

- **Friktionelle Arbeitslosigkeit***

  Wenn auf die Kündigung eines Arbeitsverhältnisses nicht sofort eine neue Anstellung folgt, spricht man von friktioneller Arbeitslosigkeit. Diese Überbrückungsphase zwischen alter und neuer Arbeitsstelle ist in der Regel kurzfristiger Natur.

* temporäre, d.h. vorübergehende Arbeitslosigkeit

- **Saisonale Arbeitslosigkeit**

  In Branchen, in denen der Arbeitskräftebedarf jahreszeitlich bedingt schwankt, kommt es zu saisonaler Arbeitslosigkeit. Von dieser eher kurzfristigen, aber regelmäßig sich einstellenden Arbeitslosigkeit sind vor allem das Baugewerbe und die Tourismusbranche betroffen.

- **Konjunkturelle Arbeitslosigkeit**

  Diese Form der Arbeitslosigkeit tritt in Zusammenhang mit den konjunkturellen Schwankungen einer Volkswirtschaft auf und ist auf eine Unterauslastung des Produktionspotenzials zurückzuführen. Die Dauer der konjunkturellen Arbeitslosigkeit wird als mittelfristig eingestuft und betrifft häufig alle Branchen einer Wirtschaft in gleicher Weise.

- **Strukturelle Arbeitslosigkeit**

  Wie zu Beginn dieses Kapitels erwähnt, geht mit einer Veränderung von Wirtschaftsstrukturen auch eine Veränderung der Anforderungsprofile für die Beschäftigten einher. Je mehr sich der Strukturwandel der Wirtschaft beschleunigt, desto geringer werden die Chancen von Arbeitnehmerinnen und Arbeitnehmern mit einfacher Qualifikation (ohne Berufsausbildung, ohne Fachabitur, ohne Hochschulstudium), eine Beschäftigung zu finden.
  Der Trend hin zu wachsender struktureller Arbeitslosigkeit zeigt sich in der hohen Zahl von Langzeitarbeitslosen und dem hohen Anteil von Personen ohne formale Berufsqualifikation **(berufs- und qualifikationsspezifische Arbeitslosigkeit)**. Ursachen hierfür sind mitunter in der falschen Bildungspolitik sowie im Verschwinden ganzer Wirtschaftszweige (Kohle- und Stahlindustrie) zu suchen. Auch leiden manche Regionen, wie z.B. der Bayerische Wald, unter der Abwanderung von Unternehmen und Betrieben, wodurch es gleichfalls zu hoher Arbeitslosigkeit kommt **(regionale Arbeitslosigkeit)**.
  Von **geschlechts- und altersspezifischer Arbeitslosigkeit** spricht man schließlich, wenn vor allem Frauen oder ältere Arbeitnehmer nicht dem gewünschten Profil der Personalabteilungen entsprechen. Aufgrund der genannten Unter-Formen der strukturellen Arbeitslosigkeit spricht man in diesem Zusammenhang oft auch von einer **Mismatch-Arbeitslosigkeit**.

- **Institutionelle Arbeitslosigkeit**

  Die institutionelle Arbeitslosigkeit wird auch als **„tariflohnbedingte Arbeitslosigkeit“** bezeichnet. Sie ergibt sich dadurch, dass den Unternehmen die tariflich festgesetzten Mindestlöhne zu hoch werden. Damit die Lohnkosten nicht noch weiter steigen, reduzieren die Arbeitgeber ihre Nachfrage nach dem Produktionsfaktor Arbeit. Die Dauer der institutionellen Arbeitslosigkeit ist eher langfristig.

Die unfreiwillige Arbeitslosigkeit lässt sich in friktionelle, saisonale, konjunkturelle, strukturelle und institutionelle Arbeitslosigkeit untergliedern.

Einige der aufgeführten Formen der Arbeitslosigkeit sind, wie gesagt, langfristiger, andere eher kurzfristiger Natur. Dabei ist ihre jeweilige Dauer eng verbunden mit der jeweiligen Ursache. So ist beispielsweise bei der strukturellen Arbeitslosigkeit meist von einer längeren Zeitspanne auszugehen. Fallen Arbeitsplätze durch technischen Wandel weg oder ändert sich die wirtschaftliche Struktur einer Region, lassen sich nicht von heute auf morgen neue Beschäftigungsmöglichkeiten schaffen. Sind jedoch die Arbeitsplätze vorhanden, wie etwa bei der saisonalen oder der konjunkturellen Arbeitslosigkeit, kann mit einem schnelleren Abbau der Arbeitslosigkeit gerechnet werden.

Folgen der Arbeitslosigkeit

Arbeitslosigkeit hat viele Folgen. Für die **Arbeitslosen** selbst bedeutet sie zunächst einen **finanziellen Nachteil**, da sich das zur Verfügung stehende Einkommen verringert. Arbeitslosigkeit beeinflusst aber auch den **sozialen Status** und das **individuelle Selbstwertgefühl** der Betroffenen. Sie verlieren oftmals das „gesellschaftliche Ansehen" und den Kontakt zu ihren Mitmenschen und geraten so ins soziale Abseits. Dazu kommen häufig familiäre und gesundheitliche Probleme. Lang andauernde Phasen hoher Arbeitslosigkeit belasten natürlich nicht nur den Einzelnen und sein direktes Umfeld, sondern auch die **Gesellschaft** als Ganzes.

Gleichzeitig wirken sich hohe Arbeitslosenzahlen auf die gesamte **Volkswirtschaft** aus. Durch fehlende Einnahmen aus der Lohn- und Einkommenssteuer wird der Staatshaushalt erheblich belastet. Zudem müssen vermehrt Arbeitslosengeld und Arbeitslosenhilfe gezahlt werden, während gleichzeitig das Beitragsaufkommen aus der Sozialversicherung sinkt. Die Lücke aus **sinkenden Beitragseinnahmen** und **steigenden Ausgaben** muss durch Zuschüsse aus dem Bundeshaushalt geschlossen werden. Da zudem viele Bezieher von Arbeitslosenhilfe aufgrund ihres geringen Einkommens auf weitere staatliche Hilfen (z.B. Wohngeld) angewiesen sind, entsteht daraus eine weitere Belastung der öffentlichen Kassen.

11.2.2 Maßnahmen zur Bekämpfung der Arbeitslosigkeit

Begriffe **Bundesanstalt für Arbeit (BA)** ◉ **Förderung beruflicher Bildung** ◉ **arbeitsmarktpolitische Instrumente**

Die Arbeitslosigkeit abzubauen, gilt als das oberste Ziel der Arbeitsmarktpolitik. In diesem Zusammenhang muss am Arbeitsmarkt ein Ausgleich von Angebot und Nachfrage geschaffen werden. Damit will man verhindern, dass ein Unterangebot von Arbeitsplätzen die Arbeitslosenzahlen weiter ansteigen lässt.

Das wichtigste **staatliche Instrument** zur Bekämpfung der Arbeitslosigkeit ist die **Bundesanstalt für Arbeit (BA)**. Sie kann als **Träger der Arbeitsmarktpolitik** bezeichnet werden. Die BA ist die Behörde der Arbeitsverwaltung, die 1952 nach dem Vorbild der ehemaligen „Reichsanstalt für Arbeitsvermittlung und Arbeitslosenversicherung" gegründet wurde. Ihr obliegen vor allem folgende **Aufgaben**:

- Zahlung von Lohnersatzleistungen im Rahmen der Arbeitslosenversicherung
- Arbeitsvermittlung
- Berufsberatung
- Förderung der beruflichen Bildung
- Leistungen zur Erhaltung und Schaffung von Arbeitsplätzen
- Arbeitsmarktbeobachtung, Arbeitsmarktstatistik und Berichterstattung
- Arbeitsmarktforschung und Berufsforschung.

Die Wirkungsmöglichkeiten, die der BA zur Verfügung stehen, werden vor allem durch das **Arbeitsförderungsgesetz** von 1969 bestimmt. Dabei hat die **Förderung der beruflichen Bildung** die höchste Bedeutung. Die Vielfalt der in diesem Zusammenhang zur Verfügung stehenden **arbeitsmarktpolitischen Instrumente** ist als eine gezielte Hilfestellung für unterschiedlichste Personengruppen gedacht.

Zu diesen Instrumenten zählt auch die **berufliche Ausbildung**. Sie wird etwa durch berufsvorbereitende Bildungsmaßnahmen oder durch Ausbildung in außerbetrieblichen Einrichtungen unterstützt. Grundsätzlich möchte man z.B. Schulabgängern die Möglichkeit geben, mit einer abgeschlossenen Berufsausbildung ins Erwerbsleben einzutreten. Mit diesen Maßnahmen soll verhindert werden, dass Jugendliche unmittelbar nach Beendigung der Schulausbildung in eine sozial schlechtere Position geraten.

Die Förderung der **beruflichen Weiterbildung** richtet sich hingegen an Personen, die bereits erwerbstätig sind. Es geht darum, die Qualifikation der Arbeitnehmer an geänderte berufliche Anforderungen anzupassen oder die Voraussetzungen für ein Vorwärtskommen im Beruf zu schaffen. Zu den entsprechenden Maßnahmen zählen spezielle Kurse in einzelnen Fachgebieten (z.B. Informatik, Betriebswirtschaftslehre, Fremdsprachen) ebenso wie Lehrgänge, mit denen sich ein fehlender Berufsabschluss nachholen lässt. Den Betreffenden eröffnen sich damit zum einen bessere Chancen auf dem Arbeitsmarkt. Zum anderen soll hiermit vor allem der strukturell bedingten Arbeitslosigkeit vorgebeugt werden.

Die Arbeitsmarktpolitik versucht weiter, mit **Trainingsmaßnahmen** (d.h. Lehrgängen zur Anpassung der beruflichen Qualifikation) die Eingliederungsaussichten von Arbeitslosengeld- und Arbeitslosenhilfeempfängern zu verbessern. Zu diesem Zweck werden z.B. spezielle Tests durchgeführt, um zu ermitteln, für welche berufliche Tätigkeit der Einzelne geeignet ist.

Ein weiteres Mittel zur Bekämpfung der Arbeitslosigkeit stellt die **berufliche Rehabilitation*** dar. Kann ein Arbeitnehmer aus gesundheitlichen Gründen seinen bisherigen Beruf nicht mehr ausüben, erhält er Unterstützung in Form einer Umschulung. Ziel ist es, dem Betreffenden die Eingliederung in einen neuen Beruf zu ermöglichen.

Weiter können Personen ohne Arbeit die **Beschäftigungsschaffenden Maßnahmen** in Anspruch nehmen. Dazu zählen **Arbeitsbeschaffungsmaßnahmen (ABM)** und **Strukturanpassungsmaßnahmen (SAM).** Diese bieten Langzeitarbeitslosen eine befristete Tätigkeit und sollen somit deren Chancen zur beruflichen Wiedereingliederung verbessern.

---

* Wiederherstellung der Leistungsfähigkeit

Merkmal	Deutschland					Westdeutschland			Ostdeutschland		
	2000	2001	2002	2003	2004	2002	2003	2004	2002	2003	2004
	1	2	3	4	5	6	7	8	9	10	11
Berufliche Weiterbildung											
Eintritte	522939	441907	454699	254718	185041	259166	161042	123952	195533	93676	61089
Bestand	342670	352443	339918	259922	184418	198080	161404	121239	141838	98518	63178
Trainingsmaßnahmen											
Eintritte	485339	551176	864961	1064293	1188369	513094	690363	788533	351867	373930	399836
Bestand	52334	59526	74451	92681	94748	45812	61820	63717	28639	30861	31031
Berufliche Rehabilitation											
Eintritte	132894	135773	150367	141392	138972	107937	101284	98137	42430	40108	40835
Bestand	134795	135308	132243	140964	138030	89239	95317	93160	43004	45647	44870
Deutsch-Sprachlehrgänge											
Eintritte	59586	54679	54674	41763	36057	42796	32805	27610	11878	8958	8447
Bestand	27646	26200	25250	23215	17705	19719	18140	13605	5531	5075	4100
Beschäftigung schaffende Maßnahmen											
– ABM											
Zugang	265563	194633	162737	146824	153021	42862	31515	40079	119869	115300	112921
Bestand	207201	178809	134256	96410	85735	35294	23689	20526	98959	72714	65191
– traditionelle SAM											
Zugang	54878	54243	52357	42553	12326	9692	6994	1504	42665	35559	10822
Bestand	58818	57412	58795	46806	31509	10106	7802	3801	48687	39001	27704

Abb. 11.2 Förderung durch ausgewählte arbeitsmarktpolitische Maßnahmen 2000–2004 (Quelle: Bundesanstalt für Arbeit)

Die von Seiten des Staates zur Verfügung gestellten Hilfen sind jedoch nur eine Unterstützung der Arbeitssuchenden. Das Engagement des Einzelnen können sie nicht ersetzen. Berufsausbildung und Arbeitsplatzsuche sollten vor allem im persönlichen Interesse der Betreffenden liegen. Bedingt durch den ständigen strukturellen Wandel der Wirtschaft und die sich immer wieder ändernden beruflichen Anforderungen muss jeder zum „lebenslangen Lernen“ bereit sein und Flexibilität – in der Wahl seines Berufes wie in der seines Wohnortes – zeigen.

Aufgaben zur Lernkontrolle

1. *Unterscheiden Sie die Begriffe „Arbeitsmarkt“ und „Arbeitsmarktpolitik“.*

2. *Erklären Sie folgende Begriffe:*
   a) *Tarifvertrag*
   b) *Gewerkschaft*
   c) *Tarifautonomie*
   d) *Aussperrung*

3. *Wie kommt der Tariflohn zustande?*

4. *Definieren Sie, ab wann eine Person in Deutschland als arbeitslos gilt.*

5. *Unterscheiden Sie zwischen freiwilliger und unfreiwilliger Arbeitslosigkeit.*

6. *Zählen Sie auf, welche Formen der unfreiwilligen Arbeitslosigkeit Sie kennen.*

7. *Welche Aufgaben obliegen der Bundesanstalt für Arbeit?*

8. *Zählen Sie die arbeitsmarktpolitischen Instrumente der BA auf.*

12 Das Geldwesen

Alles kann Geld sein, wenn sich damit rechnen, Güter tauschen und Kaufkraft für spätere Verwendung bewahren lässt. Es muss jedoch als allgemeines Tauschmittel anerkannt sein und man muss auf seinen Wert vertrauen können.

Sehen wir uns in dieser Lektion das Thema „Geldwesen" näher an.

12.1 Funktionen, Entstehung und Erscheinungsformen des Geldes

Begriffe ***Geld*** ◉ ***Tauschmittel*** ◉ ***Recheneinheit*** ◉ ***Wertaufbewahrungsmittel*** ◉ ***Münzgeldschöpfung*** ◉ ***Notengeldschöpfung*** ◉ ***Giralgeldschöpfung***

Was versteht man unter dem Begriff **„Geld"**?

Geld ist das staatlich anerkannte Zahlungsmittel, mit dem man die auf dem Markt angebotenen Güter und Dienstleistungen erwerben kann.

Geld erfüllt in unserem Wirtschaftssystem **drei Funktionen**:

◉ **Tauschmittel**

Will ein Konsument ein Gut oder eine Dienstleistung erwerben, muss er dem Verkäufer etwas dafür geben. Das Geld als Tausch- bzw. Zahlungsmittel trat an die Stelle des früher üblichen, schwerfälligen Naturaltausches (Gut gegen Gut). Durch die Einführung von Geld als Zahlungsmittel hat sich zudem die **räumliche Trennung** der beiden Tauschvorgänge **Kauf** und **Verkauf** etabliert (z.B. Zahlungsart Überweisung).

◉ **Recheneinheit**

Geld als Recheneinheit ist der Maßstab für die **Bewertung** der zu tauschenden Güter. Hierbei hat das Geld den höchsten **Informationswert**. Alle **Tauschrelationen** werden in Geldeinheiten ausgedrückt.

◉ **Wertaufbewahrungsmittel**

Geld erfüllt seine Funktion als Tauschmittel auch in der Zukunft. Dadurch können die Menschen ihre Kaufkraft von der Gegenwart in die Zukunft übertragen. Man spricht daher von Geld als Wertaufbewahrungsmittel.

Damit man von Geld als staatlich anerkanntem Zahlungsmittel sprechen kann, muss es bestimmte Kernfunktionen erfüllen: es muss Tauschmittel, Recheneinheit und Wertaufbewahrungsmittel sein.

Geld hat eine lange Geschichte. Vor 2700 Jahren wurden in Kleinasien Münzen aus seltenen Metallen geprägt, um damit den Handel zu erleichtern. Sehen wir uns an, welche **Erscheinungsformen** des Geldes es grundsätzlich gibt, und welche davon Einfluss auf das heutige ökonomische Verhalten haben:

- **Warengeld**

  Warengeld ist ein **konkreter, materieller Gegenstand**. Salz, Muscheln, Perlen, Steine, Kleider, Zigaretten und viele andere Dinge haben auf diese Weise schon als Geld gedient.

- **Metallgeld**

  Als besonders geeignete Tauschmittel wurden in der Vergangenheit Metalle wie Gold, Silber und Kupfer erkannt. Aus den Anfängen dieser Entwicklung stammt der Begriff des **Wägegeldes**, d.h. die zur Zahlung verwendeten Metalle wurden abgewogen (vgl. Geldnamen wie Pfund in England, Lire in Italien). Später erhielten die Metalle bestimmte Formen – sie wurden in Ringe, Stäbe oder Barren gegossen (vgl. Geldnamen wie Rubel, Mark).

- **Münzgeld**

  Ungefähr 650 Jahre v. Chr. wurden die ältesten uns bekannten Münzen von den Lydern in Kleinasien hergestellt. Zunächst wurden **vollwertige** Münzen* (= Kurantmünzen) aus Gold und Silber, später durchwegs **unterwertige** Münzen** (= Scheidemünzen) geprägt.

- **Papiergeld**

  Im England des 17. Jahrhunderts nahmen Goldschmiede Edelmetalle und Münzen aus Gold und Silber in Verwahrung und stellten ihren Kunden dafür Quittungen (Schuldscheine) aus. Diese Quittungen liefen nach einiger Zeit wie Papiergeld um. Bald gingen die Goldschmiede dazu über, Quittungen auch ungedeckt, d.h. ohne direkte Gegenleistung auszugeben.

- **Bargeld** und **Buchgeld**

  Im Gegensatz zu **Bargeld**, das in Form von **Banknoten** oder **Münzen** im Umlauf ist, bezeichnet man die in den Büchern der Banken verzeichneten Guthaben der Bankkunden als **Buch-** oder **Giralgeld*****. Der größte Teil der im Wirtschaftsleben getätigten Zahlungen wird nicht bar, sondern giral (d.h. von einem Konto zum anderen) abgewickelt. Die dabei verwendeten Konten heißen **Girokonten**. Giralgeld ist im Gegensatz zu Noten und Münzen **kein gesetzliches Zahlungsmittel**. Das heißt, niemand ist dazu verpflichtet, einen Scheck oder eine Banküberweisung als Zahlung zu akzeptieren. Des Weiteren lässt sich – im Gegensatz zum Bargeld – die Menge des in einer Volkswirtschaft umlaufenden Giralgeldes nicht eindeutig ermitteln. Zu den Giralgeldern gehören auch die **Termin-** und die **Spargelder******.

---

* Der auf der Münze aufgedruckte Wert entspricht dem Wert des verwendeten Münzmaterials.

** Der auf der Münze aufgedruckte Wert ist höher als der Wert des verwendeten Münzmaterials.

*** Aus dem Italienischen: giro = der Kreis.

**** Termingelder = Einlagen von Privatpersonen, Firmen oder staatlichen Stellen, die den Kreditinstituten für eine festgelegte Zeit (Termin) gegen einen festgelegten Zins überlassen werden.
Spargelder = Einlagen von Privatpersonen, die unbefristete Laufzeit haben und in kurzer Zeit in Bargeld umgewandelt werden können.

- **Kreditgeld**

  Bargeld setzt sich aus Münz- und Papiergeld (Notengeld) zusammen und wurde, wie gesagt, im Laufe der Zeit um den Begriff „Buchgeld“ erweitert, da mittlerweile die bargeldlose Zahlungsmethode mit EC-Karten bzw. Kreditkarten (gleichfalls keine gesetzlichen Zahlungsmittel) und Schecks gang und gäbe ist.

  Bargeld und **Buchgeld** stellen nach heutiger Definition das **Kreditgeld** dar.

Münz-, Papier-, Buch- bzw. Kreditgeld erfüllen heute die Funktionen des Geldes.

Woher aber kommt das Geld?

Im Euroland gibt es ein **zweistufiges Bankensystem**, mit der **Europäischen Zentralbank (EZB)** an der Spitze und den **Geschäftsbanken**, d.h. Kreditinstituten (Sparkassen, Raiffeisenbanken, etc.) auf der zweiten Ebene. Dieses Bankensystem ist für die Geldversorgung verantwortlich. Dabei kann die so genannte Geldschöpfung je nach Geldproduzent oder Art der Geldproduktion unterschieden werden. Die **Münzgeldschöpfung** obliegt allein der **Bundesregierung**. Hier stellen Münzprägeanstalten im Auftrag des Bundes Münzen her, die dann vom Bund an die Deutsche Bundesbank verkauft werden. Die **Notengeldschöpfung** erfolgt hingegen durch die **Europäische Zentralbank** und die **Deutsche Bundesbank**. Die **Schöpfung von Giralgeld** ist Sache der **Deutschen Bundesbank** und der **Kreditinstitute**.

Dabei gibt es zwei Arten der Giralgeldschöpfung durch Kreditinstitute:

- Von **passiver Giralgeldschöpfung** spricht man, wenn private Haushalte oder Unternehmen Banknoten oder Münzen bei einer Bank einzahlen. Dadurch erhöht sich deren **Sichtguthaben** (die Summe auf dem Girokonto).
- Bei der **aktiven Giralgeldschöpfung** spielt die Bank nun eine aktive Rolle. Sie vergibt Kredite an ihre Kunden, indem sie Sichtguthaben – gegen Zins – zur Verfügung stellt.

Verdeutlichen wir dies an einem Beispiel: Ein Kunde kommt zu seiner Bank A und zahlt 4.000 Euro bar ein. Der **Mindestreservesatz**, den die Bank A bei der Deutschen Bundesbank hinterlegen muss, beträgt 25%. Weiterhin benötigt die Bank für die laufende Geschäftsabwicklung 5% **Bargeldreserve**. Die restlichen 70% der eingezahlten Summe, also 2.800 Euro, stellt Bank A als Kredit einem anderen Kunden zur Verfügung. Dieser begleicht nun eine Rechnung in Höhe von 2.800 Euro bei einem Möbelhaus, das sein Konto bei der Bank B hat. Das Beispiel wird in der nachfolgenden Tabelle mit den Kreditvergabemöglichkeiten der Banken B, C und D fortgesetzt:

Bank	Sichtguthaben [EUR]	Mindestreserve [EUR]	Bargeldreserve [EUR]	Überschuss für neue Kreditgewährung [EUR]
A	4.000	1.000	200	2.800
B	2.800	700	140	1.960
C	1.960	490	98	1.372
D	1.372	343	68,60	960,40
Summe	**10.132**	**2.533**	**506,60**	**7.092,40**

12

Somit führt eine Bareinzahlung von 4.000 Euro zu einer Geldschöpfung von 7.092,40 Euro. Dadurch wird ersichtlich, dass die Kapazität der Giralgeldschöpfung vom Mindestreservesatz und der Bargeldreserve abhängig ist.

12.2 Wert des Geldes

Begriffe Geldwert ◉ Verbraucherpreisindex ◉ Warenkorb ◉ Wägungsschema ◉ Einkommensentwicklung ◉ Nominallohn ◉ Reallohn

Geld dient als Wertaufbewahrungsmittel, da es die Kaufkraft des Besitzers in die Zukunft überträgt. Man unterscheidet in diesem Zusammenhang den

- **Binnenwert** des Geldes

  Dieser Wert gibt den Kaufwert der mit einer Geldeinheit zu erwerbenden Gütermenge wieder. Der Binnenwert entspricht somit dem Kehrwert des Preisniveaus. Steigt das Preisniveau, sinkt der Binnenwert und damit auch die Gütermenge, die mit einer Geldeinheit erworben werden kann und umgekehrt.

- **Außenwert** des Geldes

  Dieser Wert entspricht der Menge an ausländischer Währung, die mit einer inländischen Geldeinheit erworben werden kann bzw. dem Wechselkurs in der Mengennotierung (vgl. hierzu Lektion 13, Abschnitt 13.2 „Währung und Wechselkurse“).

Der Wert des Geldes kann nun bedroht werden, indem die Kaufkraft geschwächt wird. Dadurch können die Konsumenten bei Preissteigerungen mit derselben Menge Geld weniger Güter kaufen als zuvor. Verdeutlichen wir den **Zusammenhang** zwischen **Geldwert** bzw. **Kaufkraft** und **Preisniveau** an einem Beispiel: Steigt der Preis für 1 kg Äpfel von 2 Geldeinheiten (GE) auf 4 GE, kann der Konsument für 2 GE statt bisher 1 kg nur noch 0,5 kg Äpfel kaufen. Eine 100%ige Preissteigerung schmälert demnach die Kaufkraft einer Geldeinheit um 50%.

Veränderungen des Geldwertes: der Verbraucherpreisindex

Wie wir in Lektion 8, Abschnitt 8.2.3 „Stabilität des Preisniveaus“ gesehen haben, müssen Veränderungen des Geldwertes bzw. des Preisniveaus zum Schutze aller beobachtet und gemessen werden. Dabei gilt es zunächst zu bedenken, dass nicht alle Preisveränderungen den Konsumenten in gleicher Weise betreffen und belasten. So interessiert es z.B. den einzelnen Verbraucher weniger, ob sich der Urlaub auf einem Kreuzfahrtschiff um 50% erhöht hat. Erhebliche Steigerungen der Mietnebenkosten machen sich dagegen bei den meisten als deutliche finanzielle Mehrbelastung bemerkbar. Ebenso haben Preisveränderungen bei Gütern und Dienstleistungen des täglichen Bedarfs einen unterschiedlichen Stellenwert. Werden Papiertaschentücher um 5 Cent teurer, nimmt dies kaum jemand wahr. Steigt jedoch der Benzinpreis um den gleichen Betrag, stößt dies privat wie öffentlich auf großes Interesse. Man spricht in diesem Fall auch von einem **sensiblen Preis**.

Um objektiv feststellen zu können, wie sich **Preisveränderungen** auf die **privaten Haushalte** auswirken, ermittelt das Statistische Bundesamt in Wiesbaden monatlich den **Verbraucherpreisindex für Deutschland** (früher: Preisindex für die Lebenshaltung). Dieser Index zeigt die **durchschnittliche Entwicklung** der **Verbraucherpreise** an. Voraussetzung dafür ist, dass die Verbrauchsgewohnheiten der privaten Haushalte so detailliert wie möglich erfasst werden. Daher wählt man aus der Fülle des Angebots an Gütern stellvertretend einige hundert aus. Deren Preise werden jeweils zur Monatsmitte von etwa 560 Personen („Preisermittlern") in 190 Städten und Gemeinden bei knapp 40.000 Einzelhandelsgeschäften, Dienstleistern etc. erhoben. Die Gesamtheit der ausgewählten Güter heißt **Warenkorb**. Der Warenkorb für den Preisindex in Deutschland umfasst derzeit ca. 750 Waren und Dienstleistungen.

Aktuellen Entwicklungen der Verbrauchsgewohnheiten trägt das Statistische Bundesamt dadurch Rechnung, dass es beispielsweise Preisrepräsentanten wie Scanner, Pizza zum Mitnehmen oder Essen auf Rädern in den neuen Warenkorb aufgenommen hat. Im Gegenzug wurden jene Güter, die an Verbrauchsbedeutung verloren haben, herausgenommen bzw. durch aktuellere Produkte ersetzt. So zählen beispielsweise Diaprojektoren und elektrische Schreibmaschinen nicht mehr zum Erhebungskatalog. Disketten wurden durch brennbare CD-Rohlinge und Fußbodenpflegemittel durch Allzweckreiniger ersetzt.

Neben der Zusammensetzung des Warenkorbs ist vor allem die Gewichtung (= Wägung) der einzelnen Waren und Dienstleistungen von hoher Bedeutung. Das vom Statistischen Bundesamt erstellte **Wägungsschema** quantifiziert deshalb, welchen Anteil z.B. die Wohnungsmieten an den gesamten Verbrauchsausgaben der privaten Haushalte haben.

Das Statistische Bundesamt berechnet nun den Preisindex für die Lebenshaltung, indem es ein Basisjahr mit dem Indexwert 100 zugrunde legt. Nach jeweils ca. fünf Jahren werden ein neues Wägungsschema und damit eine neue Basisperiode eingeführt. Diese Verfahrensweise stellt für einen hinreichend langen Zeitraum Indexwerte mit fester Basis zur Verfügung, mit denen sich im Zeitablauf reine Preisveränderungen – unbeeinflusst von Mengenveränderungen – berechnen lassen. Im Februar 2003 hat das Statistische Bundesamt den Preisindex auf das neue Basisjahr 2000 umgestellt und den Warenkorb an die veränderten Verbrauchsgewohnheiten angepasst. Auch das Wägungsschema entspricht dem neuen Basisjahr 2000. (Vgl. Abb. 12.1.)

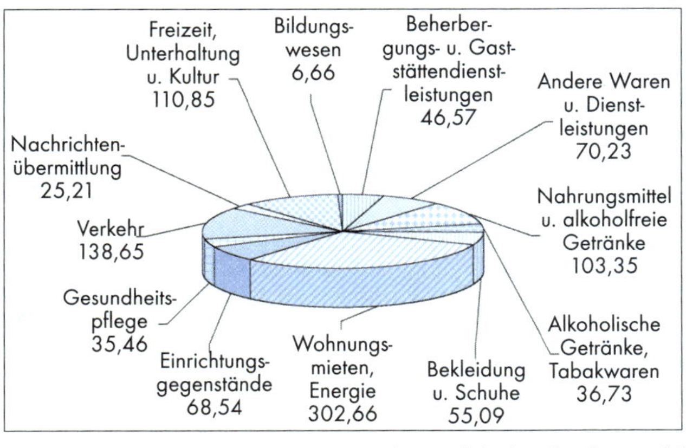

Abb. 12.1 Wägungsschema für den Verbraucherpreisindex für Deutschland 2000
(Quelle: Statistisches Bundesamt)

Preisniveau-Änderungen von Konsumgütern und Dienstleistungen werden mit dem monatlich ermittelten Verbraucherpreisindex gemessen.

Einkommensentwicklung

Die Entwicklung des Preisindex lässt noch keine Rückschlüsse darauf zu, ob sich der Lebensstandard des einzelnen privaten Haushalts verbessert oder verschlechtert hat. Vielmehr muss auch die **Einkommensentwicklung** hinzugezogen werden. Dazu betrachtet man den **Nominallohn**, also den Lohn, der auf der Gehaltsabrechnung genannt ist und ausbezahlt wird (aus Arbeitnehmersicht ist das der Nettolohn, der sich nach Abzug aller Abgaben, wie z.B. Sozialversicherung, Lohnsteuer und eventuell auch Kirchensteuer ergibt). Steigt der Nominallohn schneller als das Preisniveau, nimmt der Lebensstandard zu. Man spricht dann auch von einem Wachstum des **Reallohns**. Der Reallohn hat sich jedoch nicht verändert, wenn Nominallohn und Preisniveau in gleichem Maße ansteigen. Wenn die Nominallöhne langsamer als die Preise steigen, nimmt der Reallohn ab, die Kaufkraft und somit der Wert des Geldes sinken.

Der Wert des Geldes ist auch von der Einkommensentwicklung abhängig.

12.3 Inflation und Deflation

Begriffe *Inflation* ◉ *Hyperinflation* ◉ *Stagflation* ◉ *Deflation*

Inflation

Bei sinkender Kaufkraft kann der Konsument für die gleiche Menge an Geldeinheiten nicht mehr die gleiche Gütermenge kaufen, da die Preise, nicht aber sein Nominallohn gestiegen sind. Die **Stabilität des Preisniveaus** ist also durch **Preissteigerung** gestört. Wenn der kontinuierliche Anstieg des Preisniveaus über 2% hinausgeht und dadurch die Kaufkraft einer Währungseinheit stetig sinkt, liegt **Inflation** vor.

Bei einem lang anhaltenden Prozess der Preissteigerung spricht man von Inflation.

Es gibt verschiedene Arten von Inflation, die entweder nach der Geschwindigkeit, nach der Erkennbarkeit oder nach der Ursache der Geldentwertung definiert werden können.

Nach der **Erkennbarkeit** unterscheidet man:

- **Offene Inflation**

  Hier sind die Preissteigerungen für jeden „offen" erkennbar. Der Staat greift nicht regulierend ein (z.B. durch Festschreibung von Mindest- oder Höchstpreisen).

- **Versteckte Inflation**

  Die Preissteigerung wird hier durch staatlichen Eingriff (Preisstopp, Lebensmittelrationierung etc.) gestoppt und somit statistisch nicht erfasst (daher der Begriff „versteckt"). Durch die versteckte Inflation wird das Entstehen eines Schwarzmarkts begünstigt, da die Menschen bereit sind, knappe Waren zu Höchstpreisen zu erwerben*.

Nach der **Geschwindigkeit** können Inflationen eingeteilt werden in:

- **Schleichende Inflation**

  Bei Preisniveausteigerungen in geringem Umfang, d.h. von ca. 2% jährlich spricht man von schleichender Inflation.

- **Trabende Inflation**

  Eine mäßige Preisniveausteigerung von etwa 3–5% pro Jahr wird als trabende Inflation bezeichnet.

- **Galoppierende Inflation**

  Hohe Preissteigerungen von jährlich über 6% weisen auf eine galoppierende Inflation hin. Kommt es dabei zu Preissteigerungen von über 50%, handelt es sich um eine **Hyperinflation**.

Welche **Ursachen** liegen einer Inflation zugrunde?

- **Nachfrageinduzierte** Inflation**

  In diesem Fall steht eine überhöhte Nachfrage (Nachfrageüberhang) einem gleich bleibenden, zu geringen Güterangebot gegenüber. Wenn das Angebot an Gütern durch Ankurbelung der Produktion nicht schnell genug erhöht wird, erfolgt der Ausgleich zwischen Angebot und Nachfrage über eine Erhöhung der Preise. Zur nachfrageinduzierten Inflation zählt auch die **importierte Inflation**, die durch eine überhöhte **Nachfrage des Auslands** nach inländischen Produkten entsteht. Diese Inflation wird also quasi von außen in ein Land hineingetragen. Ursache sind eine höhere Inflationsrate und somit höhere Preise im Ausland, wodurch die inländischen Waren für die ausländischen Nachfrager billiger werden.

- **Angebotsinduzierte Inflation**

  Bei der angebotsinduzierten Inflation gleichen die Anbieter über Preiserhöhungen vorangegangene Kostensteigerungen aus **(Kosteninflation)** oder aber sie versuchen ihre Gewinnsituation zu verbessern **(Gewinninflation)**. Es kann auch der Fall sein, dass vorhergehende Steuererhöhungen die Anbieter dazu veranlassen, die Produktpreise zu erhöhen **(Steuerinflation).**

- **Geldmengeninduzierte Inflation**

  Ursache ist hier die in einer Volkswirtschaft umlaufende Geldmenge, mit der wir uns im folgenden Abschnitt näher befassen werden. Nimmt diese Geldmenge bei gleich bleibendem Güterangebot zu, führt dies zu einer Verringerung der Kaufkraft. Der Anstieg der Geldmenge kann verschiedene Ursachen haben:

12

---

* Von 1939 bis 1948 herrschte in Deutschland eine versteckte Inflation vor.

** induzieren = bewirken

- Aufgrund falscher Wachstumsprognosen erhöht die **Bundesbank** die Geldmenge zu stark.
- Die **Geschäftsbanken** gewähren zu viele Kredite.
- Das **Einkommen** erhöht sich (z.B. durch Lohnerhöhungen oder Steuersenkungen) ohne ein entsprechendes Wachstum des Güterangebots.
- Die privaten Haushalte geben infolge einer **geringeren Sparneigung** mehr Geld aus.

Inflationen lassen sich nach verschiedenen Kriterien unterscheiden: nach der Erkennbarkeit, nach der Geschwindigkeit und nach der Ursache der Geldentwertung.

Wie bereits in Lektion 8 „Wirtschaftspolitische Zielsetzungen“ erläutert, bringt die Inflation **negative Folgen** für eine **Wirtschaft** mit sich. Die wichtigsten sollen im Folgenden kurz dargestellt werden:

- Wenn die Arbeits- und Transfereinkommen über einen längeren Zeitraum konstant bleiben, während die Preise für Güter stetig ansteigen, sinkt die **Kaufkraft** der Zahlungsempfänger.
- Die Funktion des Geldes als **Wertaufbewahrungsmittel** wird beeinträchtigt. Dies betrifft vor allem Empfänger von Zinserträgen, da die Erträge durch die Inflation zunehmend entwertet werden.
- Der Verlust des Geldwertes führt – soweit es dem Einzelnen möglich ist – zu einer **Flucht in Sachanlagen** (Immobilien etc.), was die Inflation zusätzlich ankurbelt.

Kommt zur Inflation wirtschaftliche **Stagnation**, d.h. mangelndes Wirtschaftswachstum und hohe Arbeitslosigkeit, spricht man von **Stagflation**. Ausgangspunkt dieser Entwicklung sind zu hohe Herstellungskosten, die von den Unternehmen nicht mehr auf die Preise abgewälzt werden können. In der Folge sinken die unternehmerischen Gewinne bzw. es werden Verluste erwirtschaftet. Dadurch stagniert die Güterproduktion, während gleichzeitig die Preise steigen und die Arbeitslosigkeit zunimmt. Ursache der Stagflation ist somit eine **Investitionsschwäche** der Unternehmer, die dazu führt, dass die Kosten stärker steigen als die Produktivität.

Das Zusammenspiel von Stagnation und Inflation bezeichnet man als Stagflation.

Deflation

Die Deflation* ist als das **Gegenteil** der **Inflation** zu begreifen:

Bei einem lang anhaltenden Prozess der Preissenkung spricht man von Deflation.

Obwohl die Konsumenten anfangs sehr positiv auf **Preissenkungen** reagieren, haben diese jedoch langfristig gesehen negative Folgen für die Wirtschaft.

* „deflatio“ (lat.) = Luftablassen, Abschwellen

Aufgrund der sinkenden Preise entscheiden sich die Konsumenten gegen das Konsumieren – sie sparen. Man will abwarten, ob die Preise nicht noch weiter fallen und dadurch die ersehnten Güter noch günstiger erworben werden können. Ein weiterer Grund für **überhöhtes Sparen** kann eine pessimistische Tendenz in der gesamtwirtschaftlichen Entwicklung sein. Durch die **geringe Konsumbereitschaft** entsteht zunächst ein Angebotsüberhang. Das heißt, die umlaufende Geldmenge verringert sich (weil die Haushalte das Geld zinsbringend anlegen), ohne dass es zu einer entscheidenden Einschränkung der Produktion kommt. Auf längere Sicht führt die Deflation jedoch zu einem Rückgang von Produktion und Investition und damit zu **sinkenden Einkommen** und **Arbeitslosigkeit**.

Es gibt noch weitere Ursachen für die Entstehung einer Deflation. Diese müssen aber nicht weiter vertieft werden, da in der Sozialen Marktwirtschaft aufgrund staatlich vorgegebener Mindestlöhne und Mindestpreise die Wahrscheinlichkeit einer Deflation als sehr gering einzustufen ist.

12.4 Geldmenge

Begriffe *Geldmenge ◉ Europäische Zentralbank ◉ Geldwertstabilität ◉ eng gefasste, mittlere und weit gefasste Geldmenge ◉ Umlaufgeschwindigkeit*

Die in einer Volkswirtschaft **umlaufende Geldmenge** bzw. das umlaufende Geldvolumen setzt sich, wie wir wissen, aus Bargeld und Buchgeld zusammen.

Die Steuerung der Geldversorgung obliegt der **Europäischen Zentralbank (EZB)**. Sie erfüllt ihre Funktion in Zusammenarbeit mit den nationalen Zentralbanken derjenigen Staaten, die an der Europäischen Währungsunion teilnehmen* (vgl. hierzu Abschnitt 12.5).

Die Erfahrungen der Vergangenheit (Weltwirtschaftskrise) haben gezeigt, dass eine zu reichliche Versorgung einer Volkswirtschaft mit Geld inflationäre Tendenzen fördert. Die enge Beziehung, die zwischen Geldmenge und Preisen besteht, legt nahe, dass die Analyse dauerhafter Trends der Geldmengenentwicklung für die EZB als **Trägerin der Geldmengenpolitik** von entscheidender Bedeutung ist. Um der Öffentlichkeit diese wichtige Funktion der Geldmenge zu signalisieren, beschloss der EZB-Rat im Oktober 1998, einen **Referenzwert für die Wachstumsrate** eines weit gefassten Geldmengenaggregats M 3 bekannt zu geben. Im Dezember 1998 teilte der EZB-Rat den ersten Referenzwert mit, der auf eine Jahreswachstumsrate von 4 ½ % für das weit gefasste Geldmengenaggregat M 3 festgesetzt worden war. Auf seiner Sitzung am 5. Dezember 2002 überprüfte der EZB-Rat den Referenzwert für das Geldmengenwachstum. Er beschloss, den bestehenden Referenzwert für das Geldmengenwachstum, nämlich eine Jahreswachstumsrate von 4 ½ % für das weit gefasste Geldmengenaggregat M 3, erneut zu bestätigen.

Unter dem Begriff „Geldmenge" versteht man das von der EZB im Zuge ihrer Geldmengenpolitik angestrebte Geldvolumen.

* Die Deutsche Bundesbank ist als Zentralbank der Bundesrepublik Deutschland integraler Bestandteil des Europäischen Systems der Zentralbanken (ESZB).

Um die Entwicklung der Geldmenge bzw. die **Umlaufgeschwindigkeit** des Geldes beurteilen zu können, verwendet die EZB verschiedene **Geldmengenkonzepte**: eine eng gefasste, eine „mittlere" und eine weit gefasste Geldmenge. Alle drei Geldmengenbegriffe schließen den Bargeldumlauf ein, unterscheiden sich jedoch bei der Zuordnung des Buchgelds.

- **Eng gefasste Geldmenge (M 1)**

  Hierbei handelt es sich um die Summe aus **Bargeld** (Banknoten und Münzen) und **täglich fälligen Einlagen**, die schnell in Bargeld umgewandelt oder für bargeldlose Zahlungen verwendet werden können. Diese Geldmenge dient primär als **Tauschmittel**.

- **„Mittlere" Geldmenge (M 2)**

  Neben der **Geldmenge M 1** umfasst sie **Einlagen** mit einer vereinbarten **Laufzeit** von bis zu **zwei Jahren** sowie **Einlagen** mit einer vereinbarten **Kündigungsfrist** von bis zu **drei Monaten**. Solche Einlagen können in Komponenten der eng gefassten Geldmenge umgewandelt werden, unterliegen jedoch teilweise Einschränkungen, wie z.B. bestimmten Kündigungsfristen, Verzögerungen bei der Auszahlung, Strafzinsen oder Gebühren.

- **Weit gefasste Geldmenge (M 3)**

  Diese Geldmenge umfasst neben den **Geldmengen M 1** und **M 2** die von den Banken ausgegebenen **marktfähigen Instrumente**, so genannte **Geldmengensubstitute**. Hierzu zählen insbesondere Geldmarktfondsanteile, Geldmarktpapiere, Schuldverschreibungen* mit einer Laufzeit von bis zu zwei Jahren und Repogeschäfte**.

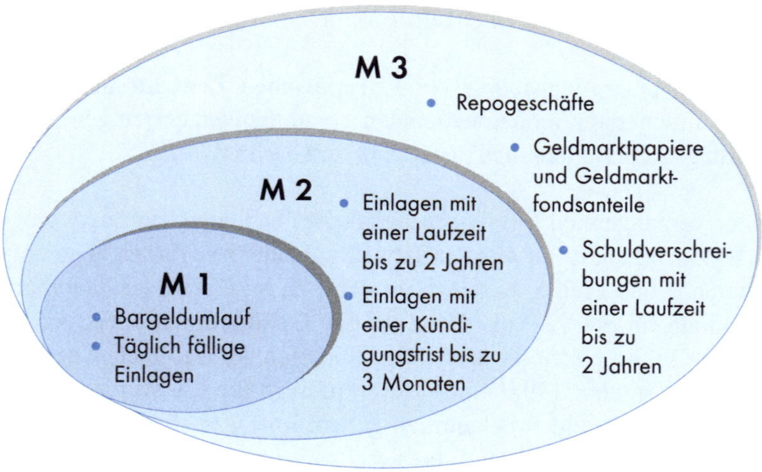

Abb. 12.2 Übersicht über die Zusammensetzung der Geldmengen

Die EZB verfolgt mit ihrer Geldmengenpolitik das Ziel der Geldwertstabilität.

* Als Schuldverschreibungen gelten Schuldurkunden (z.B. Hypothekenpfandbriefe), in denen sich der Aussteller dem Gläubiger gegenüber zu einer Leistung verpflichtet, die in der Regel in einem Geldbetrag und einer laufenden Verzinsung besteht.

** Repogeschäfte = der Kauf von Wertpapieren durch die EZB bei Banken mit der Verpflichtung der Banken zum Rückkauf innerhalb einer bestimmten Frist.

12.5 Das Europäische System der Zentralbanken (ESZB)

Begriffe *Maastrichter Vertrag* ◉ *ESZB* ◉ *EG-Vertrag*

Bis 1998 war es Aufgabe der Deutschen Bundesbank, den Wert des Geldes zu erhalten. Diese Aufgabe ging am 1. Januar 1999 gemäß dem **Maastrichter Vertrag*** auf das **Europäische System der Zentralbanken (ESZB)**, auch **Eurosystem** genannt, über.

Das Eurosystem setzt sich aus der Europäischen Zentralbank (EZB) in Frankfurt und den nationalen Zentralbanken der Mitgliedstaaten der europäischen Währungsunion zusammen.

Im Vertrag zur Gründung der Europäischen Gemeinschaft ist Folgendes niedergeschrieben:

Artikel 8 EG-Vertrag (Gründung des ESZB und der EZB):
„Nach den in diesem Vertrag vorgesehenen Verfahren werden ein Europäisches System der Zentralbanken (im Folgenden als „ESZB" bezeichnet) und eine Europäische Zentralbank (im Folgenden als „EZB" bezeichnet) geschaffen, die nach Maßgabe der Befugnisse handeln, die ihnen in diesem Vertrag und der beigefügten Satzung des ESZB und der EZB (im Folgenden als „Satzung des ESZB" bezeichnet) zugewiesen werden."

In der **Satzung des ESZB** sind unter anderem folgende Grundsätze geregelt:

- die Ziele und Aufgaben des ESZB
- die Organisation des ESZB
- die Unabhängigkeit der EZB

12.5.1 Ziele und Aufgaben des ESZB

Gemäß Artikel 105 **EG-Vertrag** (auch EGV** genannt) ist es das **vorrangige Ziel** des ESZB, die **Preisstabilität** zu gewährleisten. Das ESZB unterstützt weiter die allgemeine Wirtschaftspolitik in der Gemeinschaft, insofern dadurch das vorrangige Ziel der Preisstabilität nicht beeinträchtigt wird. Das ESZB handelt im Einklang mit dem Grundsatz einer offenen Marktwirtschaft mit freiem Wettbewerb und hält sich dabei an die Grundsätze

- stabile Preise,
- gesunde öffentliche Finanzen und monetäre Rahmenbedingungen sowie
- eine dauerhaft finanzierbare Zahlungsbilanz.

12

* Im Maastrichter Vertrag vereinbarten die Staats- und Regierungschefs bedeutende Ergänzungen zum Vertrag über die Europäische Gemeinschaft. Der Vertrag trat am 1. November 1993 in Kraft und sah eine dreistufige Entwicklung hin zu einer einheitlichen europäischen Währung (Euro) vor.

** EGV = Vertrag zur Gründung der Europäischen Gemeinschaft

Die grundlegenden **Aufgaben** des ESZB sind in Art. 3 **ESZB-Satzung*** festgelegt. Demnach hat die ESZB

- die Geldpolitik der Gemeinschaft festzulegen und auszuführen,
- Devisengeschäfte durchzuführen,
- die offiziellen Währungsreserven der Mitgliedstaaten zu halten und zu verwalten und
- das reibungslose Funktionieren der Zahlungssysteme zu fördern.

Weiter trägt das Eurosystem zur reibungslosen Durchführung der von den zuständigen Behörden auf dem Gebiet der **Bankenaufsicht** (z.B. Basler Ausschuss für Bankenaufsicht**) ergriffenen Maßnahmen bei. Zusätzliche Aufgaben sind Beratungsfunktionen, Erhebung von statistischen Daten sowie die internationale Zusammenarbeit mit den nationalen Zentralbanken.

12.5.2 Die Instrumente der EZB

Begriffe *Offenmarktgeschäfte* ◉ *Mindestreserven* ◉ *ständige Fazilitäten* ◉ *Zinspolitik*

Zur Erreichung seiner Ziele erarbeitete das **Europäische Währungsinstitut (EWI)** einen **Handlungsrahmen** für die einheitliche Geldpolitik. Dieser besteht aus einer Reihe von Instrumenten.

- **Offenmarktgeschäfte**
  Wenn Zentralbanken Wertpapiere am offenen Markt und auf eigene Rechnung kaufen und verkaufen, so spricht man von Offenmarktgeschäften. Diese spielen eine wichtige Rolle bei der Steuerung der Zinssätze, der Kontrolle der Liquiditätslage am **Geldmarkt***** und der Signalisierung des geldpolitischen Kurses. Das wichtigste vom Eurosystem durchgeführte Offenmarktgeschäft ist das **Hauptrefinanzierungsgeschäft**: Die Geschäftspartner können sich von der EZB Geld beschaffen, indem sie Offenmarktkredite in Form von Hauptrefinanzierungsgeschäften aufnehmen. Die EZB führt Hauptrefinanzierungsgeschäfte in wöchentlichem Abstand mit einwöchiger Laufzeit durch****. Um ihren Partnern so viel Liquidität zur Verfügung stellen, wie sie für die reibungslose Durchführung ihrer Geschäfte benötigen, schätzt die EZB die Geldmenge, die sie anzubieten hat. Hat sich die EZB für eine bestimmte Angebotsmenge entschieden, so führt sie vor Abschluss der Offenmarktgeschäfte Ausschreibungsverfahren (= Tender) durch. Beim geläufigsten Hauptrefinanzierungsgeschäft, dem **Zinstender**, legt die EZB einen **Mindestbietungssatz** fest, der zudem Signale für das Zinsniveau im Euroland setzt (siehe Abb. 12.3).

- **Mindestreserven**
  Das Mindestreservesystem dient vor allem dazu, die **Geldmarktzinsen** zu stabilisieren. Zur Verwirklichung dessen verlangt die EZB daher, dass die in den Mitgliedstaaten niedergelassenen Kreditinstitute Mindestreserven auf Konten bei der EZB und den nationalen Zentralban-

* Auf Basis des EG-Vertrags wurde die „Satzung des Europäischen Systems der Zentralbanken und der Europäischen Zentralbank“ verabschiedet.

** Basler Ausschuss für Bankenaufsicht = ein Ausschuss von Bankenaufsichtsbehörden, der sich aus hochrangigen Vertretern internationaler Bankenaufsichtsbehörden und nationaler Zentralbanken zusammensetzt.

*** Geldmarkt = der Markt, an dem die Laufzeit der Geschäfte im Allgemeinen kürzer als ein Jahr ist.

**** Im Jahr 2003 beschloss der EZB-Rat, ihre Laufzeit ab März 2004 von zwei Wochen auf eine Woche zu verkürzen.

ken unterhalten. Um das Bankensystem im Euroland nicht zu belasten, werden die Mindestreserveguthaben der Kreditinstitute verzinst, und zwar zum „durchschnittlichen marginalen Zuteilungssatz“ der Hauptrefinanzierungsgeschäfte. Die **Mindestreserve-Erfüllungsperiode*** beginnt seit März 2004 immer am Abwicklungstag des Hauptrefinanzierungsgeschäfts. Dieses folgt auf die Sitzung des EZB-Rats, die für die monatliche Erörterung der **Geldpolitik** vorgesehen ist (zuvor begann die Erfüllungsperiode stets am 24. eines Monats und endete am 23. des darauf folgenden Monats). Es besteht nun ein unmittelbarer Zusammenhang zwischen der für die Geldpolitik relevanten EZB-Ratssitzung und der Mindestreserve-Erfüllungsperiode. Durch diese Neuerung können also etwaige Änderungen von Notenbankzinssätzen komplett in der nachfolgenden Mindestreserve-Erfüllungsperiode zum Tragen kommen.

- **ständige Fazilitäten****
  Diese können von den Banken auf zwei Arten in Anspruch genommen werden: Die ständigen Fazilitäten dienen zum einen dazu, den Banken, die nicht genug Zentralbankgeld zur Verfügung haben, dieses kurzfristig gegen Zahlung von Zinsen bereitzustellen. Dazu sind Sicherheiten in Form von Wertpapieren notwendig. Man spricht von „Übernachtliquidität“ bzw. **Spitzenrefinanzierungsfazilität**. Zum anderen können die Banken – als zweite Art der ständigen Fazilitäten – übriges Geld bei der Zentralbank anlegen und dafür Zinsen verlangen. Auch diese so genannte **Einlagefazilität** ist nur als „Übernacht-Möglichkeit“ gedacht. Im Gegensatz zur „Übernachtliquidität“ wird sie jedoch kaum in Anspruch genommen. Die ständigen Fazilitäten haben die Funktion, den Märkten Hinweise auf die Grundausrichtung der Politik der ESZB anzuzeigen.
  Durch die Festsetzung der Zinssätze der ständigen Fazilitäten bestimmt der EZB-Rat den Korridor, innerhalb dessen der Tagesgeldsatz am Geldmarkt schwanken kann.
  Der Zinssatz für die Einlagefazilität bildet in der Regel die Untergrenze des Tagesgeldsatzes, während der Zinssatz der Spitzenrefinanzierungsfazilität in der Regel die Obergrenze darstellt.

Aktuelle EZB-Zinssätze		
Satz der Einlagefazilität	**Mindestbietungssatz der Hauptrefinanzierungsgeschäfte**	**Satz der Spitzenrefinanzierungsfazilität**
gültig seit 06.06.2003	gültig seit 09.06.2003	gültig seit 06.06.2003
1,00%	2,00%	3,00%

Abb. 12.3 Aktuelle EZB-Zinssätze (Quelle: http://deutsche-bundesbank.de/ezb/ezb.php)

Im Eurosystem gehen von den Zinssätzen für die Einlagefazilität, für die Spitzenrefinanzierungsfazilität sowie für das Hauptrefinanzierungsgeschäft Signalwirkungen aus. Man spricht von den **Leitzinsen*****, die eine Zentralbank im Rahmen ihres geldpolitischen Instrumentariums festsetzt, um damit die Zinsverhältnisse am Geldmarkt und darüber auch die allgemeine Zinsentwicklung in einer Volkswirtschaft maßgeblich zu beeinflussen bzw. zu „leiten“. Sie signalisieren den von der Notenbank angestrebten geldpolitischen Kurs.

* Mindestreserve-Erfüllungsperiode = der Zeitraum, für den die Einhaltung der Mindestreservepflicht berechnet wird.

** Fazilität = Kreditmöglichkeit, die bei Bedarf in Anspruch genommen werden kann.

*** Leitzins ist die übliche Bezeichnung für die von der Zentralbank festgelegten Zinssätze. Sie sind Grundlage für die Refinanzierung im Interbanken-Geldmarktgeschäft und Kreditgeschäft mit Nichtbanken. Seit der Einführung der Europäischen Zentralbank ist der Mindestbietungssatz der wichtigste Leitzinssatz.

Bei einer Senkung der Zinsen beginnen die Unternehmen Investitionen zu tätigen, während die privaten Haushalte das verfügbare Einkommen – anstatt es zu sparen – für Konsumzwecke ausgeben. Dadurch werden die wirtschaftlichen Aktivitäten angekurbelt, man spricht von **expansiver Geldpolitik**. Eine Anhebung der Zinsen führt dazu, dass die privaten Haushalte wieder vermehrt sparen, anstatt ihr Geld durch Konsumausgaben in den Umlauf zu geben. Die Unternehmen fahren ihre Investitionstätigkeiten zurück, da auch die Bankkredite durch die Leitzinsanhebung angestiegen sind. Die Wirtschaft wird durch **restriktive Geldpolitik** der ESZB gedrosselt.

Das Eurosystem führt Offenmarktgeschäfte durch, stellt ständige Fazilitäten zur Verfügung und verpflichtet Kreditinstitute zur Haltung von Mindestreserven auf Konten bei den nationalen Zentralbanken im Euro-Währungsgebiet.

12.5.3 Organisation des ESZB

Begriffe *EZB-Rat* ◉ *Direktorium* ◉ *Erweiterter Rat*

Gemäß einem allgemeinen Grundsatz wird das ESZB von den so genannten **Beschlussorganen** der EZB geleitet: dem EZB-Rat, dem Direktorium und dem Erweiterten Rat*.

◉ **Der EZB-Rat**

Dieser Rat besteht aus den Mitgliedern des Direktoriums der EZB und den Präsidenten der nationalen Zentralbanken. Die Aussprachen in den Ratssitzungen sind vertraulich. Der EZB-Rat kann jedoch beschließen, das Ergebnis seiner Beratungen zu veröffentlichen.

Zu den wesentlichen Aufgaben des Zentralbankrates gehört es,
- Leitlinien zu erlassen und Entscheidungen zu treffen, durch die die Erfüllung der dem ESZB übertragenen Aufgaben gewährleistet wird.
- die Geldpolitik der Gemeinschaft festzulegen. Dabei müssen eventuell auch Entscheidungen in Bezug auf geldpolitische Zwischenziele, Leitzinssätze und die Bereitstellung von Zentralbankgeld im ESZB getroffen werden.
- eine Geschäftsordnung, die die interne Organisation der EZB und ihrer Beschlussorgane regelt, festzulegen.

◉ **Das Direktorium**

Das Direktorium besteht aus dem Präsidenten, dem Vizepräsidenten und vier weiteren Mitgliedern, die von den Staats- und Regierungschefs der Mitgliedstaaten ernannt werden.

Die Aufgaben des Direktoriums bestehen u.a. darin
- die Geldpolitik gemäß den Leitlinien und Entscheidungen des EZB-Rates auszuführen und den nationalen Zentralbanken die entsprechenden Weisungen zu erteilen,
- die laufenden Geschäfte der EZB zu führen,
- die Sitzungen des EZB-Rates vorzubereiten.

* Der Erweiterte Rat gilt nur so lange als drittes Beschlussorgan, bis alle Mitgliedstaaten den Euro eingeführt haben.

- **Der Erweiterte Rat**

  Der Erweiterte Rat besteht aus dem Präsidenten und dem Vizepräsidenten der EZB und den Präsidenten **sämtlicher** nationaler Zentralbanken, d.h. der nationalen Zentralbanken der Mitgliedstaaten mit und ohne Ausnahmeregelung.

  Die Aufgaben des Erweiterten Rates umfassen u.a.
  - die Beratung des ESZB,
  - die Erstellung der vierteljährlichen Berichte sowie des Jahresberichtes der EZB,
  - die erforderlichen Vorarbeiten zur Festlegung der Wechselkurse des Euro gegenüber den Währungen der Mitgliedstaaten, für die eine Ausnahmeregelung gilt.

Welche Rolle nehmen die **nationalen Zentralbanken**, wie z.B. die Deutsche Bundesbank, im ESZB ein?
Die nationalen Zentralbanken sind integraler Bestandteil des ESZB und handeln gemäß den Leitlinien und Weisungen der EZB. Der EZB-Rat trifft die notwendigen Maßnahmen, um die Einhaltung der Leitlinien und Weisungen der EZB sicherzustellen, und er kann verlangen, dass ihm hierzu alle erforderlichen Informationen zur Verfügung gestellt werden. Die nationalen Zentralbanken sind Träger der **gemeinsamen Geldpolitik des Eurosystems** der Zentralbanken.
Gekürzt gestalten sich die im Rahmen des ESZB festgelegten Aufgaben der **Deutschen Bundesbank** wie folgt:

> „Die Deutsche Bundesbank ist als Zentralbank der Bundesrepublik Deutschland integraler Bestandteil des Europäischen Systems der Zentralbanken. Sie wirkt an der Erfüllung seiner Aufgaben mit dem vorrangigen Ziel mit, die Preisstabilität zu gewährleisten, ..., und sorgt für die bankmäßige Abwicklung des Zahlungsverkehrs im Inland und mit dem Ausland ...“

12.5.4 Die Unabhängigkeit der EZB

Begriff ***funktionelle, personelle, finanzielle und instrumentelle Unabhängigkeit***

Die Unabhängigkeit der EZB ist (wie empirische Untersuchungen belegen) die wichtigste Voraussetzung, um das Ziel „Preisstabilität“ zu erreichen. Zentralbankrat und Direktorium können nur dann effektiv über den Einsatz geldpolitischer Instrumente entscheiden, wenn sie dabei nicht auf die Unterstützung der Wirtschaftspolitik der einzelnen Mitgliedstaaten angewiesen sind.

Die EZB ist an keine Weisungen gebunden. Sie muss jedoch jährlich dem Europäischen Rat und der Kommission einen Bericht vorlegen.

Diese Unabhängigkeit ist in Art. 107 EG-Vertrag geregelt. Demnach muss die EZB funktionell, personell, finanziell und instrumentell unabhängig sein.

- **Funktionelle Unabhängigkeit**
  Sie beinhaltet die Alleinverantwortlichkeit der EZB für Geldpolitik und für langfristige Preisstabilität. Die funktionelle Unabhängigkeit wird nur durch die Tatsache begrenzt, dass die EZB

die allgemeine Wirtschaftspolitik der Gemeinschaft zu unterstützen hat (jedoch nur, wenn dadurch das Ziel der Preisstabilität nicht beeinträchtigt wird).

- **Personelle Unabhängigkeit**
  Die Auswahl der Mitglieder der EZB-Organe erfolgt nach rein fachlichen Gesichtspunkten. Des Weiteren ist beispielsweise die Amtszeit des Direktoriums ohne Möglichkeit einer Wiederwahl auf 8 Jahre begrenzt. Man geht davon aus, dass die Mitglieder auf diese Weise vor politischen Einflüssen besser geschützt sind.

- **Finanzielle Unabhängigkeit**
  Eigene Einnahmen (durch Zinsen) und ein eigener Haushalt machen die EZB auch finanziell unabhängig.

- **Instrumentelle Unabhängigkeit**
  Sie beinhaltet die vollständige Kontrolle der EZB über die geldpolitischen Instrumente.

Organe und Einrichtungen der Gemeinschaft sowie die Regierungen der Mitgliedstaaten müssen sich verpflichten, den Grundsatz der Unabhängigkeit zu wahren und nicht zu versuchen, die Mitglieder der Beschlussorgane der EZB oder der nationalen Zentralbanken bei der Wahrnehmung ihrer Aufgaben zu beeinflussen.

Aufgaben zur Lernkontrolle

1. *Welche Funktionen müssen erfüllt sein, damit von Geld als staatlich anerkanntem Zahlungsmittel gesprochen werden kann?*

2. *Zählen Sie die Ihnen bekannten Erscheinungsformen des Geldes auf.*

3. *Zu welchem Zweck ermittelt das Statistische Bundesamt den „Verbraucherpreisindex"?*

4. *Definieren Sie den Begriff „Inflation".*

5. *Zählen Sie auf, welche Inflationsarten Sie kennen und wie sich die verschiedenen Arten untergliedern lassen.*

6. *Erläutern Sie kurz, welche negativen Folgen eine Inflation für eine Volkswirtschaft mit sich bringt.*

7. *Welche Geldmengenkonzepte kennen Sie?*

8. *Welche wesentlichen Aufgaben erfüllt das ESZB?*

9. *Zählen Sie auf, welche Instrumente der EZB bei der Erfüllung ihrer Aufgaben zur Verfügung stehen.*

10. *Welches sind die Beschlussorgane der EZB und aus welchen Mitgliedern setzen sich diese zusammen?*

13 Außenwirtschaft

Der **internationale Handel**, auch **Außenhandel** genannt, stellt den wichtigsten Bereich der **Außenwirtschaft** dar. Er umfasst

- die Ausfuhr und Einfuhr von Waren,
- den Dienstleistungsverkehr (z.B. touristischer Reiseverkehr, Transportleistungen) und
- die Ausfuhr und Einfuhr von Kapital.

Der Begriff „Außenwirtschaft" kennzeichnet den gesamten Wirtschaftsverkehr eines Landes mit dem Ausland.

13.1 Die Bedeutung des Außenhandels

Begriffe *Globalisierung* ◉ *Außenwirtschaft* ◉ *absolute Kostenvorteile* ◉ *komparative Kostenvorteile* ◉ *freier Welthandel* ◉ *Protektionismus*

Die Bundesrepublik Deutschland befindet sich derzeit nach den USA – und noch vor Japan – auf dem 2. Rang im Welthandel. Wie kein anderes Land vergleichbarer Größe ist Deutschland in den Welthandel mit führenden Industrienationen eingebunden. Dabei stellen die westlichen Industrieländer, und darunter insbesondere die Länder Europas, die wichtigsten Handelspartner dar.

Dass die Bundesrepublik Deutschland ein export- und importstarkes Land ist, zeigen auch die Zahlen des Statistischen Bundesamts: So wurden im November 2002 Waren im Wert von 58,7 Mrd. Euro von Deutschland ausgeführt und Waren im Wert von 46,7 Mrd. Euro eingeführt. Damit lagen die deutschen Ausfuhren im November 2002 um 7,0% höher und die Einfuhren um 1,8% niedriger als im November 2001.

Die deutschen Unternehmen erzielen mittlerweile fast jeden zweiten Euro mit dem Export von Waren oder Dienstleistungen. Dabei liefert die Bundesrepublik vor allem im technischen Bereich hochwertige Investitions- und Konsumgüter (z.B. Maschinenbau, Automobile) an das Ausland. Durch das geringe Rohstoffaufkommen im Inland ist sie jedoch auf Rohstofflieferungen des Auslands angewiesen. Generell kann man sagen, dass jeder vierte Arbeitsplatz in Deutschland vom Außenhandel abhängt.

Angesichts der weltweiten technologischen Entwicklung und der zunehmenden wirtschaftlichen **Globalisierung*** müssen die deutschen Unternehmen ihren Wettbewerbsvorsprung in wichtigen Bereichen behaupten. So sieht es die deutsche Außenwirtschaftspolitik als Herausforderung an,

* Gegenwärtig verschmelzen immer mehr nationale und regionale Märkte zu Weltmärkten, auf denen immer größere Unternehmen agieren. Dieser nicht unumstrittene und heftig diskutierte Prozess wird allgemein als Globalisierung bezeichnet.

die Entwicklungsländer stärker zu fördern und sie in die Weltwirtschaft zu integrieren. Natürlich ist die deutsche Wirtschaft hier vor allem auf die Eigeninitiative der Unternehmen angewiesen. Schließlich muss das wirtschaftliche Risiko eines Auslandsengagements von den Unternehmen selbst getragen werden.

Die **Außenwirtschaftspolitik** ist ein wesentlicher Bestandteil der Wirtschaftspolitik und fügt sich in den **ordnungspolitischen Rahmen** ein, der durch unsere **Soziale Marktwirtschaft** und das **System der Weltwirtschaft** vorgegeben ist. Ihre **Aufgaben** lassen sich wie folgt zusammenfassen:

- Die Außenwirtschaftspolitik hat dafür Sorge zu tragen, dass sich **Wettbewerb** und **Handel** (möglichst) ungehindert entfalten können.
- Damit sich deutsche Unternehmen stärker auf den Weltmärkten etablieren können, unterstützt das Bundesministerium für Wirtschaft und Arbeit die Bemühungen deutscher Unternehmen, sich für **internationale Kooperationen** oder auch **grenzüberschreitende Fusionen** zu entscheiden.
- In Verbindung mit anderen Politikbereichen versucht die Außenwirtschaftspolitik für den **Wirtschaftsstandort Deutschland** zu werben und dadurch **ausländische Investoren** zu finden.

Absolute und komparative Kostenvorteile

Warum aber muss Außenhandel überhaupt sein? Und in welchem Umfang soll ein Land sich dem Weltmarkt öffnen und in welchem Umfang soll es ganze Branchen auslagern? Zunächst lassen sich dafür folgende Gründe nennen:

- unterschiedliche Ausstattung mit Ressourcen (z.B. mit Bodenschätzen),
- unterschiedliche Ausstattung mit Produktionsfaktoren und unterschiedliche Faktorkosten,
- unterschiedliche Nachfragestrukturen.

Diese Gründe reichen jedoch nicht aus, um zu erklären, warum Länder mit durchgehend hoher Produktivität und guter Faktorausstattung dennoch außenwirtschaftliche Beziehungen zu anderen Ländern unterhalten. Der Wirtschaftswissenschaftler Adam Smith (1723 – 1790) erklärte den Außenhandel mit den Kostenvorteilen, die sich für die einzelnen Länder durch den internationalen Handel ergeben. Dabei ging er in seiner Theorie von absoluten Kostenvorteilen aus.

- **Absoluter Kostenvorteil:** Wenn aus klimatischen, technischen oder organisatorischen Gründen ein Gut X im Land A günstiger produziert werden kann als im Land B, ergibt sich für Land A ein absoluter Kostenvorteil. Im umgekehrten Fall ist Land B im absoluten Vorteil, wenn es z.B. ein Gut Y kostengünstiger herstellen kann als Land A. Das heißt, es lohnt sich für A und B, sich auf die Produktion des jeweils kostengünstigsten Gutes zu spezialisieren, da dann in beiden Ländern die Produktionsfaktoren am effizientesten eingesetzt werden und die Gesamtproduktion ansteigt.

Der britische Ökonom David Ricardo (1772 – 1825) entwickelte Adam Smith' Theorie weiter und formulierte daraus sein **Theorem* des komparativen Kostenvorteils**. Danach gilt: ***„Jeder macht das, was er am besten kann."***

Ricardo betrachtete dabei nicht nur die Unterschiede in der Produktivität der **Länder**, sondern auch die der **einzelnen Wirtschaftszweige** eines Landes. Er kam zu dem Schluss, dass jedes Land dann Gewinne erwirtschaften kann, wenn es sich auf die Produktion und den Export derjenigen Güter konzentriert, bei denen es im Vergleich zu anderen Ländern den größeren Kostenvorteil hat. Und ebenso profitiert jedes Land davon, wenn es diejenigen Güter importiert, die es selbst zu relativ hohen Kosten produzieren müsste, d.h. bei denen es im Vergleich zu anderen Ländern weniger effizient ist.

Doch was genau ist eigentlich unter einem „komparativen Kostenvorteil" zu verstehen?

- **Komparativer Kostenvorteil:** Wir gehen wieder von den Ländern A und B aus und nehmen an, dass Land A bei beiden Gütern (X und Y) bei der Produktion über einen absoluten Kostenvorteil verfügt. Dennoch wäre es lohnend, wenn sich jedes Land auf ein Gut spezialisieren würde. Land A wird sich daher für die Produktion und den Export des Gutes entscheiden, bei dem es gegenüber Land B den größeren Kostenvorteil besitzt. Produktion und Export des Gutes mit dem (aus der Sicht von A) niedrigeren Kostenvorteil werden dann von Land B übernommen. Das heißt, Land B hätte bei diesem Gut einen komparativen **(=vergleichsweisen)** Vorteil. Durch diese Form der Spezialisierung können daher auch solche Länder erfolgreich am internationalen Handel teilnehmen, die bei allen Produkten absolute Kostennachteile aufweisen.

Das von David Ricardo formulierte „Prinzip der komparativen Kosten" besagt, dass für den Außenhandel nicht die absoluten Herstellungskosten der Güter in den einzelnen Ländern, sondern ihre relativen (vergleichsweise höheren oder niedrigeren) Herstellungskosten maßgeblich sind.

Voraussetzung für die Nutzung komparativer Kostenvorteile ist der **freie Welthandel**. Hier kann der internationale Güteraustausch unbehindert erfolgen. Kommt es hingegen zu Störungen und zu Verboten (z.B. Einfuhrverbote zum Schutz der eigenen Landwirtschaft), wird der gegenseitige Vorteil gestört und es stellen sich schrittweise für alle Beteiligten Nachteile ein. Man spricht in einem solchen Fall von **Protektionismus**. Dieser ist ein mögliches Instrument, dessen sich die Außenhandelspolitik in bestimmten Fällen bedient, um heimische Anbieter oder Nachfrager vor ausländischer Konkurrenz zu schützen. Zu den Instrumenten des Protektionismus gehören im Wesentlichen die **Zölle** und die **nichttarifären Handelshemmnisse****.

* Lehrsatz

** Dabei handelt es sich z.B. um die Vorgabe von technischen Standards, um Herkunfts- oder Gesundheitszertifikate.

„Terms of Trade“

Die **„Terms of Trade“** (Austauschverhältnis) sind eine Messgröße für die Entwicklung der Austauschrelationen im Außenhandel.

> **Die Terms of Trade geben das Verhältnis der Durchschnittspreise der Exportgüter zu denjenigen für Importgüter an.**
>
> $$\text{Terms of Trade} = \frac{\text{Preisindex der Exporte}}{\text{Preisindex der Importe}}$$

Die Veränderungen der Terms of Trade geben Auskunft darüber, ob sich der Außenhandel positiv oder negativ auf die Wirtschaft eines Landes auswirkt. Wenn beispielsweise die Preise für Exportgüter stärker ansteigen als die Preise für Importgüter, verbessern sich die Terms of Trade, d.h. die wirtschaftliche Lage des eigenen Landes entwickelt sich günstig. Entwicklungsländer sind meist von einer Verschlechterung der Terms of Trade betroffen. In der Regel können sie nicht durch die Erhöhung der eigenen Exportpreise auf Preiserhöhungen ihrer Handelspartner reagieren. In der Folge können die Entwicklungsländer immer weniger Güter der Industrienationen erwerben.

13.2 Währung und Wechselkurse

Begriffe *Währung* ◉ *Wechselkurse* ◉ *Preisnotierung* ◉ *Abwertung* ◉ *Mengennotierung* ◉ *Aufwertung* ◉ *Wechselkurssysteme*

Beim Handel mit Ländern, die sich außerhalb des Eurolandes befinden, erfolgt die finanzielle Abwicklung in **ausländischen Währungen***.

Der Begriff **Währung** wird in unterschiedlichen Bedeutungen verwendet:

- Währung = **gesetzliche Geldeinheit** eines Landes
- Währung = alle **ausländischen Zahlungsmittel** (Devisen, Sorten**) aus der Sicht eines Landes
- Währung = im weitesten Sinn die **Geldverfassung**, also die Gesamtheit der staatlichen Regelungen des Geldwesens

In der **Währungsordnung** eines Landes ist festgelegt, nach welchem **System** der Tausch der eigenen Währung mit anderen Währungen erfolgt. Dabei haben vor allem die **Wechselkurse** eine bedeutende Funktion.

---

* Z.B. US-Dollar, Japanischer Yen, Algerischer Dinar, Britisches Pfund, Indische Rupie, Brasilianischer Real.

** Devisen = Bankguthaben, Wechsel oder Schecks in ausländischer Währung;
Sorten = Banknoten und Münzen in ausländischer Währung.

Unter dem Begriff „Wechselkurs" versteht man den Außenwert* des Geldes.

Die Wechselkurse **(= Preise für andere Währungen)** bilden sich durch Angebot und Nachfrage auf den **Devisenmärkten**, auf denen lediglich **Bankguthaben** gehandelt werden. Der **Wert der Devisen (Kurswert)** kann auf zwei verschiedene Weisen angegeben werden:

- Bei **Preisnotierung** wird der Preis für eine ausländische Währungseinheit in heimischer Währung angegeben (z.B. wie viele Euro sind für einen Dollar zu zahlen?). Bei Preisnotierung bedeutet ein Steigen des Wechselkurses eine Verteuerung der Auslandswährung, d.h. eine **Abwertung** der Inlandswährung.

- Bei **Mengennotierung** wird der Preis der heimischen Währungseinheit in ausländischer Währung angegeben (z.B. wie viele Dollar erhält man für einen Euro?). Bei Mengennotierung bedeutet ein Steigen des Wechselkurses eine Verteuerung der Inlandswährung, d.h. eine **Aufwertung** der Inlandswährung. Beim **Euro** wird die Mengennotierung verwendet.

Sehen wir uns nun an, nach welchem **Wechselkurssystem** der Tausch der eigenen Währung mit einer anderen Währung erfolgen kann.

Ein Wechselkurssystem ist eine zwischen mehreren Ländern getroffene Vereinbarung, die festlegt, wie die Wechselkurse zu bestimmen sind und auf welche Art Zahlungen zwischen den Ländern ausgeglichen werden.

Dabei unterscheidet man drei Grundsysteme:

- **Absolut starre Wechselkurse**

  Diese festen Wechselkurse sind entweder zwischen den Ländern vereinbart worden oder aber sie wurden von einer Regierung autonom festgelegt (wie in Zentralverwaltungswirtschaften üblich). Hierbei sind **keine Kursschwankungen** zugelassen.

- **Relativ starre Wechselkurse**

  In diesem System sind die Wechselkurse zwar fixiert, jedoch haben die Länder bestimmte **Bandbreiten** festgelegt, innerhalb derer der Kurs schwanken darf. Werden diese Bandbreiten von einem Land nach oben oder unten überschritten, greift die nationale Zentralbank des betreffenden Landes ein und kauft bzw. verkauft internationale Währungsreserven, um das Ungleichgewicht zwischen Angebot an und Nachfrage nach der eigenen Währung auszugleichen. Der Vorteil fester Wechselkurse liegt in der Einfachheit und Sicherheit der Umrechnung. Dies unterstützt ganz allgemein den Austausch der Währungen zwischen den Ländern und stärkt somit den internationalen Handel. Sind jedoch die Devisenvorräte der Zentralbank eines Landes (z.B. durch Exportmangel) erschöpft, muss der **Leitkurs** (= die **Parität**) heraufgesetzt und die eigene Währung damit abgewertet werden. Dadurch erhofft man sich eine Steigerung der Exporte und damit verbunden eine Erholung – Aufwertung – der eigenen Währung.

* Der Außenwert des Geldes entspricht der Menge an ausländischer Währung, die mit einer inländischen Geldeinheit erworben werden kann.

- **Freie (schwankende) Wechselkurse**

  Hier passen sich die Wechselkurse frei, entsprechend Angebot und Nachfrage auf den Devisenmärkten, an und es pendelt sich ein **Gleichgewichtspreis** ein. Die Behörden intervenieren in keiner Weise, es werden keine Währungen gegen internationale Reserven getauscht. Der große Vorteil freier Wechselkurse besteht darin, dass die Länder ihr Geldangebot unabhängig voneinander bestimmen können und dass keine Währung über- oder unterbewertet wird. Jedoch können die freien Wechselkurse starken Kursschwankungen unterliegen, was sich negativ auf das Exportgeschäft des jeweiligen Landes auswirkt: Aufgrund der nicht vorhersehbaren Schwankungen fehlt den Exporteuren eine feste Kalkulationsgrundlage.

In der Praxis sind die heute eingesetzten Wechselkurssysteme oft nicht mehr eindeutig einem der hier vorgestellten Systeme zuzuordnen. Meist sind sie viel komplexer und bestehen aus einer „Mischung“ dieser Systeme.

13.3 Die Europäische Wirtschafts- und Währungsunion (EWWU)

Begriffe ***Europäisches Währungssystem ◉ Europäische Wirtschafts- und Währungsunion ◉ Konvergenzkriterien ◉ Haushaltsdisziplin***

Bereits 1970 gab es einen Entwurf für ein Konzept zur Errichtung einer Wirtschafts- und Währungsunion. 1979 wurde dann zunächst das Europäische Währungssystem ins Leben gerufen.

Das **Europäische Währungssystem (EWS)** verpflichtet die Mitgliedsländer zur Stabilisierung ihrer Wechselkurse innerhalb festgelegter Bandbreiten. Die Zentralbanken der am EWS beteiligten Staaten müssen bei Überschreitung dieser Bandbreiten geeignete währungsstabilisierende Maßnahmen ergreifen. Das vorrangige und zentrale Ziel des EWS ist die Errichtung einer **„stabilen Währungszone in Europa“**. Damit sollen Störungen, die aus den unterschiedlichen Wechselkurspolitiken der einzelnen Länder resultieren, ausgeschaltet werden.

Zu den **Aufgaben** des EWS gehören u.a.:

- Schaffung der **Wechselkursstabilität** innerhalb des EU-Raumes
- Durchführung notwendiger **Wechselkursanpassungen** für einzelne EU-Währungen (hierzu ist ein einstimmiges Entscheidungsverfahren der EU-Finanzminister erforderlich)
- Herstellung möglichst großer **Preisstabilität**
- Verhinderung ungerechtfertigter Währungsabwertungen **(Währungsmanipulationen)**

Im Verlauf der Zeit sahen sich jedoch einige Länder infolge starker Währungsabwertungen gezwungen, den Bund des EWS zu verlassen.

Schließlich haben die Staats- und Regierungschefs der EU mit dem **Vertrag von Maastricht** (1992) die **Europäische Wirtschafts- und Währungsunion (EWWU)** mit einer einheitlichen Währung für alle EU-Mitgliedstaaten und der Begründung eines **Europäischen Systems der Zentralbanken (ESZB)** in einem 3-Stufen-Plan beschlossen.

- **Erste Stufe** (1.7.1990 bis 31.12.1993)

  Sie begann mit der Einführung des freien Kapitalverkehrs zwischen acht Mitgliedstaaten. Das war der Auftakt zur Liberalisierung des Geld- und Zahlungsverkehrs. Die geldpolitische Abstimmung zwischen den nationalen Zentralbanken wurde verbessert und die Inflation erfolgreich bekämpft. Außerdem begannen die Mitgliedsländer, jährlich ein wirtschaftliches Stabilitätsprogramm vorzulegen.

- **Zweite Stufe** (1.1.1994 bis 31.12.1998):

  In dieser Phase wurden die rechtlichen, institutionellen und ökonomischen Voraussetzungen für die Einführung einer Einheitswährung vorbereitet. Das **Europäische Währungsinstitut (EWI)**, Vorläufer der Europäischen Zentralbank (EZB), nahm in Frankfurt am Main seine Arbeit auf. Die Mitgliedstaaten mussten ihre Währungs- und Finanzpolitik stärker koordinieren. Des Weiteren musste jeder Mitgliedstaat in dieser Phase ein mehrjähriges Konvergenzprogramm umsetzen.

- **Dritte Stufe** (ab 1.1.99):

  Der Euro wurde als Buchgeld in 11 EU-Mitgliedstaaten eingeführt. Zeitpunkt für die Einführung der Euro-Noten und Euro-Münzen war der 1. Januar 2002.

Das Ziel eines europaweiten Wirtschafts- und Währungsraums mit einer gemeinsamen Währung wurde allerdings aufgrund der **„opting out-Klausel“** nicht erreicht. Was besagt diese Klausel?

Die opting out-Klausel ist eine **Sonderregelung** im Vertrag von Maastricht, die für diejenigen Staaten gilt, die sich – in bestimmten Bereichen (Euro-Einführung) – der Kooperation innerhalb der Europäischen Union nicht anschließen. Dänemark und Großbritannien hatten sich z.B. den Vorbehalt gesichert, eventuell auch dann nicht an der EWWU teilzunehmen, wenn sie die Konvergenzkriterien erfüllen. Ohne Vereinbarung einer solchen Klausel hätte der Vertrag von Maastricht nicht in Kraft treten können, da in manchen Ländern der Wille zu einer gemeinsamen Währung fehlte (und nach wie vor fehlt).

Demzufolge traten 1992 nur 11 der 15 EU-Mitgliedstaaten der EWWU bei, Griechenland folgte ein Jahr später. Der so geschaffene Währungsraum stellt die **Europäische Währungsunion (EWU)** dar. Eine EWWU im Sinne einer tatsächlichen Wirtschafts- und Währungsunion gibt es somit nicht, da alle Mitgliedsländer der Eurozone eine Wirtschaftsunion bilden, nicht aber eine Währungsunion.

> ***Bis 1992 überwachte das Europäische Währungssystem (EWS) die Stabilität der Währungen in der Eurozone. Durch die Gründung der Europäischen Währungsunion wurden die nationalen Währungen in fast allen Mitgliedstaaten abgeschafft und durch eine einheitliche europäische Währung (Euro) ersetzt.***

An der EWU können nur Staaten teilnehmen, die einander in ihrer wirtschaftlichen Entwicklung ähnlich sind. Um dies zu gewährleisten, hat der Vertrag von Maastricht für die **Aufnahme** von Ländern in die EWU feste Kriterien – **Konvergenzkriterien** – definiert. Konvergenz bezeichnet dabei die allmähliche Annäherung der Teilnehmerländer in **wichtigen volkswirtschaftlichen Grunddaten**. Zu den Konvergenzkriterien gehören u.a.:

- **Preisstabilität**

  Die Inflationsrate eines Landes soll im Zeitverlauf nicht mehr als 1,5 Prozentpunkte über der Inflationsrate der drei preisstabilsten EU-Länder liegen.

- **Niedrige langfristige Zinsen**

  Der nominale langfristige Zinssatz darf nicht mehr als 2 Prozentpunkte über den Zinssätzen der drei preisstabilsten Länder liegen.

- **Stabiler Wechselkurs**

  Die Währung eines Landes muss seit mindestens zwei Jahren die vereinbarte Bandbreite im Europäischen Währungssystem eingehalten haben und darf nicht abgewertet worden sein.

- **Solide Staatsfinanzen**

  Die öffentliche Gesamtverschuldung und das Haushaltsdefizit dürfen 60% des Bruttoinlandsprodukts (BIP) nicht überschreiten; die jährliche Neuverschuldung darf 3% des BIP nicht übersteigen.

Feste Voraussetzungen gelten jedoch nicht nur für beitrittswillige Staaten. Auch die bereits an der Währungsunion **teilnehmenden** Staaten müssen strikte **Haushaltsdisziplin** wahren, d.h. sie müssen auf Dauer einen ausgeglichenen Haushalt oder sogar staatliche Überschüsse erreichen. Die öffentliche Hand muss übermäßige Neuverschuldung vermeiden und ihren Schuldenstand abbauen. Dazu haben sich alle EU-Staaten 1992 im Maastrichter Vertrag verpflichtet. Im Jahre 1996 haben die Staats- und Regierungschefs einen zusätzlichen **„Stabilitäts- und Wachstumspakt“*** geschlossen. Darin ist genau vorgeschrieben, wie Jahr für Jahr von der **Europäischen Kommission** geprüft wird, ob jeder Staat die Pflicht zur Haushaltsdisziplin beachtet oder ob über das vereinbarte Maß hinaus neue Schulden gemacht wurden.

Um die Stabilität des Euros zu sichern, sieht die EU harte Maßnahmen gegen Länder vor, die auf Dauer überhöhte Haushaltsdefizite zulassen. Die der EWU angehörigen Staaten liefern daher regelmäßig statistische Daten über ihre wirtschaftliche Entwicklung und ihre Haushaltslage. Auf Basis dieser Daten kann der **Rat der EU-Finanzminister** den Ländern zur Verwirklichung ihrer Stabilitätsprogramme Korrekturmaßnahmen empfehlen, wenn z.B. ein übermäßiges Haushaltsdefizit droht. Als zulässige Obergrenze für das Haushaltsdefizit sind **3% des BIP** vorgegeben. Wenn sich ein Land der Defizit-Obergrenze nähert, erfolgt eine Frühwarnung in Form eines so genannten **„blauen Briefs“**.

---

* Der Stabilitäts- und Wachstumspakt verfolgt das Ziel, die fiskalpolitische Disziplin der Mitgliedsländer langfristig zu sichern, um die Grundlage für die Stabilität des Euros und für verträgliches Wachstum mit positiven Beschäftigungseffekten zu garantieren.

Diese Vorgehensweise beruht auf dem Stabilitäts- und Wachstumspakt und ist dem so genannten **Defizitverfahren** vorgeschaltet. Sollte sich die Haushaltslage eines Staates nicht verbessern, muss gemäß dem EU-Defitzitverfahren eine **Geldstrafe** in Höhe von 0,2–0,5% des BIP an die EU entrichtet werden. Diese strenge Stabilitätspflicht hat dazu geführt, dass mittlerweile 10 der 15 EU-Staaten ihren Haushalt ohne Neuverschuldung finanzieren.

Haushaltsdisziplin ist eine wichtige Voraussetzung dafür, dass die Europäische Zentralbank den Euro auf Dauer stabil halten kann.

13.4 Die Zahlungsbilanz

Begriffe *Zahlungsbilanz ◉ Leistungsbilanz ◉ Handelsbilanz ◉ Dienstleistungsbilanz ◉ Außenbeitrag ◉ Vermögensübertragungen ◉ Kapitalbilanz ◉ Restposten ◉ Veränderungen der Auslandsaktiva der Deutschen Bundesbank (Devisenbilanz) ◉ Zahlungsbilanzungleichgewichte*

Um Informationen über die wirtschaftlichen Aktivitäten zwischen dem In- und dem Ausland zu erhalten, erstellt die **Deutsche Bundesbank** (sowohl **monatlich** als auch **jährlich**) eine **Zahlungsbilanz**. In der Zahlungsbilanz werden keine Bestände, sondern nur Stromgrößen (wertmäßige Veränderungen innerhalb einer abgeschlossenen Periode) erfasst. Vor dem Hintergrund eines außenwirtschaftlichen Gleichgewichts stellt diese Bilanz Daten zur Verfügung, die für die Wirtschaftspolitik im Sinne der Geld- und Währungspolitik von Bedeutung sind.

Die Zahlungsbilanz ist (je nach Transaktionsart) in unterschiedliche Teilbilanzen unterteilt.

I. Leistungsbilanz

Die Leistungsbilanz gliedert sich in die folgenden Komponenten:

- **Außenhandel**

  Warenausfuhr und **Wareneinfuhr**, also **Exporte** und **Importe**, sowie auch Lieferungen von Flugzeug- und Schiffsteilen werden hier erfasst. Diese Gegenüberstellung wird auch als **Handelsbilanz** bezeichnet. Übersteigen die Importe die Exporte, liegt eine **passive Handelsbilanz** vor. Sind hingegen die Exporte größer als die Importe, handelt es sich um eine **aktive Handelsbilanz**.

- **Dienstleistungen**

  Zu den Ex- und Importwerten **immaterieller Leistungen** zählen z.B. der touristische Reiseverkehr, Transportleistungen und Telekommunikationsleistungen. Auch hier spricht man von einer **aktiven Dienstleistungsbilanz**, wenn die Exporte größer sind als die Importe. Bei einer **passiven Dienstleistungsbilanz** verhält es sich umgekehrt.

- **Erwerbs- und Vermögenseinkommen**

  Unter dieser Position werden Einkommen aus unselbstständiger Arbeit und Kapitalerträge (Zinsen, Dividenden etc.) erfasst, die den Inländern aus dem Ausland zufließen bzw. umgekehrt. Der sich ergebende Saldo ist positiv, wenn die Erwerbs- und Vermögenseinkommen aus dem Ausland die ins Ausland abfließenden Erwerbs- und Vermögenseinkommen übersteigen.

Der sich nun ergebende Saldo aus Außenhandel, Dienstleistungen sowie Erwerbs- und Vermögenseinkommen wird als Außenbeitrag bezeichnet.

- **Laufende Transfers**

  Unter die laufenden Übertragungen fallen die so genannten unentgeltlichen Leistungen, wie z.B. Heimatüberweisungen von Gastarbeitern, Entschädigungszahlungen an die Opfer des Holocaust, staatliche Entwicklungshilfen etc. Diesen Zahlungen stehen **keine direkten Gegenleistungen** gegenüber.

Der sich ergebende Saldo der Leistungsbilanz gilt als allgemeiner Maßstab für das außenwirtschaftliche Gleichgewicht eines Landes.

Theoretisch gilt dieses **Gleichgewicht** als erreicht, wenn der **Saldo gleich null** ist.

II. Vermögensübertragungen

Hier werden einmalig erbrachte Vermögensübertragungen, wie z.B. Schenkungen oder Erbschaften, erfasst.

III. Kapitalbilanz

Hierzu gehören Direktinvestitionen (z.B. Beteiligungen), Wertpapiere (z.B. Aktien ohne Beteiligungen, Investment- und Geldmarktfonds), Kredite von Kreditinstituten, Unternehmen und öffentlichen Stellen sowie sonstige Kapitalanlagen (d.h. alle Kapitalabflüsse und Kapitalzuflüsse ins oder aus dem Ausland, die in den genannten Kategorien nicht enthalten sind).

IV. „Restposten“

Die Verbuchung aller wirtschaftlichen Transaktionen erfolgt in der Zahlungsbilanz gemäß den Grundsätzen der doppelten Buchführung. Dabei werden auf der linken Seite der Bilanz, der Aktiv-Seite, alle Zahlungseingänge erfasst; auf der rechten Seite, also der Passiv-Seite, findet man alle Zahlungsausgänge. Theoretisch ergibt sich daher stets eine ausgeglichene Zahlungsbilanz, d.h. die Bezeichnung „unausgeglichene Zahlungsbilanz“ bezieht sich nur auf die Teilbilanzen. Um die Zahlungsbilanz formal auszugleichen, ist ein „Restposten“ erforderlich.
Dieser Restposten enthält die statistisch nicht aufgliederbaren Transaktionen (ist z.B. dann der Fall, wenn es für eine Transaktion kein Gegenbuchungskonto innerhalb der Zahlungsbilanz gibt). Auch die so genannten Koffergeschäfte, also der Schmuggel, können natürlich statistisch nicht genau erfasst, sondern nur geschätzt werden.

V. Veränderungen der Auslandsaktiva der Deutschen Bundesbank

Die Deutsche Bundesbank kauft bzw. verkauft ausländische Zahlungsmittel (Devisen). Derartige **Veränderungen der Währungsreserven** werden hier, in der **Devisenbilanz**, erfasst. Zu den Währungsreserven gehören sowohl ausländische Zahlungsmittel als auch Gold.

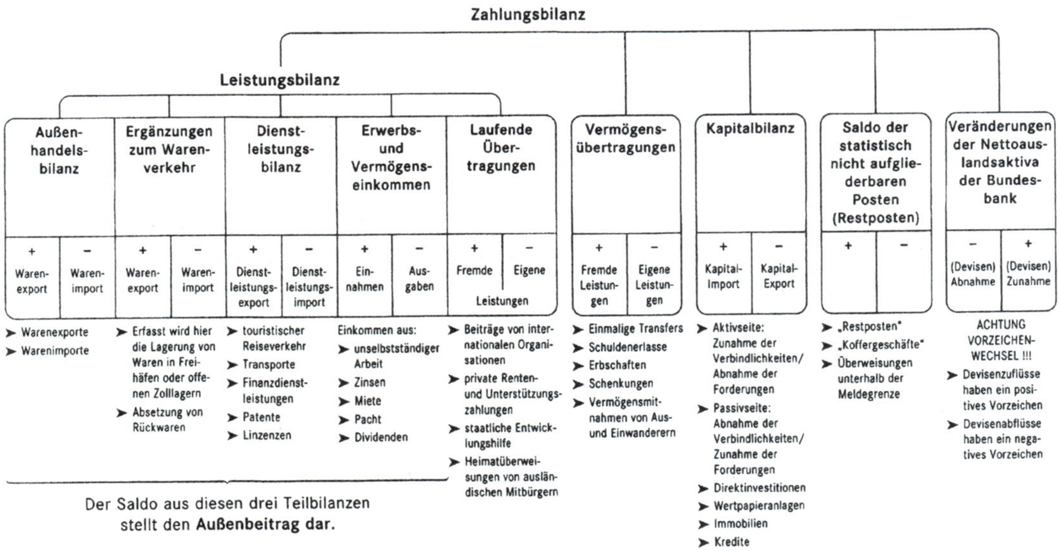

Abb.13.1 Die Teilbilanzen der Zahlungsbilanz im Überblick*

Fassen wir zusammen:

Definitionsgemäß ist die Zahlungsbilanz, wie gesagt, immer ausgeglichen. Der Begriff **„außenwirtschaftliches Gleichgewicht"** bezieht sich auf den **Saldo der Leistungsbilanz** (gleich null). In der Praxis wird jedoch auch ein **möglichst kleiner** Saldo der Leistungsbilanz als „außenwirtschaftliches Gleichgewicht" bezeichnet.

Die Zahlungsbilanz ist eine systematische Darstellung aller wirtschaftlichen Transaktionen zwischen In- und Ausländern während eines bestimmten Zeitraums (meist ein Jahr). Dabei lässt sich die Zahlungsbilanz in verschiedene Teilbilanzen untergliedern. Das wirtschaftspolitische Ziel eines außenwirtschaftlichen Gleichgewichts bezieht sich lediglich auf die Leistungsbilanz.

In Lektion 8 „Wirtschaftspolitische Zielsetzungen" haben wir gelernt, dass das außenwirtschaftliche Gleichgewicht zum „magischen Viereck" und somit zu den Zielsetzungen der Wirtschaftspolitik gehört.

Wie aber wirken sich **Ungleichgewichte** auf das Wirtschaftsgeschehen aus?

- **Zahlungsbilanzüberschuss** (bei **aktiver Leistungsbilanz**)

  Hier übersteigen die Exporte die Importe (wertmäßig). Dadurch erhöht sich der inländische Geldumlauf und aufgrund der wachsenden Geldmenge fällt das Zinsniveau. Infolge der positiven Wirtschaftsbeziehungen zum Ausland nimmt die Beschäftigung zu. Gleichzeitig kommt es zu Preissteigerungen, die auf eine importierte Inflation zurückzuführen sind. Als Folge eines Zahlungsbilanzüberschusses machen sich **fallende Wechselkurse (Abwertung)** bemerkbar, d.h. der **Außenwert** der eigenen Währung **nimmt zu**.

* Quelle: Boller, Eberhard/Schuster, Dietmar, *Volkswirtschaftslehre*, Merkur Verlag Rinteln 2001.

- **Zahlungsbilanzdefizit** (bei **passiver Leistungsbilanz**)

  Übersteigen die Importe die Exporte, verringert sich der inländische Geldumlauf und es tritt der umgekehrte Fall des zuvor Beschriebenen ein. Die Zinsen und die Arbeitslosenzahlen steigen. Es kommt zu deflationistischen Tendenzen, d.h. die Preissteigerungsraten fallen. Gleichzeitig **steigen** die **Wechselkurse (Aufwertung)**, d.h. der **Außenwert** der eigenen Währung **nimmt ab**.

> ***Zahlungsbilanzungleichgewichte entstehen, wenn die Leistungsbilanz aktiv oder passiv ist. Eine aktive Leistungsbilanz führt zu einem Zahlungsbilanzüberschuss. Ein Zahlungsbilanzdefizit liegt hingegen vor, wenn die Leistungsbilanz passiv ist.***

13.5 Die WTO

Begriffe *GATT ◉ WTO ◉ GATS ◉ TRIPS ◉ Ministerkonferenz ◉ Allgemeiner Rat*

Eigentlich sollte schon nach dem Zweiten Weltkrieg eine internationale Handelsorganisation entstehen. Der US-Kongress lehnte dies jedoch ab und so wurde 1947 das **GATT** (= General Agreement on Tariffs and Trade) als „Provisorium“ mit 23 Mitgliedstaaten gegründet. Bis Anfang der 90er Jahre wuchs das GATT auf mehr als 100 Mitglieder an.

Im April 1994 unterzeichneten die Minister der Mehrzahl der 125 Teilnehmerstaaten des GATT in Marrakesch (Marokko) eine Vereinbarung, die zusätzlich die Schaffung einer Welthandelsorganisation vorsah. Im Jahr 1995 wurde dann das Allgemeine Zoll- und Handelsabkommen (GATT) in die **Welthandelsorganisation (World Trade Organization = WTO)** eingebunden.

> ***Die bedeutendste Organisation zur Überwachung der internationalen Handelsregeln ist die Welthandelsorganisation mit Sitz in Genf (Schweiz).***

Diese eigenständige internationale Organisation umfasst derzeit 137 Mitglieder, wobei mehr als zwei Drittel der WTO-Mitglieder Entwicklungsländer sind.

Die WTO besteht aus drei Teilorganisationen:

- dem **GATT**, zuständig für den Warenhandel
- dem **GATS** (= General Agreement on Trade in Services), zuständig für den Handel mit Dienstleistungen
- dem **TRIPS** (= Agreement on Trade-Related Aspects of Intellectual Property Rights), zuständig für den Schutz geistigen Eigentums (Patentschutz).

> ***Die WTO setzt Grundregeln für den Handel mit Waren und Dienstleistungen sowie im Bereich des geistigen Eigentums*.***

---

* Das WTO-Abkommen enthält 29 einzelne Regelungen (von Landwirtschaftsprodukten über Textilien bis hin zum geistigen Eigentum).

Das Hauptziel der WTO ist die **Liberalisierung* des Welthandels**, d.h. die Förderung des **Freihandels**. Zu diesem Zweck beschäftigt sich die WTO mit der **Beseitigung von Handelshemmnissen** und mit der **Schaffung von stabilen** und **transparenten Regeln** für den internationalen Handel.

Dabei gilt folgende Grundregel: Wenn ein Land einem anderen Land Zugeständnisse in Form von Handelsvergünstigungen macht, so müssen diese Zugeständnisse auf alle Unterzeichnerstaaten angewendet werden **(Meistbegünstigungsklausel)**.

Des Weiteren unterstützt die WTO die Umsetzung ihrer multilateralen** Handelsabkommen, dient als Forum für multilaterale Handelsgespräche, bemüht sich um die Lösung von Handelskonflikten, überprüft nationale Handelspolitiken und arbeitet mit anderen internationalen Organisationen, wie z.B. der EU, im Bereich des Welthandels zusammen. Dabei führen die Mitgliedstaaten der Europäischen Union eine gemeinsame Außenhandelspolitik. Sie sprechen in der WTO „mit einer Stimme“: Bei den WTO-Treffen vertritt die Europäische Kommission die europäischen Handelsinteressen. Die EU ist somit ein eigenständiges WTO-Mitglied – ebenso wie jeder ihrer Mitgliedstaaten.

Die oberste Instanz der WTO ist die **Ministerkonferenz**, die sich aus Vertretern aller Mitgliedstaaten zusammensetzt. Sie entscheidet in allen Bereichen der Handelsabkommen und tagt mindestens alle zwei Jahre. Die Tagesgeschäfte führt hingegen ein **Allgemeiner Rat**. Er regelt Meinungsverschiedenheiten zwischen den einzelnen Partnern (fungiert also als Schlichtungsorgan), kontrolliert die Einhaltung der von der WTO vorgesehenen Regeln und überwacht als Ausschuss zur Überprüfung der Handelspolitiken das Vorgehen der einzelnen WTO-Mitgliedsländer. Bei der Erfüllung seiner Aufgaben wird der Allgemeine Rat von einer Reihe von Hilfsorganen unterstützt (vgl. dazu auch Abb. 13.2).

Die Organisationsstruktur der WTO

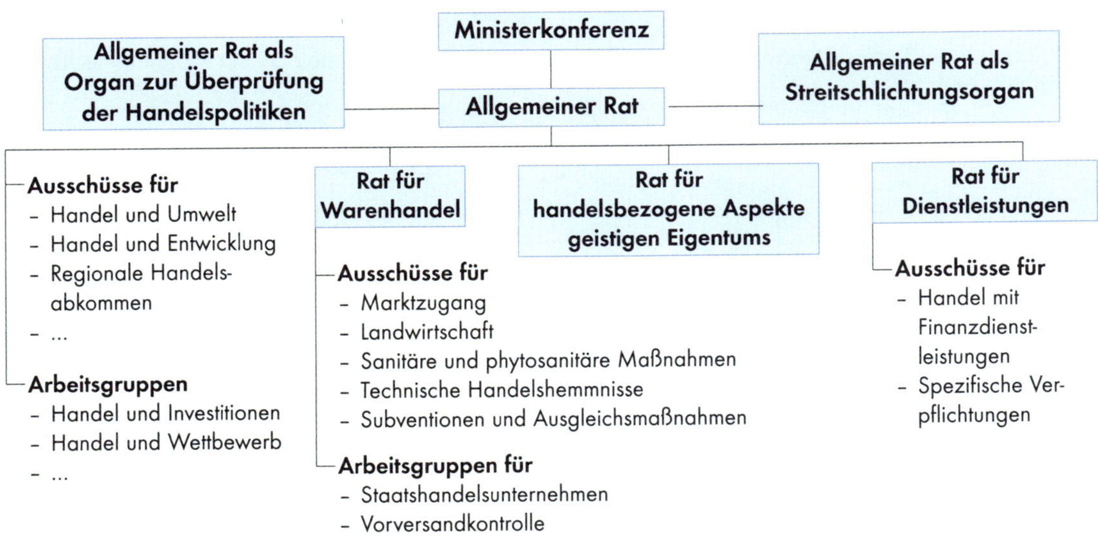

Abb. 13.2 Die Organisationsstruktur der WTO

---

* liberalisieren = (z.B. staatliche) Einschränkungen beseitigen

** multilateral = viele Partner betreffend

13.6 Die Europäische Union (EU)

13.6.1 Die Entstehung

Begriffe ***EGKS ◉ EWG ◉ EURATOM***

Die europäische Einigung nahm am 9. Mai 1950 ihren Anfang, als Frankreich offiziell die Schaffung „einer europäischen Föderation" vorschlug. Die Entwicklung einer Gemeinschaft europäischer Staaten vollzog sich danach in folgenden Schritten:

1951 gründen die Länder Belgien, Deutschland, Frankreich, Italien, Luxemburg und die Niederlande die **Europäische Gemeinschaft für Kohle und Stahl (EGKS)**, auch **„Montanunion"** genannt.

1952 kommt die EGKS erstmals in Straßburg zusammen. Die Versammlung hat lediglich beratende Funktion (keine Gesetzgebungsrechte).

1957 gründen die EGKS-Staaten in Rom (daher der Ausdruck „Römische Verträge") die **Europäische Wirtschaftsgemeinschaft (EWG)** sowie die **Europäische Atomgemeinschaft** (**EAG** oder auch **EURATOM**).

1958 gibt sich die Beratende Versammlung, die für alle drei Gemeinschaften (EGKS, EWG und EURATOM) zuständig ist, den Namen **„Europäisches Parlament"**.

1967 Durch das Zusammenlegen der Organe Rat und Kommission, die bisher noch für jede der drei Gemeinschaften getrennt agieren, kommt es zum Sammelbegriff **„Europäische Gemeinschaft (EG)"**.

1971 Nachdem die Gemeinschaft bis Ende 1970 nur durch Beiträge der Mitgliedstaaten finanziert wurde, verfügt sie nun über eigene finanzielle Einnahmen (z.B. Zölle, Abgaben der Mitgliedstaaten für Zucker). Aufgrund der dadurch benötigten Haushaltsgesetzgebung werden dem Parlament erstmals **gesetzgeberische Befugnisse** eingeräumt (zur Aufstellung und Verabschiedung des Haushalts).

1973 Durch den Beitritt Dänemarks, Großbritanniens und Irlands wächst die Zahl der Mitgliedstaaten von sechs auf neun.

1975 Die **Haushaltsbefugnisse** des Europäischen Parlaments werden dahingehend **erweitert**, dass nun Änderungen des Haushalts vorgenommen, endgültig verabschiedet oder abgelehnt werden können.

1979 Die Abgeordneten des Europäischen Parlaments werden von den Bürgern der Mitgliedstaaten direkt gewählt.

1981 Griechenland tritt als zehnter Mitgliedstaat bei.

1986 Beitritt Spaniens und Portugals. Mit dem Beschluss der **„Einheitlichen Europäischen Akte (EEA)"** wird der Grundstein für den weiteren Ausbau der EG definiert. Dabei werden auch die Rechte des Europäischen Parlaments erweitert (Beteiligung an der allgemeinen Gesetzgebung in wichtigen Bereichen, z.B. Vorbereitung des Binnenmarktes).

1992 Mit dem **„Maastrichter Vertrag"** werden die Voraussetzungen für die Gründung der **Europäischen Union (EU)** und die Einführung einer **einheitlichen Währung (Währungsunion)** geschaffen. So wird in diesen Verhandlungen u.a. die **„Europäische Wirtschaftsgemeinschaft (EWG)"** in **„Europäische Gemeinschaft (EG)"** umbenannt.
Zudem erfolgt eine erneute Erweiterung des Zuständigkeitsbereichs des Europäischen Parlaments.

1995 Die Europäische Staatengemeinschaft wächst mit dem Beitritt Finnlands, Österreichs und Schwedens weiter an.

1997 Der am 1. Mai 1999 in Kraft tretende **Amsterdamer Vertrag** wird im Oktober 1997 unterzeichnet. Er erweitert die Befugnisse des Europäischen Parlaments erheblich. Das „Verfahren der Mitentscheidung (wie mit Maastrichter Vertrag eingeführt)" des Europäischen Parlaments wird in der gemeinschaftlichen Gesetzgebung auf zahlreiche weitere Bereiche ausgedehnt.

1998 Verhandlungsbeginn zur Ost-Erweiterung der EU mit den Kandidaten Estland, Polen, Slowenien, Tschechische Republik, Ungarn und Zypern.

1999 Die **Währungsunion** tritt am 1. Januar in den Mitgliedstaaten Belgien, Deutschland, Finnland, Frankreich, Irland, Italien, Luxemburg, Niederlande, Österreich, Portugal und Spanien in Kraft. Sie führen den **Euro** als Buchgeld ein. Die EZB übernimmt für die Geldpolitik die Verantwortung.
Der Türkei wird der Kandidatenstatus bestätigt.

2000 Erweiterung der Beitrittsverhandlungen mit den Staaten Bulgarien, Lettland, Litauen, Malta, Rumänien und der Slowakischen Republik.

2001 Griechenland tritt am 1. Januar als zwölfter Mitgliedstaat dem Euroland bei.
Beim Europäischen Rat von Laeken werden Estland, Lettland, Litauen, Malta, Zypern, Polen, Slowenien, Slowakische Republik, Tschechische Republik und Ungarn als jene zehn Länder bezeichnet, die voraussichtlich 2004 der EU beitreten.

2002 Die Euromünzen und Euroscheine werden ab dem 1. Januar in den zwölf an der Währungsunion teilnehmenden Mitgliedstaaten in Umlauf gebracht: Belgien, Deutschland, Finnland, Frankreich, Griechenland, Irland, Italien, Luxemburg, Niederlande, Österreich, Portugal und Spanien.

Mittlerweile zählt die EU 25 Mitgliedstaaten*.

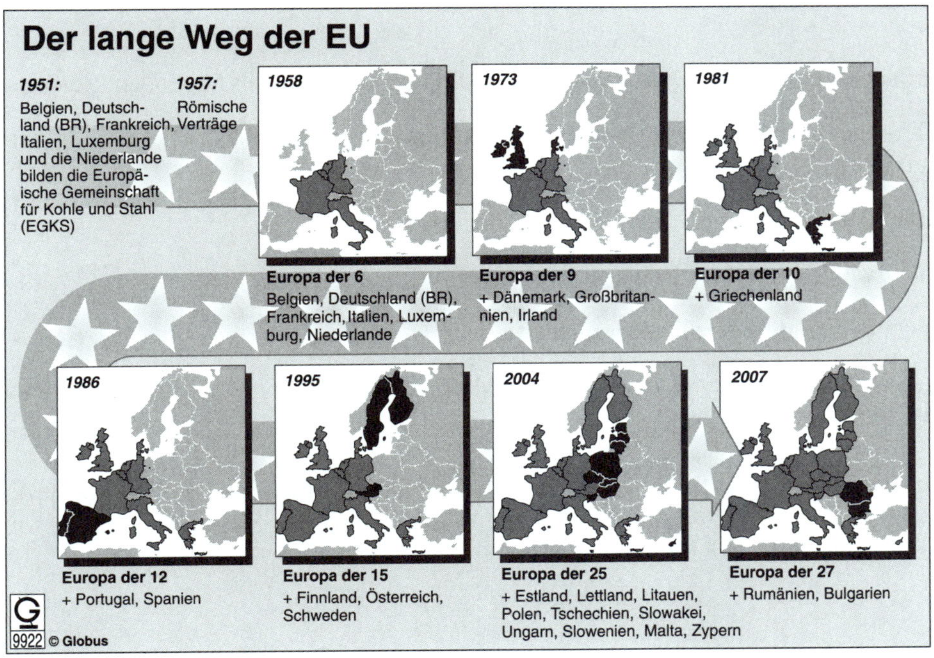

Abb. 13.3

13

* Mitgliedstaaten = Belgien, Dänemark, Deutschland, Estland, Finnland, Frankreich, Griechenland, Großbritannien, Irland, Italien, Lettland, Litauen, Luxemburg, Malta, Niederlande, Österreich, Polen, Portugal, Slowakei, Slowenien, Schweden, Spanien, Tschechien, Ungarn, Zypern.

Die Europäische Union beruht also auf den **Grundsätzen** der **Rechtsstaatlichkeit** und der **Demokratie**. Alle Beschlüsse und Verfahren werden von den **Gründungsverträgen** abgeleitet. Dabei vertritt die EU im Außen- wie im Innenverhältnis die Interessen ihrer Mitgliedstaaten.

13.6.2 Ziele und Aufgaben

Begriffe *Europäische Gemeinschaft* ◉ *die drei Säulen der EU* ◉ *Prinzip der Subsidiarität*

Mit dem Vertragswerk von Maastricht erfolgte der entscheidende Schritt von einer Wirtschaftsgemeinschaft hin zu einer politischen Union. Mit diesem Vertrag ruht die Europäische Union nunmehr auf drei Säulen:

1. Säule: Die drei Europäischen Gemeinschaften EG, EGKS und EURATOM

Die Gemeinschaftsorgane können in den ihnen zur Wahrnehmung übertragenen Politikbereichen **Recht** setzen. Dieses gilt in den Mitgliedstaaten **unmittelbar** und hat **Vorrang** vor dem **nationalen Recht**. Im Zentrum der EG – als tragendem Element der 1. Säule – steht der **Binnenmarkt*** mit seinen **Grundfreiheiten** (freier Warenverkehr, Freizügigkeit der Arbeitnehmer, Niederlassungsfreiheit, Dienstleistungsfreiheit und freier Kapital- und Zahlungsverkehr sowie die Unionsbürgerschaft**) und seiner **Wettbewerbsordnung**.

2. Säule: Zusammenarbeit im Bereich der gemeinsamen Außen- und Sicherheitspolitik

Die **Gemeinsame Außen- und Sicherheitspolitik (GASP)** verpflichtet sich folgenden Zielen:

- **Wahrung** der **gemeinsamen Werte**, der **grundlegenden Interessen** und der politischen **Unabhängigkeit** der EU.
- **Stärkung der Sicherheit** der EU und ihrer Mitgliedstaaten.
- **Wahrung des Weltfriedens** und **Stärkung der internationalen Sicherheit**.
- **Förderung** der **internationalen Zusammenarbeit**.
- **Förderung** von **Demokratie** und **Rechtsstaatlichkeit** sowie Wahrung der **Menschenrechte** und **Grundfreiheiten**.

Bei der **gemeinsamen Außenpolitik** unterrichten sich die Mitgliedstaaten gegenseitig und stimmen ihr Verhalten gegenüber Drittstaaten im Rat ab. Eine **gemeinsame Sicherheitspolitik** soll Fragen umfassen, die die Sicherheit der Union betreffen.

---

* Im Binnenmarkt sollen die vier Freiheiten „… freier Verkehr von Personen, Waren, Dienstleistungen und Kapital" erfüllt sein.

** Als Unionsbürger haben die Bürger der Mitgliedstaaten nun die Möglichkeit, sich im Hoheitsgebiet der EU frei zu bewegen. Dadurch können sie nicht nur am Ort ihrer Wahl leben, sondern sich dort auch an Kommunal- und Europawahlen beteiligen. Die Unionsbürger bleiben gleichzeitig Bürger ihrer eigenen Nation.

3. Säule: Innen- und Justizpolitik

Die Zusammenarbeit der EU-Länder in den Bereichen Inneres und Justiz erfolgt im Außenverhältnis im Rahmen der zwischenstaatlichen Zusammenarbeit. Der Rat kann jedoch einstimmig gemeinsame Maßnahmen verabschieden oder Abkommen zur Ratifizierung durch die Mitgliedstaaten empfehlen. Dabei geht es z.B. um ein gemeinsames Vorgehen bei der Verhütung und Bekämpfung von Schwerstkriminalität, der Eindämmung des Rassismus, der Vereinfachung und Beschleunigung von Gerichtsverfahren und der Festlegung von Mindestvorschriften über die Tatbestandsmerkmale strafbarer Handlungen.

Abb. 13.4 gibt noch einmal einen ausführlicheren Überblick über die inhaltliche Gestaltung der drei Säulen.

	Europäische Union	
Erste Säule	**Zweite Säule**	**Dritte Säule**
Europäische Gemeinschaft	**Außen- und Sicherheitspolitik**	**Innen- und Justizpolitik**
• Zollunion und Binnenmarkt • Agrarpolitik • Strukturpolitik • Handelspolitik • Wirtschafts- und Währungsunion • Unionsbürgerschaft • Bildung und Kultur • Transeuropäische Netze • Verbraucherschutz • Gesundheitswesen • Forschung und Umwelt • Sozialpolitik	**Außenpolitik** • Kooperation, gemeinsame Standpunkte und Aktionen • Friedenserhaltung • Menschenrechte • Demokratie • Hilfe für Drittstaaten **Sicherheitspolitik** • Abrüstung • Wirtschaftliche Aspekte der Rüstung • langfristig: Europäische Sicherheitsordnung	• Asylpolitik • Schutz der EU-Außengrenzen • Einwanderungspolitik • Kampf gegen Drogenkriminalität • Bekämpfung des organisierten Verbrechens • Justizielle Zusammenarbeit • Polizeiliche Zusammenarbeit

Abb. 13.4 Die 3 Säulen von Maastricht

Drei Regeln der Zusammenarbeit

Im Vertrag von Maastricht ist weiter festgelegt

- in welchen Politikbereichen die Organe der Gemeinschaft allein zuständig sind,
- in welchen Bereichen sie mit den Regierungen der Mitgliedstaaten zusammenarbeiten und
- in welchen Bereichen die Staaten allein entscheiden.

Die Politik der Gemeinschaft lässt sich also in drei Kategorien unterteilen:

- **Gemeinschaftliche Politik**

  In einigen Bereichen – wie der Agrarpolitik, der Außenhandelspolitik, der Wettbewerbspolitik oder der Geldpolitik – wurde den Organen und Institutionen der EU die **ausschließliche Zuständigkeit** übertragen. Sie haben das **legislative Recht**, erlassen also Gesetze, die in allen

13

Mitgliedstaaten **unmittelbar geltendes** Recht werden, und sie haben das **exekutive Recht**, führen also aus, was diese Gesetze verlangen. Hier handelt die EU ähnlich wie ein Staat.

- **Gemeinsame Politik von Gemeinschaft und Regierungen**

  In anderen Politikbereichen – wie Umwelt, Verbraucherschutz, Einwanderungs- und Asylpolitik, Forschung und technologische Entwicklung – fassen die Minister der Mitgliedstaaten gemeinsam mit dem Europäischen Parlament Beschlüsse. Die Entwürfe dazu legt die Kommission vor. Die Beschlüsse sind in Form von **Rahmenrichtlinien** für alle Mitgliedstaaten **mittelbar bindend**, das heißt, sie müssen erst – innerhalb einer bestimmten Frist – von den nationalen Parlamenten in Gesetzesform gebracht werden.

- **Koordinierung**

  In bestimmten Politikbereichen – wie Wirtschaft, Finanzen, allgemeine Bildung oder Familie – **handeln** die **Regierungen der Mitgliedstaaten** jedoch **allein** für sich, stimmen sich aber gegenseitig ab und nehmen bei ihrer **nationalen Gesetzgebung Rücksicht** auf die Interessen und Belange der anderen **Mitgliedstaaten**. Die EU kann in einigen dieser Bereiche allerdings **verbindliche Leitlinien** vorgeben.

Das Prinzip der Subsidiarität

Das **Prinzip der Subsidiarität** besagt, dass übergeordnete Gemeinschaftsformen nur Aufgaben übernehmen sollen, die kleinere gesellschaftliche Einheiten nicht erfüllen können. Dieses Prinzip findet auch in der EU Anwendung, d.h. es gilt in den Bereichen, in denen die Gemeinschaft nicht die ausschließliche Zuständigkeit besitzt.

Die Union darf nur tätig werden, wenn ein in den Verträgen genanntes Ziel von den Mitgliedstaaten allein nicht in ausreichendem Maße erreicht werden kann und ein gemeinsames Handeln bessere Ergebnisse verspricht.

13.6.3 Die Organe der EU

Begriffe *Europäischer Rat ◉ Europäisches Parlament ◉ Rat der Europäischen Union ◉ Europäische Kommission ◉ Europäischer Gerichtshof ◉ Europäischer Rechnungshof*

Europäischer Rat

Der **Europäische Rat*** ist als richtungweisende Instanz der EU anzusehen. Er setzt sich aus den Staats- und Regierungschefs der Mitgliedstaaten und dem Präsidenten der Kommission zusammen. Mindestens zweimal jährlich trifft sich der Rat, um neue politische Richtlinien vorzugeben.

* Die Sonderstellung des Europäischen Rates ist darauf zurückzuführen, dass die ersten Verträge Zusammenkünften der Staats- und Regierungschefs keinen Platz einräumten. Zu solchen „Gipfeltreffen“ kam es vielmehr aus der Praxis heraus zu Beginn der 60er Jahre, bevor sie dann zu Beginn der 70er Jahre regelmäßiger wurden und auf dem letzten Pariser „Gipfel“ im Jahre 1974 den Namen „Europäischer Rat“ erhielten.

Die der EU zugewiesenen Aufgaben werden nach dem **Grundsatz der Rechtsstaatlichkeit** durch die folgenden **fünf Institutionen** wahrgenommen:

Europäisches Parlament

Das Europäische Parlament wird alle fünf Jahre in allgemeinen und direkten Wahlen von der wahlberechtigten Bevölkerung der Mitgliedstaaten gewählt.

Das Parlament hat drei wesentliche Aufgaben:

- Es teilt die Gesetzgebungsfunktion des Rates (Richtlinien, Verordnungen, Entscheidungen). Durch diese **Mitwirkung an der Gesetzgebung** wird die demokratische Rechtmäßigkeit der angenommenen Texte gewährleistet.
- Es teilt die **Haushaltsfunktion** des Rates und kann demnach Einfluss auf die Gemeinschaftsausgaben ausüben.
- Es stimmt der **Benennung der Kommissionsmitglieder** zu und kann einen Misstrauensantrag gegen sie einbringen. Das Parlament übt weiter eine demokratische Kontrolle (hier: politische Kontrolle) über die Kommission sowie über sämtliche Institutionen aus.

Rat der Europäischen Union

Der Rat ist das **wichtigste Entscheidungsorgan** der Europäischen Union. Er besteht aus den Regierungen der Mitgliedstaaten (Vertretern der Ministerebene). Die Zusammensetzung des Rates ändert sich entsprechend den auf der Tagesordnung stehenden Angelegenheiten (auswärtige Angelegenheiten, Finanzen, Ausbildung, Telekommunikation etc.).

Der Rat hat mehrere Aufgaben. Neben seiner Funktion als **Gesetzgebungsorgan** der Union (in einer Vielzahl von Gemeinschaftsbereichen nimmt er diese Funktion zusammen mit dem Europäischen Parlament wahr) **koordiniert** er die **allgemeine Wirtschaftspolitik** der Mitgliedstaaten. Des Weiteren stimmt er das Vorgehen der Mitgliedstaaten aufeinander ab und verabschiedet Maßnahmen im Bereich der polizeilichen und justiziellen Zusammenarbeit in Strafsachen. Der Rat teilt die **Haushaltsbefugnis** des Parlaments und erlässt die notwendigen Entscheidungen zur Festlegung und Durchführung der **Außen-** und **Sicherheitspolitik**. Er schließt im Namen der Gemeinschaft **internationale Verträge** zwischen den Staaten oder weltweiten Organisationen.

Europäische Kommission

Die Europäische Kommission vertritt als die treibende Kraft und als ausführendes Organ das Allgemeininteresse der Union. Der Präsident und die Mitglieder der Kommission werden von den Mitgliedstaaten mit der Zustimmung des Europäischen Parlaments ernannt.

Die Aufgaben der Europäischen Kommission umfassen u.a. folgende Punkte:

Sie besitzt das **Initiativrecht** und schlägt Gesetzestexte vor, die dem Parlament und dem Rat unterbreitet werden. Als **Exekutivorgan** (= ausführendes Organ) sorgt sie für die Ausführung der europäischen Gesetze (Richtlinien, Verordnungen, Entscheidungen), des Haushalts und der Programme, die vom Rat und vom Parlament angenommen werden.

Als **„Hüterin der Verträge“** kontrolliert sie gemeinsam mit dem Europäischen Gerichtshof die Befolgung des Gemeinschaftsrechts. Sie vertritt die Union weltweit und handelt vor allem in den Bereichen „Handel und Zusammenarbeit“ internationale Übereinkommen aus.

Europäischer Gerichtshof

Die Überwachung und einheitliche Auslegung des **Gemeinschaftsrechts** ist Aufgabe des Europäischen Gerichtshofs. Er entscheidet über Streitigkeiten, an denen Mitgliedstaaten, Gemeinschaftsorgane, Unternehmen und Einzelpersonen beteiligt sein können. Der Gerichtshof ist das oberste Gericht der EU (= **Gericht erster Instanz**, d.h. seine Urteile sind unanfechtbar).

Europäischer Rechnungshof

Er überprüft die **Recht-** und **Ordnungsmäßigkeit** der Einnahmen und Ausgaben der Union.

Aufbau der Europäischen Union

Die Europäische Union besteht aus drei Elementen („Säulen“):

1. Säule	2. Säule	3. Säule
Die drei Europäischen Gemeinschaften EG, EGKS und EURATOM	Die gemeinsame Außen- und Sicherheitspolitik	Die Zusammenarbeit in den Bereichen Justiz und Inneres

Die politisch wichtigste Instanz der EU:

EUROPÄISCHER RAT
Staats- und Regierungschefs aller Mitgliedstaaten und der Präsident der Kommission

Die Europäische Union und die drei Europäischen Gemeinschaften haben gemeinsame Organe:

EUROPÄISCHES PARLAMENT	RAT DER EUROPÄISCHEN UNION	EUROPÄISCHE KOMMISSION	EUROPÄISCHER GERICHTSHOF	EUROPÄISCHER RECHNUNGSHOF
626 Abgeordnete	Minister aller Mitgliedstaaten	20 Mitglieder	15 Richter 9 Generalanwälte	15 Mitglieder

Die Organe werden beraten von Ausschüssen, in denen Vertreter aller Mitgliedstaaten sitzen:

Wirtschafts- und Sozialausschuss	Ausschuss der Regionen	Wirtschafts- und Finanzausschuss	Beratender Ausschuss (EGKS)

Abb. 13.5 Der Aufbau der Europäischen Union*

* Quelle: EUROPA 2000, Millennium – Edition, Presse und Informationsamt der Bundesregierung

Aufgaben zur Lernkontrolle

1. *Setzen Sie die Begriffe „absoluter Kostenvorteil“ und „komparativer Kostenvorteil“ zueinander in Beziehung.*

2. *Land A benötigt zur Herstellung einer bestimmten Menge des Gutes X 60 Arbeitstage, für die Herstellung einer bestimmten Menge des Gutes Y 50 Arbeitstage. Land B benötigt hingegen für die gleichen Mengen von Gut X und Gut Y 80 bzw. 90 Arbeitstage. Zeigen Sie auf, welche komparativen Kostenvorteile sich aufgrund des Außenhandels für beide Länder ergeben.*

3. *Welche Möglichkeiten gibt es, den Devisenwert anzugeben?*

4. *Definieren Sie den Begriff „Wechselkurssystem“.*

5. *Welche grundlegenden Wechselkurssysteme sind Ihnen bekannt?*

6. *Welche zentralen Aufgaben erfüllt das EWS?*

7. *Nennen Sie die vier Konvergenzkriterien.*

8. *Aus welchen Positionen setzt sich der Außenbeitrag zusammen?*

9. *Wann spricht man von einem außenwirtschaftlichen Gleichgewicht?*

10. *Aus welchen Teilorganen besteht die WTO?*

11. *Auf welchen drei Säulen ruht die EU?*

12. *Was besagt das Prinzip der Subsidiarität?*

13. *Nennen Sie die wichtigsten fünf Institutionen der EU!*

Lösungsvorschläge

Kapitel 1

1. Den Einsatz knapper Mittel zur Befriedigung menschlicher Bedürfnisse bezeichnet man als Wirtschaften.

2. Die Knappheit der Güter zwingt die Menschen zum Wirtschaften. Gemäß dem ökonomischen Prinzip versucht der vernünftig (rational) handelnde Mensch, seine Bedürfnisse mit dem Einsatz geringer Mittel zu befriedigen.

3. Wirtschaftliche Güter (knappe Güter) müssen produziert werden, stehen nur begrenzt zur Verfügung und können nur durch Kaufkraft erworben werden (z.B. jegliche Konsum- oder Investitionsgüter). Freie Güter stehen uns hingegen in unbegrenztem Maße zur Verfügung und können unentgeltlich in Anspruch genommen werden (z.B. Luft).

4. Die beiden Grundelemente Natur und Arbeit werden als die ursprünglichen bzw. originären volkswirtschaftlichen Produktionsfaktoren bezeichnet, weil sie die Entstehung der Produktionsfaktoren Kapital und Bildung ermöglicht haben. Da sich diese Produktionsfaktoren von den originären volkswirtschaftlichen Produktionsfaktoren ableiten lassen, bezeichnet man sie auch als abgeleitete bzw. derivative Produktionsfaktoren.

5. Nutzungsarten des Produktionsfaktors Boden:

a) Anbaufaktor: Boden als Grundlage der Nahrungsmittelproduktion, z.B. in der Land- und Forstwirtschaft, Fischerei
b) Abbaufaktor: Durch Bergbau werden dem Boden Erze, Kohle, Erdöl sowie Erdgas und andere Stoffe abgewonnen.
c) Standortfaktor: Boden dient z.B. Unternehmen als Standort für ihre Tätigkeiten.

6. Durch eine Trennung der einzelnen Arbeitsschritte erfolgt eine individuelle Spezialisierung des Einzelnen auf die ihm zugeteilte Aufgabe. Dadurch wächst die Geschwindigkeit, mit der die Aufgabe erfüllt wird und die Produktivität (Arbeitsleistung) steigt.

7. Zerlegung der einzelnen Funktionsbereiche in einem Betrieb, z.B. in Beschaffung, Lagerung, Produktion, Verwaltung und Vertrieb. Ziel dieser Arbeitsteilung ist die Steigerung der Produktivität im Betrieb.

8. Vorteile der Arbeitsteilung:

- Steigerung der Produktivität durch bessere Ausnutzung der Arbeitskraft (größere Geschicklichkeit durch Spezialisierung und evtl. kürzere Lehrzeiten).
- Wirtschaftlicher Einsatz der Produktionsfaktoren durch die Betriebe.

Nachteile der Arbeitsteilung:

- „Entseelung“ der Arbeit durch Automation (Fließband)
- Teilweise verringerte Möglichkeiten des Berufswechsels (Spezialisierung)

Kapitel 2

1. Überall dort, wo Anbieter und Nachfrager zusammentreffen, um ihre individuellen Tauschpläne zu realisieren, entsteht ein Markt.

2. Voraussetzungen für „vollständigen Wettbewerb“ sind:
   a) Keine marktbeherrschenden Konstellationen; Anbieter und Nachfrager handeln unabhängig voneinander.
   b) Vollkommene Markttransparenz.
   c) Keine Präferenzen.
   d) Homogenität der Güter.

3. Transaktionskosten sind die Kosten, die aufgewendet werden müssen, um Markttransaktionen vorzunehmen. Sie entstehen beim Tausch von Gütern und Dienstleistungen.

4. Unterscheidung Konsumentenrente – Produzentenrente:
   a) Konsumentenrente: Differenz zwischen Zahlungsbereitschaft und tatsächlicher Kaufsumme.
   b) Produzentenrente: Differenz zwischen Marktpreis und dem Preis, den der Produzent mindestens erzielen muss, um seine Kosten zu decken.

5. Grundlegende Marktformen:
   a) Polypol: viele Anbieter, viele Nachfrager; Anbieter als Mengenanpasser.
   b) Monopol: auf einer der beiden Marktseiten ist nur ein Anbieter bzw. Nachfrager vorhanden; keine Konkurrenz; hohe Marktmacht; Gefahr eines Substitutionswettbewerbs (beim Angebotsmonopol).
   c) Oligopol: auf einer Marktseite sind nur wenige Anbieter bzw. Nachfrager vorhanden.

6. Öffentliche Güter, wie z.B. innere und äußere Sicherheit, Rechtspflege, Verwaltungsleistungen, Bereitstellung von Verkehrswegen, Ausbildung in Schulen und Hochschulen, Berufsberatung, sind durch Nicht-Rivalität im Konsum und Nicht-Ausschließbarkeit gekennzeichnet.

7. Bei der Produktion von öffentlichen Gütern versagt der Markt als Regulationsmechanismus. Daher muss der Staat dieses Marktversagen auffangen, indem er die Bereitstellung dieser Güter koordiniert.

8. Externe Effekte sind dadurch gekennzeichnet, dass es sich bei Verursacher und Betroffenem nicht um ein und dasselbe Wirtschaftssubjekt handelt. Es kommt zu Fehlallokationen der Produktionsfaktoren und zu marktwirtschaftlichen Ungleichgewichten.

Kapitel 3

1. Arten von Tauschaktivitäten:
   a) Produktion von Gütern und Dienstleistungen
   b) Verteilung und Verwendung von Einkommen
   c) Vermögensänderung (= Vermögen bilden, Vermögen verzehren)
   d) Finanzierung (= Kredite geben und aufnehmen)

2. Das Modell des Wirtschaftskreislaufs stellt gesamtwirtschaftliche Zusammenhänge vereinfacht dar, indem es lediglich Geld- und Güterbewegungen (monetäre und reale Ströme) zwischen Wirtschaftssektoren abbildet.

3. a) Zum Sektor der Unternehmen zählen neben den Produktionsunternehmen die freien Berufe, öffentliche Ämter (Finanzämter, Bundesanstalt für Arbeit usw.) und private Haushalte, die Wohnraum vermieten.

b) Zum Staat gehören die Gebietskörperschaften, Sozialversicherungshaushalte, Universitäten, Schulen, Zweckverbände etc.

c) Ein- und Mehrpersonenhaushalte sowie Organisationen ohne Erwerbscharakter gehören zum Sektor private Haushalte.

d) Wirtschaftseinheiten außerhalb der Grenzen der Bundesrepublik Deutschland werden als der Sektor Ausland bezeichnet.

4. Das Sparen der privaten Haushalte findet bei den Unternehmen im Investieren seinen Gegenpol.

5. Bruttoinvestitionen gliedern sich in Anlageinvestitionen (= Ersatzinvestitionen/Abschreibungen plus Erweiterungsinvestitionen) und Lagerinvestitionen. Bruttoinvestitionen abzüglich Abschreibungen ergibt Nettoinvestitionen.

6. Das Vermögensänderungskonto erfasst Bestandsveränderungen des Sach- und Geldvermögens und sorgt für ein Gleichgewicht zwischen den Geldzuflüssen und den Geldabflüssen der privaten Haushalte, der Unternehmen und des Staates.

7. Unterscheidung Transferzahlungen – Subventionen:

a) Transferzahlungen sind Zahlungen des Staates an die sozial Schwächeren einer Volkswirtschaft, also an die privaten Haushalte.

b) Subventionen sind Zuschüsse des Staates an einzelne Unternehmen oder an bestimmte Wirtschaftszweige.

8.

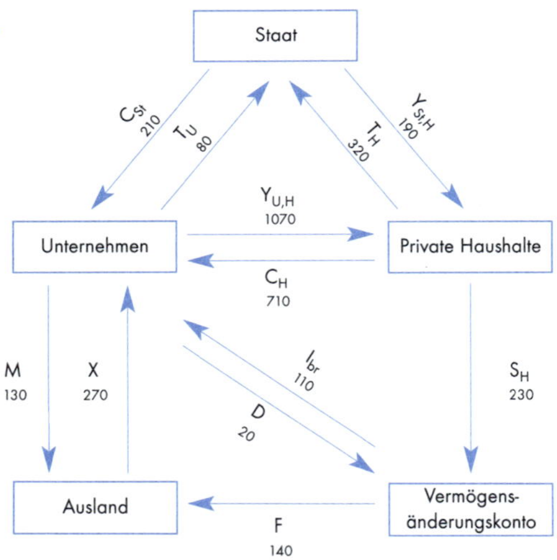

9.

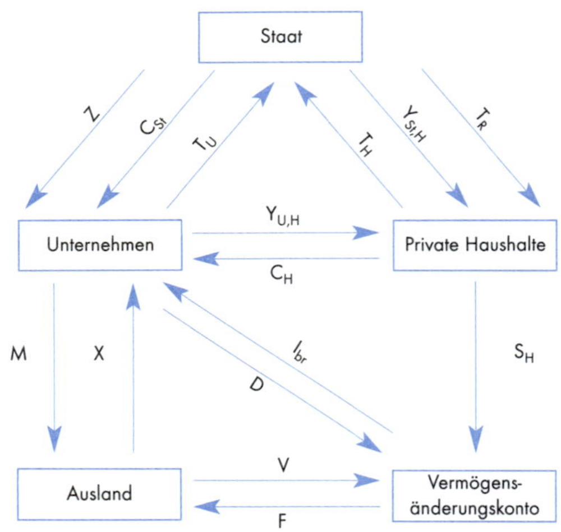

Kapitel 4

1. Aufgaben der Volkswirtschaftlichen Gesamtrechnung:

a) Kontrollsystem: Die Verteilung und die Verwendung des Volkseinkommens werden ex-post für eine Periode aufgezeigt.

b) Analyseinstrument: Daten abgelaufener Perioden bilden die Grundlage für gesamtwirtschaftliche Analysen und Wirtschaftsprognosen.

c) Informationsinstrument: Die VGR informiert inländische und auch internationale Organisationen über gesamtwirtschaftliche Größen wie Einkommen, Investitionen oder Konsum.

2. Die Entstehungs-, die Verwendungs- und die Verteilungsrechnung.

3. Ergebnisse:

		Arbeitnehmerentgelt aus unselbstständiger Tätigkeit		1.120,35
	+	Einkommen aus unternehmerischer Tätigkeit		410,88
a)	=	**Volkseinkommen**		1.531,23
		Private Konsumausgaben	1.232,15	
	+	Konsumausgaben des Staates	393,52	
	+	Bruttoinvestitionen der Unternehmen und des Staates	406,94	
	+	Exporte	726,90	
	-	Importe	688,31	
b)	=	**Bruttoinlandsprodukt**	2.071,20	
	=	Bruttoinlandsprodukt		2.071,20
	-	Saldo der Primäreinkommen aus der übrigen Welt		15,41
	=	Bruttonationaleinkommen		2.055,79
	-	Abschreibungen		312,07
	=	Nettonationaleinkommen zu Marktpreisen		1.743,72
	-	indirekte Steuern		246,33
	+	Subventionen		33,84
c)	=	**Volkseinkommen**		1.531,23

4. Unterscheidung Inlandsprinzip – Inländerprinzip:

a) Nach dem Inlandsprinzip werden alle Erwerbs- und Vermögenseinkünfte, die im Inland (von Inländern und von Ausländern) erzielt werden, berücksichtigt.

b) Nach dem Inländerprinzip werden alle Erwerbs- und Vermögenseinkünfte, die von Bürgern mit deutscher Staatsangehörigkeit im Inland oder im Ausland erzielt werden, berücksichtigt.

5.

	Produktionswert
–	Vorleistungen
=	Bruttowertschöpfung
+	Gütersteuern
–	Gütersubventionen
=	**Bruttoinlandsprodukt**
+	Saldo der Primäreinkommen aus der übrigen Welt
=	**Bruttonationaleinkommen**
–	Abschreibungen
=	**Nettonationaleinkommen**

6. Konsum, Bruttoinvestitionen, Ausfuhr.

7. Das Volkseinkommen setzt sich aus dem Einkommen aus unselbstständiger Arbeit, d.h. aus Löhnen und Gehältern, dem Einkommen aus Unternehmertätigkeit, dem Einkommen aus Kapital sowie dem Einkommen aus Vermögen zusammen.

8. Die Lohnquote gibt Auskunft über den Anteil des Einkommens aus unselbstständiger Arbeit am gesamten Volkseinkommen.

$$\frac{\text{Löhne + Gehälter}}{\text{Volkseinkommen}} \text{ x } 100 = \text{Lohnquote [\%]}$$

9. Bei der nominalen Entwicklung des BIP wird der in einer Volkswirtschaft von Jahr zu Jahr stattfindende Preisanstieg berücksichtigt. Um die mengenmäßige Entwicklung des BIP verfolgen zu können, misst man durch Zugrundelegung eines Basisjahres (dadurch wird der jährlich stattfindende Preisanstieg nicht mit einbezogen) die reale Kenngrößenentwicklung.

10. Soziale Indikatoren sind statistisch erfassbare Größen (wie z.B. im Bereich Arbeitsmarkt die Zahl der berufstätigen Frauen, im Bereich physische Umwelt die steigende Belastung des Einkommens der privaten Haushalte durch Mietausgaben, im Bereich Gesundheit die Einstellungen zur Alterssicherung im europäischen Vergleich), die Auskunft über Zustand und Veränderung bestimmter sozialer Bereiche einer Volkswirtschaft geben sollen.

Kapitel 5

1. Abgaben (Steuern, Gebühren, Beiträge und sonstige Einnahmen), öffentliche Erwerbseinkünfte, öffentliche Kredite.

2. Steuern sind hoheitlich festgelegte finanzielle Zwangsabgaben, die vom öffentlich-rechtlichen Gemeinwesen ohne direkte Gegenleistung vereinnahmt werden.

3. Ist eine Steuer überwälzbar, so überwälzt sie der Steuerzahler auf Dritte. Nicht-überwälzbar bedeutet hingegen, dass der Steuerzahler zugleich auch die Steuerlast trägt. Grundsätzlich dient das Merkmal der Überwälzbarkeit der Differenzierung: indirekte Steuern sind überwälzbar, direkte Steuern sind hingegen nicht-überwälzbar.

4. Wenn sich der Staat am Marktprozess unternehmerisch betätigt (Vermietungen, Verpachtungen, Verkauf von Gütern und Dienstleistungen) und daraus Einnahmen erzielt, so spricht man von öffentlichen Erwerbseinkünften.

5. Untergliederung der Staatsausgaben:
   a) Darstellung der Staatsausgaben nach Aufgabenbereichen (z.B. für die öffentliche Sicherheit, Bildung und Wissenschaften, kulturelle Angelegenheiten, das Wohnungswesen).
   b) Darstellung der Staatsausgaben nach volkswirtschaftlichen Wirkungsmerkmalen (Verwaltungsleistungen, Geldleistungen in Form von Transferzahlungen).
   c) Darstellung der Staatsausgaben nach volkswirtschaftlicher Produktivität (Ausgaben für Güter und Dienstleistungen, die einen Bezug zur volkswirtschaftlichen Produktivität aufweisen, Transferausgaben).

6. Transferausgaben sind Zahlungen an private Haushalte (Kindergeld, Ausbildungsbeihilfen usw.) oder Zahlungen an Unternehmen (Subventionen).

7. Die sich abzeichnende steigende Tendenz der Staatsausgaben ist vor allem auf die wachsenden Aufgabengebiete des Staates (z.B. Umweltschutz), aber auch auf die Finanzierung der deutschen Wiedervereinigung sowie auf die Finanzierung der EU-Integration zurückzuführen.

Kapitel 6

1. In der Realität bestehende Wirtschaftsordnungen werden als „Realtypen“ bezeichnet. Die nur der „Idee“ nach bestehenden Modelle – also die „freie Marktwirtschaft“ und die „Zentralverwaltungswirtschaft“ – nennt man hingegen „Idealtypen“.

2. Funktionen des Preises in der freien Marktwirtschaft:

   a) Gleichgewichtsfunktion
   b) Signalfunktion
   c) Allokationsfunktion
   d) Erziehungsfunktion

3. Die Soziale Marktwirtschaft ist dadurch gekennzeichnet, dass sie bei grundsätzlicher Unterstützung der wirtschaftlichen Freiheit zugleich die Regulierungs- und Kontrollfunktion des Staates betont, um unsoziale Auswirkungen zu verhindern und „Wohlstand für alle“ zu schaffen. Zu den staatlichen Aufgaben zählt dabei vor allem der Schutz des freien Wettbewerbs, die Steuerung der Einkommens- und Vermögensverteilung und die Regelung der Struktur- und Finanzpolitik.

4. a) Vorteile der Zentralverwaltungswirtschaft:
   - Durch die Abschaffung des Privateigentums an Produktionsmitteln gibt es keine starken sozialen Gegensätze zwischen Arm und Reich.
   - Eine zentrale Stelle legt Produktions- und Konsumziele nach sozialen Gesichtspunkten fest.
   - Durch die zentralverwaltungswirtschaftliche Koordination können Entlassungen und Betriebsschließungen weitestgehend vermieden werden.

   b) Nachteile der Zentralverwaltungswirtschaft:
   - Die Zentralverwaltungswirtschaft ist durch lange Informationswege und strenge Kontrollapparate gekennzeichnet. Durch diese komplexe und unübersichtliche Struktur legt sich der Bürokratismus irgendwann selbst lahm.
   - Bei Interessenkonflikten zwischen bestehenden Instanzen besteht die Gefahr einer Fehlallokation der Produktionsfaktoren.
   - Der durch das System der Planvorgaben fehlende Wettbewerb zwischen den Betrieben führt zu einer wirtschaftlichen Innovationsschwäche. Dadurch können die Bedürfnisse der eigenen Bevölkerung langfristig nicht mehr befriedigt werden.

5. In der Sozialen Marktwirtschaft werden die Elemente der freien Marktwirtschaft durch staatliche Gesetze und Regelungen eingeschränkt:

   a) Einschränkungen des Privateigentums
   b) Einschränkungen der Vertragsfreiheit
   c) Einschränkungen der freien Preisbildung
   d) Einschränkung der freien Lohnbildung

Kapitel 7

1. Mit dem Begriff „Konjunktur“ bezeichnet man die Verlaufsschwankungen einer Volkswirtschaft.

2. Es gibt 3 Arten von Wirtschaftsschwankungen:

   a) strukturelle Schwankungen (Zyklendauer 50 bis 60 Jahre)

L

b) konjunkturelle Schwankungen (Zyklendauer ca. 5–8 Jahre)
c) saisonale Schwankungen (Zyklendauer: kurzfristig bzw. jahreszeitlich bedingt)

3. Siehe Abb 7.3 (S.72)

4. Konjunkturindikatoren werden zur Messung der Konjunkturzyklen herangezogen. Dabei sollen die Konjunkturindikatoren helfen, die zyklischen Schwankungen der Wirtschaftsentwicklung zu verstehen, zu erkennen und somit negative Entwicklungen abwenden zu können.

5. Es existieren folgende Konjunkturindikatoren:

   a) Frühindikatoren: liefern Informationen über die zukünftige wirtschaftliche Entwicklung.
   b) Spätindikatoren: zeigen den Konjunkturverlauf oft erst in mehr oder weniger großen Zeitabständen.
   c) Präsenzindikatoren: geben die jeweils aktuelle Konjunkturlage wieder.
   d) Mengen- und Preisindikatoren
   e) Angebots- und Nachfrageindikatoren
   f) Entwicklung des Außenhandels
   g) Entwicklung der Ausgaben und Einnahmen des Staates

6. Konjunkturtheorien sind von Wirtschaftswissenschaftlern aufgestellte Erklärungsansätze, um das Phänomen der Konjunkturzyklen verstehen zu können.

7. Die wirtschaftsexogenen Theorien sehen das Auftreten von Konjunkturschwankungen in äußeren, nichtwirtschaftlichen Ereignissen begründet (Kriege, Naturkatastrophen, etc.). Die wirtschaftsendogenen Theorien machen die wirtschaftlichen Gegebenheiten eines Landes für Konjunkturschwankungen verantwortlich.

Kapitel 8

1. Gemäß §1 des Stabilitätsgesetzes müssen folgende vier Ziele gleichzeitig erfüllt sein:

   a) Stabilität des Preisniveaus
   b) hoher Beschäftigungsstand
   c) außenwirtschaftliches Gleichgewicht
   d) stetiges und angemessenes Wirtschaftswachstum

2. 1967 präsentierte das Gesetz zur Förderung der Stabilität und des Wachstums der Wirtschaft vier Ziele als Merkmale einer gerechten Wirtschaftsorganisation: Vollbeschäftigung, Preisniveaustabilität und eine ausgeglichene Zahlungsbilanz (außenwirtschaftliches Gleichgewicht) und daraus resultierend ein stetiges und angemessenes Wirtschaftswachstum. Diese Ziele werden unter dem Begriff „magisches Viereck“ zusammengefasst, weil nicht unbedingt alle Ziele gleichzeitig erfüllt werden können.

3. Bund und Länder müssen ihre Wirtschafts- und Finanzpolitik an den Erfordernissen eines gesamtwirtschaftlichen Gleichgewichts orientieren. Dafür stehen ihnen folgende Instrumente zur Verfügung:

   a) Informationsinstrumente (z.B. Jahreswirtschaftsbericht der Bundesregierung)
   b) Planungsinstrumente (Finanz- und Investitionsplanung der öffentlichen Finanzpolitik)
   c) Koordinationsinstrumente (Empfehlungen und Ratschläge des Konjunkturrates und des Finanzplanungsrates; Konzertierte Aktion).
   d) Eingriffsinstrumente (steuerpolitische Maßnahmen)

4. Im StWG sind folgende Bestimmungen für das Wirtschaftswachstum enthalten:

   a) Stetiges Wirtschaftswachstum, d.h. beständiges und störungsfreies Wachstum.
   b) Angemessenes Wirtschaftswachstum, d.h. jährliche Steigerung des BIP um etwa 3–5%.

5. Die Produktionsfaktoren einer Volkswirtschaft sind die Basis unseres Produktionspotenzials (verfügbarer Boden als Anbau-, Abbau- und Standortfaktor; Arbeitskräfte und Kapital). Sie entscheiden in erheblichem Maße darüber, inwiefern Wirtschaftswachstum in einem Land möglich ist.

6. Nach vorherrschender Meinung liegt „Vollbeschäftigung" bzw. „hoher Beschäftigungsstand" dann vor, wenn die Arbeitslosenquote 5–6% beträgt.

7. Die Arbeitslosenquote gibt das Verhältnis der Zahl der Arbeitslosen zu der der abhängigen Erwerbspersonen wieder.

$$\frac{\text{Arbeitslose}}{\text{abhängige Erwerbspersonen}} \text{ x } 100 = \text{Arbeitslosenquote [\%]}$$

8. Eine drastische Veränderung des Preisniveaus nach oben oder nach unten kann zu Inflation oder auch Deflation führen. In beiden Fällen hat dies negative Auswirkungen auf die Wirtschaftslage eines Landes, unter Umständen kann sogar eine Wirtschaftskrise eingeleitet werden. Dadurch kommt es zu einer Erhöhung der Arbeitslosigkeit, eine optimale Allokation der Produktionsfaktoren kann nicht mehr gewährleistet werden. In der Folge würde sich der Lebensstandard der Bevölkerung verringern und der soziale Friede wäre gefährdet.

9. Deutschland ist ein export- und importstarkes Land. Dies bedeutet auch, dass viele einheimische Unternehmen vom Export leben und wir vor allem durch die knappen Rohstoff-Ressourcen auf Importe aus dem Ausland (der übrigen Welt) angewiesen sind. Ein außenwirtschaftliches Ungleichgewicht würde diese Konstellation negativ stören. So würden z.B. bei einem starken Rückgang der Exporte inländische Unternehmen Kunden im Ausland verlieren, die Arbeitslosigkeit würde steigen und ein Konjunkturabschwung würde eingeleitet werden.

Kapitel 9

1. Umweltschutz ist aus folgenden Gründen notwendig:

   a) Natürliche Ressourcen sind nicht unbegrenzt verfügbar.
   b) Negative Folgen der Umweltbelastung mindern die Lebensqualität jedes einzelnen Mitglieds einer Volkswirtschaft.
   c) Umweltschäden verursachen enorme Kosten (Abwasserreinigung, Einbußen der Forstwirtschaft durch Waldsterben etc.).

2. Es gibt entwicklungsbedingte und sozio-ökonomische Ursachen:

   a) Entwicklungsbedingte Ursachen:
      - Bevölkerungswachstum (Erhöhung der Nahrungsmittelproduktion, Vergrößerung der Anbauflächen, mehr Raum für menschliche Siedlungen, wachsende Müllberge etc.).
      - Zunahme städtischer Ballungszentren (Verschlechterung der Qualität von Luft und Trinkwasser etc.).
      - Wirtschaftswachstum (durch Steigerung der Güter- und Dienstleistungsproduktion wird die Umwelt u.a. im landwirtschaftlichen Bereich und bei der Beschaffung und dem Verbrauch von Energie zunehmend stärker beansprucht).
      - Technischer Wandel (kostengünstige und dadurch oft umweltschädigende Produktionsweisen).

L

b) Sozio-ökonomische Ursachen: Gesellschaft und Wirtschaft sehen die Umwelt als kostenloses „freies“ Gut an, das man ohne Rücksicht auf Verluste benutzen und auslasten kann (als Konsumgut oder „Deponie“).

3. Es existieren drei Prinzipien:

a) Verursacherprinzip: Kosten für Produktentsorgung werden vom Verursacher, also dem Hersteller getragen.
b) Vorsorgeprinzip: Umweltschäden bzw. Umweltgefahren sollen vorbeugend erkannt und vermieden werden.
c) Kooperationsprinzip: Unternehmen, private Haushalte und Staat sollen gemeinsam den Weg zu einer Ökologischen Ökonomie finden.

4. Es gibt folgende Interventionsmöglichkeiten des Staates:

a) Gebote und Verbote
b) Umweltabgaben
c) Umweltzertifikate
d) Öko-Auditing

5. Durch eine zunehmende Verteuerung des Energieverbrauchs (Ökosteuer) möchte der Staat Unternehmen und Verbraucher veranlassen, Umweltbelastungen aus eigenem Interesse zu vermeiden.

Kapitel 10

1. Der Wettbewerb in einer Volkswirtschaft erfüllt folgende Funktionen:

a) Steuerungsfunktion: Der Konsument entscheidet durch seine Nachfrage über die Auswahl der am Markt erhältlichen Produkte.
b) Allokationsfunktion: Durch funktionierenden Wettbewerb ist ein effizienter Einsatz der Produktionsfaktoren sichergestellt.
c) Innovationsfunktion: Der Wettbewerb zwingt die Anbieter, kostengünstigere Produktionsverfahren zu entwickeln, um bessere Produktqualitäten zu vernünftigen Preisen anbieten zu können.
d) Verteilungsfunktion: Auf einem vollkommenen Markt bildet sich der Preis durch Angebot und Nachfrage. Dies ist am Beispiel „Arbeitsmarkt“ erkennbar, da es bei ansteigender Produktion zu einem Zuwachs an Arbeitskräften und dadurch zu einer gerechten Einkommensverteilung kommt.
e) Kontrollfunktion: Der Wettbewerb begrenzt die Entstehung übermäßiger wirtschaftlicher Macht, indem z.B. billiger anbietende Unternehmen die teurer anbietenden Unternehmen bei gleicher Leistung und Qualität vom Markt verdrängen.

2. Kartell: Unternehmen der gleichen Wirtschaftsstufe schließen sich – obwohl rechtlich und wirtschaftlich selbstständig – zusammen.

3. Konzentrationen sind dadurch gekennzeichnet, dass die beteiligten Unternehmen durch den Zusammenschluss ihre wirtschaftliche oder wirtschaftliche und rechtliche Selbstständigkeit verlieren.

4. Es entstehen folgende Vorteile für Unternehmen:

a) Finanzierungsvorteile: Größere Firmen verfügen über mehr Sicherheiten, weswegen sie ihre Investitionen leichter über Banken finanzieren können als kleinere Unternehmen.
b) Größenvorteile: Diese ergeben sich vor allem durch den so genannten Lernkurveneffekt.

c) Diversifizierungsvorteile: Durch die Ausnutzung von Diversifizierungsvorteilen ergeben sich z.B. beim Einkauf, bei der Produktion und beim Vertrieb Kostenvorteile für die (sich zusammenschließenden) Unternehmen.

d) Staatliche Rahmenbedingungen: Forschungs- und Entwicklungsgelder werden z.B. an solche Unternehmen gezahlt, die in der Lage sind, Großprojekte für diverse Branchen (Bundeswehr etc.) abzuwickeln.

5. Das Gesetz gegen Wettbewerbsbeschränkungen, kurz GWB, soll die Funktionsfähigkeit des Wettbewerbs in Deutschland gewährleisten, indem es verhindert, dass Unternehmenszusammenschlüsse zum Nachteil einer Volkswirtschaft führen.

6. §19 GWB bezieht sich auf die Missbrauchsaufsicht. Diese besagt, dass das Bundeskartellamt eingreifen darf und Verträge zwischen Unternehmen für unwirksam erklären darf. Damit das Bundeskartellamt eingreifen darf, muss den betreffenden Unternehmen zum einen Marktbeherrschung und zum anderen ein Missbrauch der Marktmacht nachgewiesen werden.

7. Die wichtigsten Kartellarten sind:

a) Preiskartell

b) Gebietsschutzkartell

c) Quotenkartell

Kapitel 11

1. Unterscheidung Arbeitsmarkt – Arbeitsmarktpolitik:

a) Auf dem Arbeitsmarkt treffen Angebot und Nachfrage des Produktionsfaktors Arbeit aufeinander.

b) Die staatlichen Eingriffe in diesen Markt bezeichnet man hingegen als Arbeitsmarktpolitik.

2. Begriffsdefinitionen:

a) Tarifvertrag: Vertreter der Arbeitnehmer und der Arbeitgeber schließen den so genannten Tarifvertrag, in dem die Arbeitsbedingungen bzw. die beiderseitigen Rechte und Pflichten der Vertragsparteien festgelegt sind.

b) Gewerkschaft: Gewerkschaften sind Vereinigungen von Arbeitnehmern, die sich zur Wahrung ihrer gemeinsamen Arbeitnehmerinteressen zusammengeschlossen haben. Diese Interessengemeinschaft ist auch dazu bereit, ihre Interessen mit Kampfmaßnahmen (z.B. Streik) zu verfolgen.

c) Tarifautonomie: Tarifautonomie bedeutet, dass der Tarifvertrag ohne Einmischung von staatlicher Seite zustande kommt.

d) Aussperrung: Aussperrung ist eine Maßnahme der Arbeitgeber, bei der streikende Arbeitnehmer von der Arbeit und vom Bezug des Entgelts ausgeschlossen werden.

3. In Deutschland ergibt sich der Mindestlohn durch Verhandlungen zwischen den Gewerkschaften und den Vertretern der Arbeitgeber.

4. Eine arbeitsfähige und arbeitswillige Person, die keine bezahlte Beschäftigung findet, gilt als arbeitslos, wenn sie

a) beim Arbeitsamt ihrer Stadt persönlich gemeldet ist,

b) dem Arbeitsamt zur Vermittlung zur Verfügung steht,

c) zwischen 15 und 65 Jahre alt ist,

d) ihren Wohnsitz in der Bundesrepublik Deutschland hat,
e) ohne festes Arbeitsverhältnis ist und
f) ein Arbeitsverhältnis anstrebt, das mehr als sieben Kalendertage umfasst.

5. Unterscheidung freiwillige – unfreiwillige Arbeitslosigkeit:

a) Wenn eine arbeitsfähige Person nicht willens ist, eine Beschäftigung anzunehmen, spricht man von freiwilliger Arbeitslosigkeit.
b) Bei unfreiwilliger Arbeitslosigkeit liegt sowohl ein Arbeitswille als auch eine Arbeitsfähigkeit vor. Jedoch findet die Arbeit suchende Person keine bezahlte Beschäftigung.

6. Es gibt folgende Formen der unfreiwilligen Arbeitslosigkeit:

a) friktionelle Arbeitslosigkeit
b) saisonale Arbeitslosigkeit
c) konjunkturelle Arbeitslosigkeit
d) strukturelle Arbeitslosigkeit (berufs- und qualifikationsspezifische Arbeitslosigkeit; regionale Arbeitslosigkeit; geschlechts- und altersspezifische Arbeitslosigkeit)
e) institutionelle Arbeitslosigkeit

7. Die Bundesanstalt für Arbeit ist Träger der Arbeitsmarktpolitik und erfüllt folgende Aufgaben:

a) Zahlung von Lohnersatzleistungen im Rahmen der Arbeitslosenversicherung
b) Arbeitsvermittlung
c) Berufsberatung
d) Förderung der beruflichen Bildung
e) Leistungen zur Erhaltung und Schaffung von Arbeitsplätzen
f) Arbeitsmarktbeobachtung, Arbeitsmarktstatistik und Berichterstattung
g) Arbeitsmarkt- und Berufsforschung

8. Die BA verfügt über folgende arbeitsmarktpolitische Instrumente:

a) Berufliche Aus- und Weiterbildung
b) Trainingsmaßnahmen
c) Berufliche Rehabilitation
d) Beschäftigungsschaffende Maßnahmen (Arbeitsbeschaffungsmaßnahmen und Strukturanpassungsmaßnahmen)

Kapitel 12

1. Geld als

a) Tauschmittel,
b) Recheneinheit und
c) Wertaufbewahrungsmittel.

2. Es gibt folgende Geld-Erscheinungsformen:

a) Warengeld
b) Metallgeld
c) Münzgeld
d) Papiergeld
e) Buchgeld oder Giralgeld
f) Kreditgeld

3. Der Verbraucherpreisindex wird ermittelt, um festzustellen, wie sich Preisveränderungen der Konsumgüter und Dienstleistungen auf die privaten Haushalte auswirken.

4. Ein lang anhaltender Prozess der Preissteigerung wird als Inflation bezeichnet.

5. Inflationen lassen sich unterscheiden:

   a) nach der Erkennbarkeit:
      - offene Inflation
      - versteckte Inflation

   b) nach der Geschwindigkeit:
      - schleichende Inflation
      - trabende Inflation
      - galoppierende Inflation
      - Hyperinflation

   c) nach den Ursachen:
      - nachfrageinduzierte Inflation, importierte Inflation
      - angebotsinduzierte Inflation, Kosteninflation; Gewinninflation; Steuerinflation
      - geldmengeninduzierte Inflation

6. Negative Folgen einer Inflation:

   a) Arbeits- und Transfereinkommen werden dem steigenden Preisniveau nicht zeitgemäß angepasst.
   b) Geld verliert an Wert und Kaufkraft.
   c) Flucht in Sachanlagen.
   d) Stagflation.

7. Es gibt drei Geldmengenkonzepte:

   a) eng gefasste Geldmenge (M 1)
   b) „mittlere" Geldmenge (M 2)
   c) weit gefasste Geldmenge (M 3)

8. Die Aufgaben des ESZB sind:

   a) Festlegung und Ausführung der Geldpolitik der Gemeinschaft.
   b) Durchführung der Devisengeschäfte.
   c) Haltung und Verwaltung der offiziellen Währungsreserven der Mitgliedstaaten.
   d) Förderung eines reibungslosen Ablaufs der Zahlungssysteme.

9. Folgende Instrumente stehen der EZB zur Verfügung:

   a) Offenmarktgeschäfte (wichtig hierbei: Hauptrefinanzierungsgeschäfte)
   b) Mindestreserven
   c) ständige Fazilitäten

10. Es gibt folgende Beschlussorgane:

    a) EZB-Rat: Mitglieder des Direktoriums der EZB, Präsidenten der nationalen Zentralbanken.
    b) Direktorium: Präsident und Vizepräsident der EZB und vier weitere Mitglieder.
    c) Erweiterter Rat: Präsident und Vizepräsidenten der EZB und die Präsidenten sämtlicher nationaler Zentralbanken.

Kapitel 13

1. Unterscheidung absoluter – komparativer Kostenvorteil

a) Absoluter Kostenvorteil: Wenn ein Land A ein bestimmtes Gut aus klimatischen, technischen oder organisatorischen Gründen günstiger produzieren kann als ein Land B, sollte es sich im Außenhandel auf dieses Gut spezialisieren. Das Gleiche gilt für das Land B. Dadurch dass die beiden Länder A und B dann solche Produkte austauschen, die der jeweils andere kostengünstiger produzieren kann, erwirtschaftet jeder für sich einen absoluten Kostenvorteil.

b) Komparativer Kostenvorteil: Das Theorem der komparativen Kostenvorteile stellt eine erweiterte Sichtweise der absoluten Kostenvorteile dar. Man geht davon aus, dass ein Land, obwohl es insgesamt über Kostennachteile verfügt, dennoch erfolgreich internationalen Handel betreiben kann, wenn es über komparative Vorteile bei der Herstellung einzelner Produkte verfügt.

2.

Land	Arbeitstage der Produktion von Gut X	Arbeitstage der Produktion von Gut Y
A	60	50
B	80	90

Beide Länder sollten sich auf die Herstellung des Gutes spezialisieren, das sie relativ gesehen mit dem geringsten Einsatz an Arbeitstagen produzieren können. Land A sollte sich demnach auf die Produktion von Gut Y spezialisieren, Land B hingegen auf die Herstellung von Gut X .

	Land A		Land B		**Arbeitstage gesamt**
	Gut X	Gut Y	Gut X	Gut Y	
Arbeitstage **ohne** internationale Arbeitsteilung	60	50	80	90	**280**
Arbeitstage **mit** internationaler Arbeitsteilung		100	160		**260**
Komparativer Vorteil in Arbeitstagen	**10**		**10**		**20**

3. Es gibt zwei Möglichkeiten, den Devisenwert anzugeben:

a) Preisnotierung (1 $ = wie viel EUR?)

b) Mengennotierung (1 EUR = wie viel $?)

4. Ein Wechselkurssystem legt fest, wie die Wechselkurse zu bestimmen sind und auf welche Art Zahlungen zwischen den Ländern ausgeglichen werden.

5. Es gibt folgende Wechselkurssysteme:

a) absolut starre Wechselkurse

b) relativ starre Wechselkurse

c) freie (schwankende) Wechselkurse

6. Das EWS erfüllt folgende Aufgaben:

a) Schaffung der Wechselkursstabilität innerhalb des EU-Raumes

b) Durchführung notwendiger Wechselkursanpassungen für einzelne EU-Währungen

c) Herstellung möglichst großer Preisstabilität
d) Verhinderung ungerechtfertigter Währungsabwertungen (Währungsmanipulationen)

7. Die vier Konvergenzkriterien sind:

a) Preisstabilität
b) niedrige langfristige Zinsen
c) stabiler Wechselkurs
d) solide Staatsfinanzen

8. Außenbeitrag:

- Außenhandel (Handelsbilanz)
- Dienstleistung (Dienstleistungsbilanz)
- Erwerbs- und Vermögenseinkommen
- Laufende Transfers

9. Theoretisch gilt das außenwirtschaftliche Gleichgewicht als erreicht, wenn der sich ergebende Saldo der Leistungsbilanz gleich null (möglichst klein) ist.

10. Die WTO besteht aus folgenden Teilorganen:

a) GATT (= General Agreement on Tariffs and Trade)
b) GATS (= General Agreement on Trade in Services)
c) TRIPS (= Agreement on Trade-Related Aspects of Intellectual Property Rights)

11. *a)* 1. Säule: Die drei europäischen Gemeinschaften EG, EGKS und EURATOM
b) 2. Säule: Zusammenarbeit im Bereich der gemeinsamen Außen- und Sicherheitspolitik
b) 3. Säule: Polizeiliche und justizielle Zusammenarbeit

12. Das Prinzip der Subsidiarität besagt, dass die Union nur tätig werden darf, wenn ein in den Verträgen genanntes Ziel von den Mitgliedstaaten allein nicht in ausreichendem Maße erreicht werden kann und ein gemeinsames Handeln bessere Ergebnisse verspricht.

13. Die fünf wichtigsten Institutionen sind:

a) Europäisches Parlament
b) Rat der Europäischen Union
c) Europäische Kommission
d) Europäischer Gerichtshof
e) Europäischer Rechnungshof

Register